KB172336

우리 역사는 깊다

1

[역사학자
전우용의
한국 근대 읽기
3부작

❶]

우리
역사는
깊다
[1]

전우용 지음

푸른역사

책머리에

"이런 학문이 어떻게 여태 살아남았는지 모르겠다"

몇 해 전, 이공학자들의 모임에서 인문학 특강을 한 적이 있었다. 강연이 끝난 뒤, 좌장 격인 사람의 총평은 "이런 학문이 어떻게 여태 살아남았는지 모르겠다"였다. 모든 것을 데이터로 분해하여 수학적으로 처리하는 이 시대에, 사익 추구가 인류의 보편적이고 심층적인 욕구임이 명백히 '확인된' 이 시대에, 공식과 법칙을 만들지도 못하고 그런 것들에 기초하지도 않는 학문, 원인과 결과, 작용과 반작용을 분명한 함수 관계로 풀어내지 못하는 학문, 같은 현상에 대해 다른 정의를 허용하는 학문, 무엇보다도 인간의 편익을 증진시키는 데 하등 도움이 되지 않는 학문이 무슨 쓸모가 있는지 모르겠다는 것이 그의 생각이었다. 그는 초대받은 당사자가 모욕으로 느낄 만한 발언을 천연덕스레 하면서도, 그게 모욕일 수 있다는 사실조차 모르는 듯했다. "인문학은 바로 당신 같은 사람을 위해 필요한 학문"이라고 말하고 싶었지만, '똑같은 사람'이 되기 싫어 그만두었다.

모든 이공학자가 다 그 같지는 않겠지만, 따지고 보면 그를 탓할 일도 아니다. 그는 자기가 보는 인문학의 문제점을 솔직하게 지적했을 뿐이다. 현대과학 일반의 관점에서 인문학은 후진적이거나 과학의 자격을 덜 갖춘 학문이다. 현대과학은 거의 모든 사물과 사건을 숫자로 바꿔 측정하고 계량할 수 있는 대상으로 만든다. 현대과학은 크기와 무게, 속도와 빈도, 화폐가치나 생산량 등으로 측정하지 못할 것은 없다고 전제한다. 이 전제 하에서 모든 사건과 사물은 수집과 분류, 재배열과 수학적 종합의 과정을 거쳐 평균적이거나 표준적인 수치로 전환된다. 일단 표준적인 것에 대한 절대적 기준이 만들어지면, 이는 모든 가치판단에 선행하는 객관성의 체현체가 된다. 이런 과학적 태도에서 '맞다'와 '같다'는 모두 '='부호로 표현된다. 당연히 '다르다'와 '틀리다'도 같은 의미가 된다. 그리고 현대 한국인들은 이미 그런 언어 세계에서 살고 있다.

인문학의 모호성

인문학의 모호성은 주로 이 '학문'이 이런 객관성에 지배되지 않거나, 지배받기를 거부하는 '사람들'을 대상으로 하는 데에서 기인한다. 세상에는 남과 '똑같은 사람'이 되기 싫어하고 다른 사람들과 '반대로' 행동하려는 사람이 넘쳐난다. 이 우주에 사람 말고 이런 속성을 지닌 물질이나 동물이 또 있을까? 같은 분자식을 가진 물질은 동일한 조건 변화에 동일한 반응을 보인다. 인간에게 훈련받지 않은 동물들도 동일한 환경 변화에 대략 동일한 반응을 보인다. 간혹 인간이 부여한 '규칙성'을 거스르는 바이러스들이 발견되기도 하는데, 이런 변종 바이러스가 튀어나오면 전 세계 미생물학자들이 골머리를 앓는다. 인문학의 연구 대상은 바로 이런 변종들과 그들이 야기하는 변화 그 자체다.

'Science of Humanities'를 인문학人文學으로 번역한 사람이 누구인지는 알 수 없으나, 나는 애초 번역에 문제가 있었다고 생각한다. 천문학은 하늘[天]의 무늬[文]를 탐구하는 학문이기에 온당한 이름이다. 하지만 인간은 무늬이목구비와 신체의 형태로 탐구할 수 있는 대상이 아니다. 개체들 사이에 큰 차이를 보이는 심리와 욕망, 정상과 비정상의 경계가 모호할 뿐더러 그나마 수시로 뒤바뀌는 의식과 태도들은, 기본적으로 규칙성이 지배하는 천체天體와는 전혀 다른 방식으로 탐구해야 할 대상이다.

"인간답게 살고 싶다"는 현대인들이 곧잘 입에 올리는 말이다. 그런데 이 말에서 '인간다운 삶'이란 무엇일까? 현대인 다수는 '호화로운 가구들로 채운 큰 집에서 쉬고 자며, 값비싼 외제 승용차를 몰고, 이른바 명품으로 몸을 감싸며, 맛있고 몸에 좋은 음식 마음껏 먹으면서 다른 사람을 턱짓으로 부리는 삶'을 떠올릴 것이다. 반면 '죄 짓거나 남에게 부끄러운 짓 하지 않으면서도 의식주에 큰 부족을 느끼지 않고, 이웃과 정을 나누면서 어려운 사람을 도울 수 있는 삶' 정도로 생각하는 사람도 많다. '인간다움'이란 다수결로 결정되는 것도, 평균치를 추출하여 설정할 수 있는 것도 아니다. 이것은 시간의 흐름에 따라 끊임없이 재규정되지만, 이런 역사성이 사람의 인식을 직접 제어하지는 못한다. '노예는 말하는 도구'에 불과하다고 생각하던 시대의 인간관과 현대의 인간관은 분명 다르다. 그러나 타인을 '말하는 도구'로 대하는 사람은 지금도 무척 많다.

현대의 인문학 인식, 이대로 괜찮은가

한때 역사학도 법칙을 발견하고 공식을 만들어 세계를 해석하고 변화시키는 근대과학이 되어야 한다는 생각이 많은 학자들의 의식을 지배한 적이 있다. 역사학을 인문학에서 떼어내거나 인문학 전체를 사회과학 분야로 옮기려는 시도였다. 이런 태도에서 역사학의 책무는 인간 행위와 사회관계, 물질세계의 총체적 변화를 규율하는 특정한 법칙을 발견하는 것으로 규정되었다. 인류 역사가 '보편적 철칙'에 의해 움직인다고 본 점에서, 이런 태도는 '신의 뜻'이 역사를 만든다고 본 중세 신학의 태도와 다르지 않았다. 그리고 이런 생각의 아이러니는, 자율성과 다양성을 '인간다움'의 '본령'에 속하는 것으로 전제하면서도, 종국에는 인간을 법칙성과 규칙성에서 벗어나지 못하는 존재로 규정한다는 점이다. 이 아이러니에서 벗어나려면 둘 중 하나는 버려야 하는 것 아닌가? 인간을 보편적 철칙에 지배되는 존재로 보지 않는다면, 인문학은 '법칙성'의 발견을 포기해야 하지 않을까? 현대사회에서 인문학이 '온전한 학문'으로 인정받지 못하는 것은, 그저 사소한 문제일 뿐이다.

역사학을 포함하는 인문학이 현대과학다운 '실용성'을 갖지 못한다면, 이것이 존재해야 할 이유는 무엇인가? 몇 년 전 고용노동부 장관은 대놓고 "청년 실업률이 높은 것은 인문학이 과잉한 탓"이라고 주장했다. 곧바로 인문학자들이 들고일어났다. 그러나 그들만 이 말에 분개했을 뿐, 대다수 사람들, 특히 수험생과 그 부모들은 적극 동의했다. 많은 사람들이 각 대학교의 인문대학은 교수들 밥벌이를 위해서는 필요하나 학생들 취업에는 불필요한 단과대학이라고 생각한다. 기업들 역시 인문대학 졸업자들은 가급적 채용하지 않는다. 인문대학을 아예 없애고 경영학이나 경제학, 기타 사회과학 분야 정원을 늘린다면, 수험생들도, 그들의 부모들도, 기업들도 다 환영할 것이다. 현대 한국사회에서 인문학은 분명 "이런 학문이 어떻게 여태 살아남았는지 모르겠다"는 말을 들어도 할 말이 없는 사양斜陽 학문이자 사양飼養 학문이다. 하지만 정말 이래도 괜찮은 것일까?

"인간에게는 오직 역사가 있을 뿐이다"

역사학은 인간의 집단 기억을 다루는 학문이다. 개인의 것이든 집단의 것이든, 기억은 정체성을 구성하는 근본 요소이자 자기 성찰의 원천 재료다. 과거를 기억하고 회상하는 능력은 인간만이 가진 것이라 단정할 수 없으나, 그를 기록하여 전승하는 능력은 오직 인간만이 가진 것이다. 인간이 '인간다움'을 '짐승 같음'의 대극對極에 놓을 수 있게 된 것은, 그가 역사를 만들고 전승할 수 있는 유일한 동물이었기 때문이다. '교훈으로서의 역사'는 역사학에 대한 가장 오래된, 그런 점에서 시대에 뒤떨어진 정의定義로 취급되나, 나는 결코 무효화할 수 없는 정의라고 생각한다. "산 자가 죽은 자를 되살리고 죽은 자가 산 자를 지배한다"는 카E. H. Carr의 말대로, 인간은 자기 필요에 따라 과거를 소환하여 그 과거가 가르치는 바를 배움으로써 변화하는 존재다. 그 변화가 진보인지 퇴보인지, 발전인지 아닌지를 판단하는 것은 별개의 문제다.

물론 역사학은 윤리학이 아니다. 시비선악을 따지는 것도, 집단적 자부심이나 복수심과 관계 맺는 것도, 역사학의 본령은 아니다. 다만 이런 것들이 '인간다움'의 영역에 속하는 한, 역사학도 그로부터 완전히 자유로울 수 없을 뿐이다. 역사학의 실용성 내지 실천성은 인간의 의식, 행위, 태도, 관습, 문화 모두가 인과율의 지배를 받는다는 사실에서 도출된다. 스페인의 역사철학자 오르테가 이 가세트José Ortega Y Gasset는 "인간에게 본성이란 없다. 그에게는 오직 역사가 있을 뿐이다"라고 했다. 나는 이 통찰에 동의한다. 인간이 자신의 본성이라 생각하는 것들은, 지상에 인류가 출현한 당초에 만들어진 것이 아니라 역사 속에서, 다른 사람들과 함께, 물질세계의 변화에 영향을 받으며 형성·변화해온 것이다. 따라서 역사를 보는 일은 곧 자기 자신의 내면과 외형을 살피는 일이며, 도달 가능한 미래상을 도출하는 일이다. 물론 어떤 과거에서 어떤 사건을 교훈과 성찰의 재료로 선택할 것인가는 역사의 대상이자 주체인 '사람들' 각각의 몫이다. 역사학이 갖는 실용성의 하나는, 그럴 의지가 있는 사람들에게 '선택의 여지'를 넓혀준다는 점일 것이다.

역사는 시간·공간·인간의 유기적이고 총체적인 변화

역사학자로서 '법칙의 발견'과 '공식에 따른 해석'에 대한 의지를 접고, 달리 말해 연속된 시간을 '단계'로 나누고 그들 사이에 '발전'이라는 개념을 끼워 넣으려는 시도를 유보하고, 현대인들이 '인간다움'의 구성 요소로 여기는 작은 것들로 관심을 돌리던 즈음, 한 일간지에서 〈그때 오늘〉이라는 칼럼을 써달라고 제의해왔다. 일본의 한국 강점 100주년인 2010년을 맞아 대략 100년 전과 현재가 얼마나 어떻게 다르고 같은지를 독자들에게 알려주었으면 한다는 것이었다. 그 제의에 덜컥 응해 1년 남짓한 기간 동안 귀성 풍습의 기원, 예방 접종의 시작, 전등 시대의 개막, 위생 관념의 확산, 대중교통 수단의 도입 등 주로 교과서에 나오지 않는 작은 사건들을 소개하고, 성찰의 재료로 삼을 만한 요소들에 대해 나름의 의견을 덧붙였다. 이 책은 그 칼럼 원고들을 시놉시스로 삼아 전면 개고한 것이다.

그때그때 날짜에 맞춰 총 60개의 주제를 선정했기 때문에 꼭지들 간 연관성은 거의 없지만, 모든 꼭지를 관통한 내 문제의식은 역사란 시간·공간·인간의 유기적이고 총체적인 변화라는 생각이었다. 사람은 그대로인데 세상만 달라지는 것도, 그 역도 아니다. 오늘날의 한국인과

200년 전의 한국인을 같은 자리에 세워놓을 수 있다면, 누구도 그들을 '같은 민족'이라 부르기 어려울 것이다. 물질세계의 변화야 말할 것도 없다. 역사에서 같은 텍스트가 반복되는 것처럼 보이는 경우는 허다하지만, 그 텍스트가 놓인 맥락은 결코 같을 수 없다. 독자들이 이 책을 통해 현재와 과거의 관계에 대해 조금 더 많이 생각할 수 있기를, 현재의 선택이 미래를 결정한다는 사실을 조금 더 무겁게 받아들이기를, 스스로 '나답다'고 생각하는 것들이 무엇으로 구성되었는지 성찰하는 시간을 잠시나마 갖게 되기를, 소망한다. 비록 사양 학문을 전공하는 인문학자에게는 과분한 소망일지라도.

이 책을 내도록 독려해준 도서출판 푸른역사의 박혜숙 사장, 칼럼 연재 당시 해당 칼럼을 총괄했던 중앙북스의 노재현 대표이사, 초고의 첫 독자로서 부족한 부분을 세심하게 지적해주고 책으로 완성해준 푸른역사의 정호영 편집자에게 감사한다.

올해는 내가 평생 '학문의 길'을 걷기로 결심하고 대학원에 입학한 지 꼭 30년이 되는 해다. 고등학교 졸업식 날, 1~2학년 때 담임선생님이 "니 어느 과에 갈 생각이고?"라고 물으셨다. 당시 서울대학교는 단과대학별로 학생을 모집했고, 나는 인문대학에 합격한 상태였다. 그 무렵의 고등학생들이 대개 그랬던 것처럼, 그리고 지금의 고등학생들 역시 그런 것처럼, 나도 인생에 대한 무슨 확고한 계획과 신념이 있어 인문대학에 지원한 것은 아니었다. 그저 시험 성적표가 가리키는 대로, 안전하게 지원했을 뿐이다. 그럼에도 입에서는 불쑥 "국사학과요"

라는 대답이 튀어나왔다. 선생님은 어이없다는 표정을 지으며, "거기 가지 마라. 배고프대이"라고 진심어린 충고를 해주셨다. 내가 그때 왜 그렇게 대답했는지 지금도 궁금하다. 그럼에도 나는 결국 역사학도의 길을 선택했다. 그런 사람을 남편으로 맞아 20년 넘게 한결같이 곁을 지켜준 아내가 없었다면, 내 선택은 아마도 후회로 귀결되었을 것이다. 아직 다 살지는 않았지만, 후회 없는 삶을 살게 해준 아내 인애에게 감사한다.

2015년 5월
전우용

차례 / 우리 역사는 깊다 2

一月七日

1월 7일 _ 조선총독부 이전

경복궁 잔디밭과
일제의 공간정치

조선총독부, 이전하다

1926년 1월 7일, 남산 기슭지금의 서울애니메이션센터 자리에 있던 조선총독부가 경복궁 앞에 새로 지은 청사로 이전했다. 1915년 가을 개최된 조선물산공진회가 끝난 직후 새 청사를 짓기 시작한 지 10년이 흐른 뒤였다. 일제는 한국 강점 5주년을 기념하여 식민 통치의 성과를 내외에 널리 알린다는 구실로 오늘날의 산업박람회에 해당하는 조선 물산공진회를 개최했다. 장소는 경복궁으로 정했는데 이때 이미 총독부 신청사 건물을 경복궁 앞에 지으려는 계획을 세웠다. 조선왕조의 정궁正宮이던 경복궁이 갖는 상징적·문화적 의미를 충분히 고려하고 내린 결정이었다. 일제는 조선왕조의 역사를 표상하는 경복궁과 일제의 식민 통치를 표상하는 새 총독부 건물이 한 시야視野에 포착되기를 원했다.

남산 기슭에 모여 살던 일본 거류민들 중에는 총독부가 자기 동네에서 벗어나는 것을 원치 않는 이들이 많았다. 하지만 그런 반발은 총독부를 조선 전체의 중심부로 옮기는 데 따른 정치적·문화적 실익에 비하면 하찮은 것이었다. 일제는 조선인들이 두 시설을 한눈에 비교할 수 있도록 만든다면, 두 체제의 장단점을 아무런 부연 설명 없이도 즉물적으로 이해할 수 있게 되리라 여겼다. 조선 건축 기술의 정화精華를 담은 경복궁조차 총독부 신청사의 위용威容에 비하면 하찮게 여겨지리라는 것, 그리하여 조선인들 스스로 자기들의 문명적 성취라는 것이 일본인 들의 그것에 비하면 얼마나 볼품없는지를 깨닫게 되리라는 것. 일제가 총독부 신청사 장소를 경복궁 앞, 정확히는 경복궁 경내로 정한 것은 기본적으로 이 점을 노린 조치였다. 원주민의 것을 야만의 위치에, 식 민지 지배자의 것을 문명의 자리에 배치함으로써, 원주민들의 잠재의 식 안에 모멸감을 심어주고 감사와 동경의 눈으로 제국주의를 대하게 하려는 상투적인 '공간정치' 기법이었다.

식민지 도시 공간, 문명과 야만을 대비시키는 무대

17세기 초 오스만 튀르크는 6세기에 지어진 이래 비잔틴 최고의 건축 물로 꼽히던 성소피아 대성당 바로 옆에 술탄 아흐메드 모스크, 일명 블루 모스크를 지어 올렸다. 모양은 똑같이 했으나 크기는 1.5배 키웠 다. 기독교 문명과 이슬람 문명의 우열愚劣을 시각적으로 드러내려는 얄팍한 시도였다. 알면서도 속게 만드는 것이 시각視覺인지라 이런 시 도는 언제나 효과가 있었다. 제국주의자들은 '역사'를 지닌 식민지 도 시 공간들에서 흔히 이런 수법을 썼다. 식민지 도시 공간은 문명과 야 만, 선진과 후진의 표상들이 시각적으로 대비되고, 식민지 원주민들 스 스로 버려야 할 것과 새로 배워야 할 것이 무엇인지를 깨닫게 하는 장 치였다. 제국주의 지배 하의 식민지 도시 공간은, 원주민의 문화적 자

조선총독부 신청사 건축 현장

일제는 경복궁 내의 대다수 전각을 헐어버리고
그 앞에 르네상스 양식의 위압적인 총독부 신청사를 지었다.
조선왕조의 '초라함'과 일본 제국의 '위용'을, '야만' 조선과 '문명' 일본을 극적으로 대비시키려는 의도였다.
* 출처: 이규헌 해설, 《사진으로 보는 독립운동 상—외침과 투쟁》, 서문당, 1996, 142쪽.

존심을 짓밟고 그들을 제국주의를 동경하는 신민臣民으로 주조鑄造하기 위한 기계였다.

그런데 일제는 본래의 건물과 시설을 그대로 두고 그 옆에 '자기들 것'을 세우는 단순 비교 기법이 아니라, 본래의 것을 축소시킴으로써 둘 사이에서 느껴지는 '격차감'을 극대화하는 방법을 썼다. 아마도 '조선 전래의 것'과 '일본 전래의 것' 사이에 본래 격차가 없었기 때문일 것이다. 그들은 경복궁 전각 대부분을 헐고 그 앞에 총독부 청사를 지었으며, 경운궁 전각 대부분을 헐고 그 앞에 경성부 청사를 지었다. 대한제국의 성소聖所이던 원구단은 헐었지만 그 부속 건물인 황궁우皇穹宇는 그대로 둔 채 원구단 자리에 철도호텔을 지었다. 한국인들이 신성하고 존엄한 장소로 여겼던 곳들을 일부러 초라하게 만든 뒤, 그 옆 또는 그 앞에 제국주의 지배 문명의 상징물들을 세웠던 것이다. 이 방식은 일제가 공공시설을 세우는 공식公式이었다.

경복궁 잔디밭, 일제 공간정치의 노림수

조선물산공진회를 앞두고 경복궁을 개조한 방식은 일본 제국주의식 공간정치의 전범典範이었다. 일제 권력은 경복궁을 경복궁이되 경복궁이 아닌 어떤 것으로 만들고자 했다. 다시 말해 누구에게나 경복궁으로 인지되면서도 새 총독부 청사에 비해서는 누추하고 초라하다는 사실이 확연해야 했다. 일제가 조선물산공진회장을 경복궁 경내로 정한 것은, 이를 핑계로 경복궁의 규모를 '적절히' 조정하기 위함이었다. 총독부는 경복궁을 공진회장으로 개조하면서 대다수 전각을 헐어버리고는 그 터 일부에 가건물들을 지었다. 50여 일간의 공진회 행사가 끝난 뒤, 미술품진열관만 박물관으로 전환시키고 나머지 가건물들은 모두 헐었다. 총독부 신청사 건립 공사는 그 직후 시작되었다. 그나마 남아 있던 강녕전과 교태전도 1918년 창덕궁 화재 복구공사 자재로 쓴다는 명목으로 헐었다.

일제는 경복궁 전각을 헐어낸 자리에 빠짐없이 잔디를 심어 표시해 두었는데, 이 '잔디밭'은 한국 궁궐의 이미지를 변환하기 위한 장치였다. 일제 강점기 창경궁과 덕수궁에서도 전각이 있던 자리는 모두 잔디밭으로 변했다. 그 이후로 지금까지, 많은 한국인들이 잔디밭을 궁궐에 필수적인 시설로 잘못 인지하고 있다.

잔디는 한자로 사초莎草라 쓴다. 요즘 이 단어를 아는 사람은 거의 없지만, 그래도 조상 무덤의 잔디를 갈아주는 일은 '개사초改莎草'라고들 한다. 아주 옛날부터 한국인들은 '사'라는 글자에서 죽음과 불길不吉을 떠올렸다. 4를 F로 바꿔놓은 엘리베이터는 부지기수이며, 병원처럼 죽음과 가까이 있는 건물들은 3층 다음에 바로 5층으로 건너뛰기도 한다. 더구나 한국인들은 산 자와 죽은 자를 격리시키는 점에서는 세계 최고 수준의 문화를 만들어왔다. 미국과 유럽, 심지어 가까운 일본의 도시들에서도 마을 한 귀퉁이에 들어선 공동묘지를 쉽게 볼 수 있지만, 한국 도시에서 죽음을 연상시키는 시설은 극단적인 기피와 혐오의 대상이다. 죽음을 상징하는 풀인 사초, 즉 잔디는 죽은 사람의 집인 무덤에만 심는 풀이었다. 산 사람이 사는 집에 잔디를 심는 것은 금기였다. 지방의 문화재급 한옥에만 가 보아도, 마당에 잔디 심는 것이 우리 전래의 문화가 아님을 쉬 알 수 있을 것이다.

왕조의 무덤이 된 옛 궁궐

총독부는 조선물산공진회를 참관한 사람이 160만여 명에 달한 것으로 집계했다. 당시 한국 인구의 10퍼센트 가까이가 이 행사에 동원된 셈인데, 그들이 옛 궁궐 전각 자리에 새로 들어선 웅장한 가건물들과 초라해진 경복궁을 비교하면서 무엇을 떠올렸을지 짐작하기란 어렵지 않다. 조선총독부 신청사가 완공된 뒤에도, 경복궁은 무슨 축산대회니 박람회니 하는 총독부 주최 행사의 단골 개최지로 사용되었다. 1926년 서울에 온 미국 관광단은 조선 건축 예술의 걸작인 경복궁을 가로막은 총독부가 눈에 거슬린다고 했지만《동아일보》1926/11/29), 조선 전래의 건축 문화에 익숙했던 한국인들에게는 오히려 총독부 뒤편에서 전각 몇 채 안 남은 채 퇴락해버린 경복궁이 더 거슬리고 부끄러웠을 것이다. 뿐만 아니다. 궁궐의 옛 전각 터에 조성된 잔디밭들에서 한국인들은 어쩔 수 없이 무덤을 연상했다. 잔디에서 바로 무덤을 떠올리는 한국인들의 의식 안에서, 궁궐 안의 잔디밭은 곧바로 '왕조의 죽음'과 연결되었다.

일본 국가권력은 메이지유신 이후 도쿄의 옛 다이묘 저택들을 헐어 공원으로 만들 때에도 잔디를 심었다. 그러니 한국의 옛 궁궐터에 잔디 심은 짓을 꼭 악의惡意의 소산이라고 단정할 것까지는 없다고 할 수도 있다. 사실 그들은 대한제국 황제를 일본 막부시대의 일개 번주藩主보다 약간 높은 급으로 대우했다. 일본인들의 관점에서는 이미 다이묘들의 저택에도 했던 일이니 대한제국 황제의 저택에 하지 말란 법이 없었다. 하지만 일본인들은 한국을 강점하기 전부터 치밀하게 한국인들의 모든 관행을 조사했다. 그들은 토지 경작 관행, 상거래 관행, 상속 입양

경복궁 잔디밭(1926년 이후)

일제는 잔디가 한국인들에게 죽음을 표상한다는 사실을 알고
일부러 경복궁 마당에 잔디를 심었다.
* 출처: 서울시사편찬위원회,《일제 침략 아래서의 서울(1910~1945)》, 2002, 158쪽.

관행, 관혼상제 관행, 장묘 관행 등 한국인들의 '문화와 관습'에 관한 정보를 전면적으로 수집·축적했고, 그 정보들을 한국에 대한 경제적·사회적 지배력을 확장하는 데에 이용했다. 따라서 그들은 한국 문화에서 잔디가 점하는 위치를 정확히 알고 있었다. 일제가 한국 궁궐 마당에 잔디를 심은 것은, 이 풀이 한국인들에게 죽음을 표상한다는 사실을 알면서 일부러 한 짓이었다.

한국인의 유별난 잔디 사랑, 그러나 …

그러나 세월이 흐르면서 잔디에서 무덤을 연상하던 문화는 점차 소멸해갔다. 오히려 잔디와 궁궐 사이의 관계에 대한 인상만 강해져, 잔디가 궁궐 마당의 필수 요소인 양 여기게들 되었다. 잔디를 애호하는 서구 문화가 확산된 것도 잔디의 세속적 지위를 높이는 데 크게 한몫했다. 1930년대부터 일부 '문화주택'의 마당을 점거하기 시작한 잔디는 해방 후에는 아예 부잣집의 상징처럼 되었다. 잔디로 뒤덮인 마당 한구석에 작은 그네와 가족용 야외 테이블이 놓인 벽돌집은 1960~70년대 꿈의 주택이었다. 1970년대에 크게 유행한 대중가요 〈님과 함께〉에 나오는 '그림 같은 집'은 '저 푸른 초원 위'에 있었고, 당시 사람들은 그 초원이 필경 '잔디로 된 초원'일 것이라 상상했다.

오늘날 한국인들의 '잔디' 사랑은 끝을 모를 지경이다. 근래에는 어지간한 산마다 온통 잔디로 덮인 골프장이 들어섰고, 심지어 강변에도 '금모래' 대신 '금잔디'가 널렸다. 손바닥만 한 빈터라도 있으면, 그예 잔디를 심어야 직성이 풀린다. 이제 '그린Green'은 곧 잔디다. 한 세기 전의 사람이 본다면 나라 전체가 무덤이 되었다고 탄식할 일이다. 시대가 변하면 표상도 변하는 것은 당연한 일, 잔디의 표상이 달라진 것을 탓할 일은 아니다. 일제 권력이 조선의 궁궐을 잔디로 덮은 의도를 모른다고 해서 문제될 것도 없다. 다만 잔디가 있어야 할 자리와 있어서는 안 될 자리는 구분해야 하지 않을까? 잔디가 이 산 저 산 파먹어 들어가는 것도 흉물스럽거니와, 모래밭이나 자갈밭이 있어야 할 강변이 잔디로 뒤덮인 것도 '자연'에 어울리지 않는다.

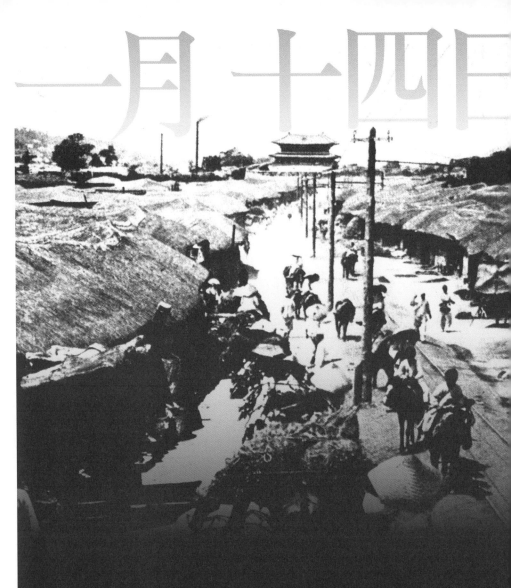

一月 十四日

1월 14일 _ 광장주식회사 주주총회 개최

대통령의 재래시장 방문,
'서민 코스프레' 아닌
'임금 코스프레'

재래시장, '옛날'부터 있던 시장

오늘날 이른바 재래시장은 서민경제의 상징이다. 대다수 서민들이 재래시장보다는 대형 할인점이나 슈퍼마켓, 인터넷 쇼핑몰들을 이용함에도 불구하고, 그래서 설이나 추석 같은 명절에조차 활기는커녕 스산함과 우울함이 느껴지는 장소가 된 지 오래임에도 불구하고, 그런 날이면 방송사 카메라들은 으레 재래시장으로 달려간다. 대통령이 국민들에게 '민생'을 챙기는 듯한 인상을 심어주기 위해 방문하는 곳도 재래시장이다. 대통령이 재래시장에서 '가난한' 상인들과 대화하고 아무 쓸모도 없어보이는 물건을 사거나 별로 좋아하지도 않을 것 같은 음식물을 먹는 장면은 어김없이 모든 방송 뉴스와 신문지면을 장식한다. 최고 권력자가 싼 값에 '친親서민적'인 이미지를 구축하고 홍보하는 데 재래시장만큼 효과적인 곳은 없다.

그런데 한때는 번성했으나 지금은 몰락하고 있는 것이 분명한, 그리고 단 한 번도 번성한 적이 없던 '서민층'의 상징 공간으로 취급되는 이 '재래시장'의 정체에 대해 정확히 아는 사람은 의외로 적다. '재래在來'란 문자 그대로 '있어온'이라는 뜻이다. 그러니 재래시장이란 옛날부터 있던 시장이란 뜻이 된다. 문제는 그 '옛날'이 과연 언제냐이다. 인간이 생산물의 일부를 남길 수 있게 된 뒤부터 상거래商去來는 인간 생활의 빼놓을 수 없는 일부였으니, 거래를 위한 장소들도 그때부터 있었을 것임은 분명하다. 하지만 이런 장소들이 모두 시장은 아니며, 재래시장은 더더욱 아니다. 눈으로 보고 손으로 만질 수 있는 물건들은 물론 기술, 지식, 감정 등 볼 수도 만질 수도 없는 것들에 이르기까지 '존재'를 인정할 수 있는 것이라면 모두가 상품으로 거래되는 오늘날에는 구체적인 생활공간뿐 아니라 '관념의 공간'까지 시장이 되어 있다. 하지만 인간이 생산한 물자의 일부만 상품으로 거래되고 상거래가 생활을 전면적으로 지배하지 않았던 '옛날'에는, 즉 학술 용어로 '상품 화폐 관계가 미성숙했던' 과거에는, 시장이 특정한 지표를 벗어날 수 없었으며, 넓을 수도 많을 수도 없었다. 또 거래 주체와 방식에 따라 그 장소들의 형태와 구조, 지속 기간도 달랐다.

'옛날'의 상거래 장소들

'옛날'의 상거래 장소는 일단 물품의 종류에 따라 달랐다. 연지나 실 등 여성 용품들은 안방에서, 소금이나 생선 따위 식료품은 부엌문 앞에서, 장작이나 물 등 부피가 큰 필수품은 대문 앞에서, 서화書畫나 지필묵紙筆墨 등 남성 용품들은 사랑방에서 주로 거래되었다. 칼이나 낫 같은 금속용구들은 대장간 앞이, 가구류는 목공소 앞이 거래 장소였다. 상품을 쌓아 놓고 파는 전廛은 도시에만 있었는데, 종류도 숫자도 그리 많지 않았다.

지금은 상점, 백화점, 할인점 등 대형 상업시설들을 모두 '점店'이라 하지만, 점은 본래 생산과 판매를 겸하는 시설을 뜻했다. 은점銀店, 철점鐵店, 옹기점, 유기점, 자기점 등이 이에 속한다. 판매를 전문으로 하는 시설은 '전廛'이라 했다. 선전, 백목전, 청포전, 어물전, 지전 등으로 구성된 이른바 '육의전' 외에 상전床廛, 포전布廛, 혜전鞋廛 등이 있었다. '점'은 농촌 지대의 소읍小邑에도 있어서 지금 경상도 문경의 점촌店村이라는 지명이 여기에서 유래했다. 하지만 전은 상당한 구매 인구를 상시 확보할 수 있는 서울과 평양, 개성 등의 대도시론 중세적 기준에서지만에만 있었다. 조선시대에는 때에 따라 조금 다르기는 했으나 하나의 상전이 한 종류의 물건만 취급하는 '일물일전一物一廛'이 원칙이었다. 그래서 조선시대 서울의 상전商廛들이 모여 있던 시전가는 현대의 '종합상가' 와 비슷했다. 오늘날에는 시장과 '종합상가'를 구분할 이유가 없지만, 옛사람들에게는 상전商廛이 모여 있는 시전가市廛街와 '시장'은 분명 다른 상업 공간이었다.

한자어 시장市場은 서로 구분되는 상거래 장소인 시市와 장場을 합친 개념으로 영어의 Market과는 다르다. 상전이 모여 있는 도시 내 일정 구역 또는 도시 그 자체가 '시'이고, 행상이 몰려들어 교역한 뒤에 물러가는 너른 마당이 '장'이다. 이 둘을 합한 것을 시장 또는 장시라 했는데, 뉘앙스가 조금 달라서 상전에 들어앉아 장사하는 '좌고坐賈'가 많은 곳은 시장, 행상 활동이 지배적인 곳은 장시라 한다. 농촌의 오일장이 열리는 곳을 장시라 하여 짐짓 시장과 구분하는 것은 이 때문이다.

그런데 시장과 장시가 흔히 생각하는 것처럼 '먼 옛날'부터 지속적으로 존재하지는 않았다. 상업시설의 생성, 지속, 소멸은 상업 활동에 규정될 수밖에 없다. 상업 활동이 활발했던 시대에 번성했던 시장도 상업이 쇠퇴하면 따라서 소멸하게 마련이다. 신라 금성金城과 고려 개경에 있던 시장들은 도시와 함께 쇠퇴했다. 조선왕조의 수도 서울의 경우 애초에는 시전가市廛街만 있었고 시장은 없었다. 17세기 이후 서울 상업이 발전하면서 배우개지금의 종로 4가와 이화동 사이에 있던 고개와 칠패길현재 남대문에서 서울역으로 이어지는 길, 어영청 7패의 순라길이어서 붙은 이름이다에 장場이 생기기는 했지만, 이는 종로의 시市와 떨어진 곳에 있었다. 또 이들 장場은 새벽녘에만 한시적으로 열렸다. 앉은장사인 좌고坐賈가 하루 종일 점포를 지키고, 행상行商이 모여들어 떠들썩하게 손님을 부르는 오늘날의 재래시장, 즉 도시 상설시장은 19세기 말까지도 서울에 없었다.

'재래'의 '옛날'은 1897년 1월

'옛날부터 있어온'이라는 뜻의 '재래'에서 가리키는 '옛날'은 바로 1897년 1월이었다. 그 전 해인 1896년 가을부터 한성부는 종로와 남대문로에 늘어서 있던 상업용 가건물들을 철거하여 도로 폭을 넓히는 사업을 추진했다. '국중의 대로大路'이던 종로와 남대문로변에 들어선 상업용 가건물들은 17~18세기 도성 상업이 발달한 결과였다. 지금도 동네의 작은 상점들이 인도 위에 평상이나 파라솔을 내놓는 방식으로 '공용 공간'을 사유화하는 일을 흔히 볼 수 있는데, 이는 당시에도 마찬가지였다. 종로 시전가를 찾는 '소비자'와 그들에게 팔 '상품'이 모두 늘어나자 상업 공간 역시 확장되어야 했으니, 이에 따라 만들어진 것이 바로 대

1900년경 동대문으로 드나드는 장사꾼 행렬

광장주식회사는 18세기 중반부터 새벽장이 열리던 '배우개'에
근대적인 상설 시장을 세우고 이름을 '광장시장'이라 했다.
오늘날 어마어마한 규모의 동대문시장 타운은 여기에서 출발했다.
* 출처: 최석로 해설, 《(사진으로 본 조선시대) 민족의 사진첩 II. 민족의 뿌리─그때를 아십니까?》, 서문당, 1998, 17쪽.

로변의 가건물들이었다. 이들 가건물을 '가가假家'라 했는데, '가게'는 이 말이 변한 것이다. 가게들은 왕이 큰 길에 행차할 때면 헐었다가 다시 지어야 했다. 이런 일이 되풀이되자 가난한 백성들이 먹고 살기 위해 하는 일에 모질게 대하는 것은 왕정王政의 도리가 아니라 하여 왕실에서 비용을 대주는 관행이 생겼다. 이에 본래 '공공부지'인 도로를 무단 점유한 불법 건물이던 가게에 '이권'이 들러붙었다.

당시 한성부가 가가를 철거하고 도로의 원래 폭을 회복하려 한 것은 서울이 '세계에서 가장 더러운 도시'이사벨라 버드 비숍라는 외국인들의 조롱을 의식한 조치였다. 당대 권력은 수도 서울의 도로를 넓고 깨끗하게 유지함으로써 나라의 체모體貌를 살리려 했다. 이 도로 확장 사업에 뒤이어 도로변 건물의 층고와 양식 규제, 전차 부설, 경운궁 정비, 주요 도로의 교차점에 상징 조형물 설치, 탑골공원 조성 등의 여러 사업이 숨 가쁘게 진행되었다. 이에 서울은 미흡하나마 '문명적 제국帝國의 수도'다운 외양을 갖출 수 있었다. 하지만 도시를 번듯하게 꾸미는 사업은 예나 지금이나 가난한 사람들의 집과 일터를 빼앗는 사업이기도 하다. 그때와 지금이 달랐던 것은, 당시 정부는 가게 상인들에게 '적절한' 보상비를 지급했을 뿐 아니라 가게를 대신할 다른 장사터를 마련해주기까지 했다는 점이다. 여기에서 '적절한'이라 한 것은, 보상비를 둘러싼 소요에 관한 기록이 발견되지 않았다는 뜻이다.

도시 상설시장의 원조, 남대문시장

정부가 가게 상인들에게 마련해준 새 장사터는 1894년 갑오개혁의 일환으로 '조세금납화'가 단행되면서 쓸모가 없어진 선혜청 창고 자리였다. 창고는 본래 장사꾼들의 필수 시설이었으니, 여기보다 더 적합한 곳도 달리 찾을 수 없었다. '고사庫舍'라 불린 창고를 '분양'받은 상인들은 좌고坐賈로서 하루 종일 고사 안에 앉거나 서서 고객을 맞이했다. 인근 빈터 여기저기에서 장사하던 채소장수, 생선장수 등의 행상들도 창고 앞 빈터에 모여들었다. 서울 '재래시장', 즉 도시 상설시장의 원조인 남대문시장이 만들어진 것이다. 선혜청 창내장선혜청 창고 안에서 열리는 장이라 불린 이 시장은 이후 10년 가까이 서울 유일의 '중앙시장'이자 '생필품시장'으로 존재했다. 시장의 운영자는 처음에는 농상공부였으나 곧 황실 재정기관인 내장원으로 바뀌었다. 황실에서는 상인들에게 창고 임대료를 징수하는 대신 시장 청소와 경비 '서비스'를 제공했다. 내장원이 요즘의 시장경영회사 또는 시장관리업체 구실을 했던 셈이다.

그런데 1905년 을사늑약이 체결되자, 지금의 충무로와 명동 일대에 몰려 살던 일본인들이 남대문시장에 눈독을 들였다. 이 시장은 '공교롭게도' 한반도의 중앙 정거장이자 서울의 중심 정거장이 될 남대문 정거장현재의 서울역과 일본인 거류지 사이에 있었다. 물류의 편의로 보나 인근 주민의 구매력으로 보나 여기보다 나은 소매시장 자리는 없었다. 통감부가 남대문시장을 빼앗아 일본인들에게 넘길 것이라는 소문이 돌았다. 당시는 일본인들이 황실 재산을 '눈먼 돈' 취급하던 때였으니, 이 소문의 신빙성은 매우 높았다.

광장회사 탄생

미리 결과를 말하자면, 소문이 현실화하지는 않았다. 시장의 새 주인이 된 자는 일본군을 등에 업고 어떤 일본인보다도 열심히, 그리고 활발히 동족의 재산과 이권을 탈취했던 송병준이었다. 통감부 권력은 남대문시장을 일본인에게 넘겨줌으로써 조선인의 민심을 자극하기보다는 송병준 같은 초특급 부역자에게 주는 상품으로 활용함으로써 '정치적 실익'을 챙기는 쪽을 택했다. 하지만 긴장한 한국 상인들은 남대문시장의 향배가 최종 결정되기까지 대안을 마련하느라 부심했다. 평소 장사에 관심이 많던 유력자들과 기민한 장사꾼들은 아예 이참에 새 '재래시장'을 하나 더 만들자며 팔을 걷어붙이고 나섰다. 그들은 남대문시장이 일본인 시장이 되면 필경 거기에서 쫓겨나는 상인들이 있을 테니 그들을 수용할 새 시장이 필요할 것이라고 생각했다. 설령 그런 일이 일어나지 않더라도 '위생적인' 새 시장을 하나 더 만드는 것은 시세時勢의 추이에도 맞는 일로서, 충분히 이익을 얻을 수 있을 것이라 판단했다.

'봉건 귀족'과 '신흥 부르주아지'가 손을 잡는 것은 후발 자본주의 국가의 초기 자본 축적 과정에서 보편적으로 나타나는 현상이다. 조선에서도 17~18세기부터 궁방과 세도가문, 군문軍門 등이 상업 이권에 깊이 개입했고, 권력자들이 고분고분하고 돈 잘 바치는 일부 상인들의 뒷배를 봐주는 관행이 생겼다. 조선 말기와 개항 이후의 거상巨商들 대다수가, 사실은 세도가의 하수인 겸 재산 관리인이었다. 개항 이후 서양의 회사 제도가 소개되고 갑오개혁 때 양반이라도 벼슬을 그만둔 뒤에는 자유롭게 상업 활동을 할 수 있게 하는 법이 제정되면서 세도가문의 유력자와 거상巨商들이 함께 회사를 설립하는 새 관행이 생겼다.

새 재래시장을 만들기 위한 회사도 이렇게 만들어졌다. 사장은 궁내부대신, 함경도 관찰사 등을 지낸 안동김씨 김종한이었고, 사무장은 궁내부대신과 장례원경 등을 지낸 박기양, 총무장은 당시 현직 경무사警務使 신태휴였다. 홍충현, 박승직, 최인성 등 무역상과 객주들은 명목상 이들 아래에서 실무를 담당했다.

동대문시장의 기원, 광장시장

새 시장은 개천당시에는 '청계천'이라는 이름이 없었다 광교에서 장교에 이르는 구간을 판자로 덮어 그 위에 만들기로 했다. 광교에서 장교까지라는 의미에서 시장 이름은 '광장廣長시장', 회사 이름도 광장주식회사로 정했다. 이 회사가 창립 당시의 상호를 쓰는 회사로는 한국에서 가장 오래된 회사다. 100년 넘는 세월 동안 망하지도 흥하지도 못한 세계 기업 역사상 아주 희귀한 회사이기도 하고.

광장회사는 자본을 모은 즉시 개천 복개 공사를 시작했다. 그런데 공사가 한창 진행 중이던 그해 가을, 큰 비가 내려 공사용 자재가 모두 유실되었다. 개천 위에 시장을 세우려는 시도가 무모했다는 사실을 깨달은 회사 임원들은 사명社名을 '두루 갖춘다'는 뜻의 '광장廣藏'으로 바꾸고 시장터를 동대문 안 배우개로 변경했다. 이렇게 해서 1905년 겨울에 두 번째의 '재래시장'이 출현했다. 오늘날 동대문시장의 기원起源이다.

신분의식의 소멸, 그러나 재탄생한 현대적 신분제

그런데 1912년 1월 14일, 광장주식회사 주주총회에서 평민 출신 주주들이 옛 귀족 출신 임원들을 상대로 반란을 일으켰다. 총무 홍충현이 박승직, 김한규, 김용집 등의 평민·천민 출신 상인들을 중역 자리에 올리고 사장 김종한을 해임해버린 것이다. '남작' 김종한을 비롯한 양반 중역들은 과거 자기를 '나리'나 '영감'이라 부르며 쩔쩔매던 자들이 갑작스레 불손하게 나오는 데 격노했다. 하지만 당시 양반 중역들이 보유한 주식은 전체 주식의 20퍼센트에 불과했다. 귀족들이 사장 명함에만 신경 쓰는 사이에 평민들은 조금씩 주식을 모아두었고, 결국 쿠데타에 성공했다. 물론 이런 일이 광장주식회사에서만 일어나지는 않았다. 이 쿠데타는 양반 출신들의 거드름을 용납하는 공간이 급격히 줄어들던 세태를 드러내는 한 장의 삽화였을 뿐이다.

오늘날 한국인의 절대 다수는 자신이 무슨 씨 무슨 공파 몇 대손이라고 믿는다. 150년 전만 해도 인구의 절대 다수가 평민과 천민이었음에도 불구하고, 자기가 양반 후손이 아니라고 생각하는 사람은 극히 드물다. 세계사적으로도 특이한 이 엄청난 집단적 착각이야말로 한국 사회를 발전시킨 동력 중의 하나였다. 이 집단적 착각, 달리 말해 신분의식의 소멸을 이끌어낸 결정적 계기는 한국전쟁이었다. 요즘도 서울대학교 규장각이나 국립중앙도서관 족보실에서 족보를 뒤지는 노인들 대다수는 자기 할아버지나 아버지 이름이 들어 있던 족보가 한국전쟁 때 불타버렸다고 믿는다. 그게 사실이든 아니든, 족보를 잃어버린 사람들이 어떻게 생각하든 간에, '국민화' 또는 '국민통합'은 신분의식이라는 차

단막이 사라진 뒤에나 가능한 일이었다.

그러나 양반 상놈 따지는 문화가 사라진 지 고작 한 갑자 만에, 교육과 취업, 승진 등 일상생활의 거의 모든 면에서 현대적 신분제가 재탄생할 조짐을 보이고 있다. 기업과 학교, 교회를 세습하는 일은 지극히 정상적인 일로 취급되며, 심지어 대통령을 뽑을 때에도 혈통을 따진다. 재벌 2~3세 경영인이 자기 회사 종업원을 종 부리듯 하는 것은 일상다반사이며, 정규직 종업원들은 비정규직과 같은 식당을 사용하는 것조차 거부한다. 대통령이 재래시장에 가서 상인들의 이야기를 듣는 것을 '서민 코스프레'라고들 하지만, 이는 사실 '임금 코스프레'다. 임금이 시정市井에 나아가 상인들의 이야기를 듣는 것은 조선 후기에 시작된 관행이다. 신분이 세습되는 시대로 후퇴하면, 국민국가도 소멸한다.

1월 21일 _ 경찰, 방탕한 방아타령과 음란한 춘향가 공연 금지

대중문화 길들이기,
권력의 헛된 욕망일 뿐

고종, 즉위 40년과 망육순 행사를 몰아 치르려 하다

1897년 1월 27일, 고종은 영국 빅토리아 여왕 즉위 60주년 예식에 파견할 전권공사로 민영환을 임명했다. 고종은 이때 '문명국'들에서는 황제의 즉위 기념식을 대규모 국내 축전祝典이자 국제 행사로 치른다는 사실을 알았을 것이다. 마침 5년 뒤인 1902년은 자신의 망육순望六旬51세이자 즉위 40년의 겹경사가 드는 해였다.

지금이야 '늙는 것'이 서글프기만 한 일이지만, 늙지도 못해보고 죽는 사람이 많던 옛날에는 노인 되는 것은 인격의 완성을 의미했고, 노인 대접 받는 것이 일종의 영예였다. 조선왕조는 늙어 은퇴한 벼슬아치들의 친목기구로 기로소耆老所를 두었는데, 여기에는 문과 출신 정2품 이상으로 나이 70 이상인 사람만 들어갈 수 있었다. 다만 왕은 일반 벼슬아치들과 달라 스스로 노인 자격을 갖췄다는 자신이 생기면 아무 때나 참여했다. 숙종은 59세에, 영조는 51세에 기로소에 들어갔다. 영조는 이 기구를 법정 기구로 격상시켜 관부官府 서열 1위로 삼았다. 기로소는 부귀와 장수長壽를 겸한 사람만 들어갈 수 있는 곳이었으니, 여기에 입소入所하는 것은 하늘로부터 아낌없는 복福을 받았다는 증거였다.

고종이 영조의 전례에 따라 51세에 입소하기로 마음먹은 것은, 즉위

40년과 망육순의 양대 경축 행사를 한 해에 몰아 치르고 싶었기 때문일 것이다. 그는 이 경축 행사를 통해 대한제국이 문명국의 자격을 충분히 갖추었음을 대내외에 널리 알리려 했다. 공식적인 '칭경예식稱慶禮式' 준비는 1901년 12월부터 시작되었지만, 고종은 훨씬 전부터 서울을 외국인에게 부끄럽지 않은 문명국 수도답게 꾸미는 작업에 착수했다. 대한제국 시기 '황도皇都 건설 사업' 또는 '서울 개조 사업'에는 외국 특사特使들의 방문에 대비하여 서울 공간 위에 '문명의 증거들'을 새겨두려는 권력의 의지가 담겨 있었다. 따라서 이 사업의 1차 목표 연도는 1902년이었다.

축전의 꽃 공연, 그리고 공연장

축전祝典에서 빼놓을 수 없는 것이 공연公演이다. 행사 예정일이 1년도 채 남지 않은 1902년 초, 궁내부는 전국의 재인才人과 여령女伶잔치에 참여하는 기생들을 불러 모아 협률사協律社라는 국립 공연단을 조직하는 한편, 봉상사奉常司국가의 제사를 담당하던 관청 자리에 로마의 콜로세움을 본뜬 500석 규모의 원형 공연장을 지었다. 이 단체가 우리나라 최초의 '근대적 공연단'이며, 이 극장이 서울에 처음 등장한 실내 공연장이다. 협률사란 '음률을 조화시키는 단체'라는 뜻이다.

  많은 사람들을 한 장소에 모아두고 같은 느낌을 가질 수 있게 하는 경기장이나 극장은 고대부터 도시의 기본 구성 요소 중 하나였다. 이런 시설은 다양한 신분과 직능의 도시민들을 '공동체'로 묶고 도시 밖의

1902년 야주개(현 새문안교회 부근) 봉상사奉常司 자리에 세워진 협률사 극장

500석 규모의 원형극장이었는데,
최남선은 이 건물이 '로마의 콜로세움'을 본보기 삼았다고 썼다. 1908년 원각사圓覺社 극장으로 바뀌었다.
* 출처: 동아일보사,《사진으로 보는 한국백년》IV(6판), 1991, 902쪽.

농촌 주민들에게 '도시의 은총'을 베푸는 핵심 장치였다. 그런데 조선의 수도 한성漢成에는 이런 시설이 없었다. 중세 이전의 연극演劇이나 무용舞踊 등에는 고대 종교의 잔재가 짙게 남아 있었기 때문에 조선 왕조 개창의 주역들이 추구했던 유교의 합리주의와는 어울리지 않았다. 궁궐 안에서는 벽사辟邪 의식의 성격을 지닌 유희가 관행적으로 지속되었지만, 민民을 위한 관설官設의 유희 공간은 없었다. 궁궐 안에서 벌어지는 연회에 관객으로 참석할 권리를 가진 사람은 극소수였다. 일반 잡인雜人들에게 할당된 유희 공간은 큰 길이나 공터 정도였고, 그나마 이런 연희가 도성 안에서 자주 있었는지도 알기 어렵다.

도성 안 공연 문화의 변화

도성 안의 공연 문화에 변화가 일기 시작한 것은 조선 후기부터였다. 양란兩亂 이후 궁중 연희를 담당하던 재인才人들이 궁궐을 떠나 민간으로 퍼져나갔는데, 17세기 이후 전국적으로 확산된 장시場市가 이들에게 새로운 무대를 제공했다. 서울 인근에서는 특히 송파 장시의 산대놀이와 누원樓院양주 다락원 장시의 별산대놀이가 유명했다. 산대山臺란 궁궐 안에 가설한 임시 무대이고 산대놀이란 '궁중에서 벌이던 놀이'를 말한다. 그런 산대놀이를 일반 백성들이 즐길 수 있게 된 것은 송파장과 누원장이 서울 근교의 새로운 상업 근거지로 떠올랐기 때문이다. 산대놀이또는 별산대놀이 개최는 이 두 시장의 상인들이 지방 행상行商을 자기네 장마당으로 끌어들이기 위한 수단의 하나였다. 그런데 이름은 산대놀이였지만 별도로 무대를 만들지는 않았으니 실제로는 '마당놀이'였다.

도성 안의 유희遊戱 문화를 바꾼 또 하나의 동력은 서울에 들어온 중국인과 일본인들의 놀이 문화였다. 가부키歌舞伎 등의 무대극에 익숙해 있던 일본인들은 청일전쟁 이후 자신들의 거류지 안에 실내 극장을 만들었고, 같은 무렵 중국 '연예인'들도 거리 공연을 시작했다. 당시《독립신문》에는 원숭이 재주 따위를 보여주는 중국인들에게 넋이 나가 돈을 뜯기는 사람들을 비난하는 기사가 종종 실렸는데, 이로 미루어보아 "재주는 곰이 부리고 돈은 되놈이 번다"는 속담도 이 무렵에 생긴 듯하다.

세상에 해도 또 하고 싶은 것은 아마 '노는 것'밖에 없을 것이다. 이래저래 공연을 접할 기회가 늘어나자 공연에 대한 사람들의 욕구도 늘어났다. 이 욕구에 편승 또는 부응하여 1890년대 중반 이후 도성 인근의 아현阿峴 등지에 준상설의 무동연희장舞童演戱場들이 만들어졌다. 무동연희장이란 '춤추는 아이들이 노는 마당'이라는 뜻이다. 이 공연장들이 어떤 시설을 갖추었는지는 알 수 없으나 분명 '입장료'는 거뒀을 것이다. 외국의 '놀이시설'에 대한 정보와 놀고자 하는 신민臣民의 욕구가 늘어난 상황에서, 황제의 생일과 즉위기념일을 축하하는 거국적인 대축전祝典을 맞아 그럴 듯한 공연장 하나 만드는 것은 '여민동락與民同樂', 즉 백성과 함께 즐기는 성군聖君이라면 마땅히 해야 할 일이었다. 국빈國賓들에게 그럴 듯한 구경거리를 제공하는 것도 주인이 허술히 해서는 안 되는 일이었다. 고종이 프로이센 군악대장이던 프란츠 에케르트를 초빙하여 한국 군악대를 만들고 서양 음악을 가르치게 한 것도 이 행사에 초대될 국빈國賓들을 위해서였다.

'단군 이래 최초의' 국제 축전, 결국 취소되다

황궁을 치장하고 도로를 정비하고 새 건물을 짓고 공연단을 연습시키는 등 칭경예식 준비로 온 나라가 분주한 가운데 정부의 외교력은 '외국 특사'를 초빙하는 데 집중되었다. 처음 '제국답지 못한 제국' 황제의 생일과 즉위기념일 행사를 비웃으며 시큰둥한 반응을 보였던 열국列國은 행사일이 가까워오자 태도를 바꿔 나름대로 성의를 표하기로 했다. 한국 정부 외교관들의 정성에 감복했기 때문인지, 일본과 러시아가 싸우는 와중에 한국의 국제정치적 비중이 높아진 때문인지는 알기 어렵지만, 일본·청국·러시아·영국·프랑스 등이 특사를 파견하겠다고 통보했다. 이로써 '단군 이래 최초의' 대규모 국제 축전祝典을 위한 준비가 끝났다.

그런데 행사를 불과 한 달 앞두고 괘씸하기 짝이 없지만 황제의 힘으로도 어쩔 수 없는 훼방꾼이 나타났다. 콜레라였다. 당시로서는 치료도 예방도 불가능했던 치명적인 역병이 창궐하는 곳으로 외국 귀빈들을 모실 수는 없었다. 정부와 황실은 행사를 이듬해 봄으로 연기하는 수밖에 없었다. 연기 통보를 받은 각국 정부는 "이듬해 봄에 꼭 다시 특사를 보내겠다"고 회답하지 않았다. 어렵게 외국 특사의 방한訪韓 약속을 받아냈던 외교관들의 풀이 죽었고, 황제도 낙담했다. 칭경예식은 이듬해 봄에도 열리지 못했다. 이번에는 영친왕의 두창이 문제였다. 어린 아들이 위험한 병에 걸려 누워 있는데, 아비가 자기 생일 겸 즉위기념일 잔치를 떠들썩하게 벌이는 것은 명분에 맞지 않았다. 행사는 다시 가을로 연기되었다. 하지만 1903년 가을에 축제를 여는 것은 아주 슬픈 코미

디였다. 서로 한국을 집어 삼키려고 싸우던 러시아와 일본이 '최후의 수단'만을 남겨두고 있던 시점이었기 때문이다. 상황이 지극히 엄중하다는 사실은 고종도 잘 알고 있었다. 결국 정부와 황실은 행사를 비공식적으로 취소했다. '취소 행사'의 마지막 이벤트는 외빈용으로 구입해 두었던 100여 대의 인력거를 정부 대신들에게 불하하는 것이었다.

협률사 예인들, 민간 상대로 상업 공연을 개시하다

외빈용 인력거가 새 주인을 맞은 것처럼, 외빈을 위해 공연을 준비했던 협률사 단원들도 새 관객을 찾았다. 모름지기 예인藝人이라면 관객을 앞에 두어야 신명이 나는 법이다. 게다가 그들은 전국 최고 수준의 예인들이었다. 또 그저 연습이나 하는 것보다는 한 푼이라도 버는 편이 나았다. 맹위를 떨치던 콜레라가 가라앉은 1902년 12월, 협률사는 다음과 같은 공연 개시 광고문을 실었다.

> 본사에서 소춘대 유희笑春臺 遊戲를 오늘부터 시작하오며 시간은 하오 6시부터 11시까지요 등표等標는 황지黃紙 상등표에 1원이요 홍지紅紙 중등표에 70전이요 청색지 하등표에 50전이오니 완상玩賞하실 군자들은 알아서 찾아오시되 시끄럽게 떠드는 것과 술 취해 애기하는 것은 금지함이 규칙임.

이 광고로 보건대 칭경예식을 위해 지은 국립 원형극장의 첫 이름은 '소춘대笑春臺'였던 것 같다. 이 극장이 민간 공연단인 '원각사圓覺社'의

전용 극장이 된 것은 러일전쟁 이후의 일이다. 아마도 원각사를 조직한 이들은 극장 건물이 원뿔 모양인 것을 염두에 두고 단체의 이름을 지었을 것이다. 이름은 어쨌거나, 이것이 돈을 내고 입장하는 이 땅 최초의 실내 공연장이었다. 상중하上中下의 좌석 등급은 신분이 아니라 입장료 액수에 따라 결정되었고 백정이나 노비 출신은 출입을 금한다는 문구는 없었으니, 이 광고는 신분이 아니라 '돈'이 '자리(=지위)'를 결정하는 시대가 열렸음을 알려주는 포고문과도 같았다. 신분이 낮은 사람도 돈이 많으면 1원짜리 노란색 상등표를 살 수 있었고, 지체 높은 양반의 후예라도 돈이 없으면 50전짜리 파란색 하등표를 사야 했다.

그런데 당시 1원은 숙련노동자 하루 임금에 해당했다. 입장료가 이렇게 비쌌기 때문에 '극장 구경'을 할 수 있었던 사람은 부호 자제나 한량閑良, 그리고 그들이 거느린 기생이나 첩실妾室 정도였다. 협률사는 이듬해 공연 레퍼토리가 지나치게 속되고, 탕자蕩子방탕한 자제와 음부淫婦음탕한 부인들이 모여들어 풍속을 어지럽힌다는 이유로 일차 혁파되었다. 그러나 단원들은 낙향하지 않고 남아 이런 저런 공연단들을 만들었다. 러일전쟁 이후 광무대, 단성사, 연흥사, 장안사 등의 새 극단과 500~1,000석 규모의 극장들이 속속 모습을 드러냈다. 당시 신문들은 '지방에서는 의병 전쟁으로 울음이 끊이지 않는 시절에, 서울에서는 밤마다 노랫소리가 진동한다'고 비판했지만, 일단 극장 출입에 맛들인 사람들을 막을 도리는 없었다.

대중문화 검열, 후대의 웃음거리가 될 뿐

일제의 한국 강점 직전인 1910년 1월 21일, 경찰은 연흥사演興社의 총무를 소환하여 앞으로 방탕한 노래와 음란한 행동은 일체 금지할 것이니 공연할 때 주의하라고 통보했다. 당시 연흥사의 레퍼토리는 소고小鼓잡이 3~4명이 함께 부르는 난봉가, 방아타령, 담바고타령, 기생과 창부倡夫가 어울려 부르는 잡타령, 판소리 춘향가 등이었다. 5년 전 음탕한 자들을 끌어들인다는 이유로 혁파되었던 협률사의 공연 레퍼토리도 이와 그리 다르지 않았을 것이다. 곱씹어볼 점은 이때 경찰이 거론한 노래들이 지금은 전통문화의 정수로 인정받는다는 사실이다.

해방 후 대한민국 정부의 검열 역시 코미디이긴 마찬가지였다. 북한군을 '인간적으로' 묘사했다고 영화 상영을 금지하기도 했고, 물고문을 연상시키거나 통행금지 위반을 조장한다는 이유로 대중가요의 방송과 공연을 금지하기도 했다. 대중문화 검열은 언제나 이렇다. 후대에 웃음거리가 되는 것은 '속되고 잡스런' 대중문화가 아니라 그를 검열하고 길들이려 하는 권력이다. 그럼에도 대중문화를 검열하여 길들이려는 권력의 욕망은 반복적으로 분출되곤 한다. 역사의 발목을 잡는 것은, 이 같은 헛된 욕망이다.

一月 二十七日

1월 27일 _ 화신백화점 화재

화신백화점에서 종로타워로,
역사는 땅에도 새겨진다

유교 국가의 기본 통치 지침서 《주례》

중국 고대 주周나라의 제도와 의례를 정리한 책으로 알려진 《주례周禮》는 유교를 통치 이념으로 삼은 국가들이 유교를 현실에 구현하기 위해 반드시 펼쳐보는 기본 지침서였다. 이 책은 천지춘하추동天地春夏秋冬의 육상六象이 천하天下의 조화와 운행을 결정한다는 관념에 따라 군주가 세상을 다스리는 직제職制를 정했다.

천관天官은 총재冢宰로서 인사人事를 담당한다. 인간은 하늘의 뜻을 살필 줄 아는 유일한 생명체이자 하늘의 뜻을 지상에 구현하는 매개체다. 사람을 그 천품天稟에 따라 적재적소에 배치하는 것을 인사人事라 하지만, 이는 사실 하늘이 각 사람에게 천명天命을 내리는 것으로서, 근본적으로 사람의 일이라기보다는 하늘의 일이다. 지관地官은 사도司徒로서 재정을 담당한다. 재화의 대종은 땅이 내는 것이니, 그 땅을 구획하여 민民으로 하여금 경작케 하고 각인各人이 차지할 합당한 몫을 정해주는 것이 지관이 할 일이었다. 춘관春官은 종백宗伯이니 교教와 예禮를 담당한다. 봄이 만물을 키우듯 사람을 키우는 것이 교教요, 봄바람이 얼음을 녹이듯 사람과 사람 사이, 나라와 나라 사이에 온화한 기운을 불어넣는 것이 예禮다. 외교도 춘관의 몫이다. 하관夏官은 사마司馬이니, 군사軍事를 담당한다. 여름은 맹렬하고 치열한 계절이니 병화兵火에 어울린다. 전쟁은 들불이 산하山河를 태우는 것과 같은 일이다. 추관秋官은 사구司寇이니, 법률과 형벌을 관장한다. 가을 서리는 매서우나 금세 스러진다. 가을바람은 빈둥거리는 자에게는 쌀쌀하나 일하는 이에게는 쾌적하다. 가을 날씨는 청명하여 가리거나 숨기는 게 없다. 나라의 법과 형벌도 이와 같아야 한다. 동관冬官은 고공考工이니 토목과 건설을 담당한다. 겨울은 농사일이 없는 계절이자 산하山河가 얼어붙어 움직임을 멈추는 계절이니, 치산치수治山治水와 치도治道 축성築城에 가장 적합한 계절이었다.

《주례》 원칙에 따른 조선의 도성 건설

주자 성리학을 통치 이념으로 내세우고 건국한 조선은 《주례》의 원칙에 따라 관직 체제를 마련하고 도성을 건설했다. 《주례》 〈동관고공기冬官考工記〉가 제시한 도성 조영 원칙은 간단했다. 첫째, 제왕남면帝王南面이니, 제왕이 거처하는 궁궐은 남쪽을 향하도록 짓는다. 둘째, 전조후시前朝後市이니, 궁궐의 앞쪽에 조정을 배치하고 뒤쪽에는 시장을 배치한다. 조정은 왕王이 관장하고 시장은 왕후王后가 관장한다. 셋째, 좌묘우사左廟右社이니, 역대 군주의 사당인 태묘太廟는 궁궐의 좌측, 즉 동쪽에 배치하고 토지신과 곡식신을 모신 사당인 사직社稷은 궁궐의 우측, 즉 서쪽에 배치한다. 이는 유교의 이상적 토지 제도인 정전제井田制의 원칙에 따라 도성 내부를 구획하는 것이었다.

그런데 한반도에는 네모로 성을 쌓고 그 안에 우물 정井자를 써서 격자 모양으로 구획할 수 있는 넓은 땅이 없었다. 그 때문에 이미 삼국시대부터 한국인의 선조들은 산 능선을 따라 성을 쌓고 산으로 둘러싸인 분지에 도성을 만드는 독자적 문화를 만들고 전승해왔다. 조선 왕조가 새 도읍지로 정한 한양 역시 분지였고, 도성을 쌓는 방식도 전통을 따랐다. 산수山水 체계에 따라 각 건물의 입지를 정하는 풍수지리설도 쉬버릴 수 없는 공간관이었다. 그러다 보니 방형方形의 도성을 전제로 한 《주례》〈고공기〉의 원칙을 그대로 따르기에는 무리가 있었다. 당장 도성의 중심에 두어야 할 정궁正宮을 백악 아래 북쪽 구석에 지어야 했으니, 조정과 시장, 태묘와 사직의 위치도 변경될 수밖에 없었다. 그래도 도성 설계의 주역이었던 정도전은 《주례》의 원칙에서 크게 벗어나려 하지 않았다. 경복궁 앞으로 조정 관아들을 늘어세워 육조거리를 만들었고, 사직은 경복궁과 나란히 서쪽에, 태묘는 경복궁보다 조금 남쪽으로 치우친 동쪽에 건립했다. 시전市廛 역시 옹색하나마 경복궁 뒤편에 만들었던 것으로 보인다.

정도전을 죽이고 일차 권력을 잡은 뒤 끝내 왕위에 오른 태종 이방원은 정도전과는 생각이 달랐다. 그는 왕권이 어떤 원칙에 얽매일 필요는 없다고 보았다. 정적政敵 정도전의 이상理想이 담긴 도성 공간도 마음에 들지 않았다. 그의 형 정종이 개경으로 환도한 상태에서 즉위한 이방원은 한양으로 재차 천도한 뒤 도성 공간을 개조했다. 종묘 북쪽에 새 궁궐을 지었고, 육조거리가 끝나는 지점에서 동쪽으로 길게 뻗은 길 좌우에 행랑行廊을 지어 그중 일부를 상인들에게 내주었다. 이에 따라 전조후시, 좌묘우사의 원칙이 무너졌고, '국중國中의 대로大路'로 조성된 종로와 남대문로는 시전 거리가 되었다.

시전 상인들, 거래 독점권 '금난전권'을 얻다

조선 초기 도성 내 시전市廛의 임무는 국가가 조세와 공물로 거둬들인 현물現物과 조공 무역을 통해 수입한 물화 중 잉여분을 일반 백성들에게 배분하는 것이었다. 시전에 상품을 공급하는 것은 국가였다. 그러나 양이 많지 않았고 소비자도 제한되어 있었기 때문에, 번듯한 차림새였음에도 불구하고 시전가에서 상업이 '융성'했다고 하기는 어렵다. 사정이 일변하여 시전가가 활기를 띠게 된 것은 병자호란 이후였다.

　두 차례의 전쟁을 치르면서 심각한 재정난에 봉착한 정부는 시전 상인들에게 청나라에 보낼 조공 물품 조달을 떠맡기는 대신 상품 판매 독점권을 주었다. 국가는 조공 물품 조달과 정부 재정財政에 '기여'하는 각 상전商廛의 명칭과 그들이 취급하는 물품 목록을 기록한 '시안市案'을 작성하고, 이 '시안'에 오른 상전에 대해서는 물품별로 거래 독점권을 주었다. 이것이 이른바 '금난전권禁亂廛權'이다. 난전亂廛이란 시안에 등록되지 않은 상전商廛, 즉 국가에 대해 아무런 부담을 지지 않는 상전을 말한다. 시전 상인들이 얻은 '거래 독점권'은 난전 상인을 적발하여 처벌하고, 그들의 상품을 몰수할 수 있는 권리였다. 그런데 사람을 때리고 물건을 빼앗는 것은 그리 생산적인 일이 아니다. 이 권리는 필연의 경로를 거쳐 결국 난전 상인들에게서 '분세分稅'각 시전 부담액의 일부를 분담하는 것를 징수하고 장사를 허용하는 것으로 바뀌었다. 이렇게 되자 시안에 이름을 올리는 것은 '분세 징수권'을 얻는 것과 같은 의미가 되었다.

시대는 달라도 사람 사는 일은 비슷한 경우가 많아서, 근래에도 이런 관계는 깡패와 포장마차 주인 사이에서 전형적으로 나타난다. 깡패는 포장마차 주인에게 '보호비'를 걷는 대신 일정 구역 내에서 '영업 독점권'을 보장해주고, 포장마차 주인은 그 독점권에 의지하여 '독점가격'을 책정함으로써 '보호비' 납부로 인한 손실분을 보충한다. '금난전권'이 행사되는 방식은 이와 매우 흡사했다. 물론 예외는 언제나 있는 법이어서, '보호비'를 내지 않고 자유롭고 당당하게 영업하는 사람도 있긴 했다. 요즘으로 치자면 깡패 두목의 친척이나 친지가 그런 경우에 속할 텐데, 전제왕정과 신분제가 조성한 정치사회적 환경에서는 그런 사람이 많을 수밖에 없었다. 왕의 친척집인 궁방宮房이나 세도가문의 겸종傔從들, 군문軍門과 관청의 하수인들이 별별 물목物目을 정하여 시안에 이름을 올렸다. 그런데 아무리 힘 있는 자라 하더라도 이미 시안에 오른 상전이 취급하는 상품을 함께 거래하겠다고 나설 수는 없었다. 하나의 상전은 한 가지 물종만 취급한다는 '일물일전一物一廛'의 원칙이 있었기 때문이다. 결국에는 시안에 올릴 가치가 없었던 값싼 필수품들, 장작이나 채소까지도 모두 '분세'를 부담해야 하는 상품이 되었다.

운종가, 육의전이 몰려 있던 조선 제일의 번화가

시전의 수가 급증하고 명목상으로나 실제로나 상인들이 늘어나는 한편에서, 도성 안 물가는 다락같이 올랐다. 더불어 도성 안 소비자들과 근교 농민들이 모두 못살겠다고 아우성치는 사태가 빚어졌다. 1791년 정조는 근교 농민이자 영세상인인 서민들에게 생계 길을 열어주고 도성 내 물가를 안정시키기 위해 '신해통공'을 단행했다. 국역國役을 많이 부담하는 여섯 개의 큰 시전을 제외한 나머지 시전들의 금난전권을 폐지한 것이다. 이때 금난전권을 계속 갖게 된 상전들을 '육의전' 또는 '육주비전'이라 했는데, 중국산 비단을 취급한 선전繕廛, 국내산 면포를 취급한 면포전, 명주실을 파는 면주전, 종이 파는 지전, 모시 파는 저포전, 도성 안팎에서 건어물을 파는 내외어물전이 이에 속했다. 이들이 조선 후기 도성 상업의 중추로서, 이들이 몰려 있던 지대가 도성의 번화가였다.

조선 후기 혜정교 앞에서 탑동 어귀까지현재의 교보빌딩에서 탑골공원 뻗은 길은 사람들이 구름처럼 몰려다닌다는 뜻에서 '운종가雲從街'라고 불렸다. 태종은 창덕궁을 새 왕궁으로 삼은 뒤 지금의 탑골공원 어귀에 있던 종고루鍾鼓樓를 현재의 위치종로 네거리 남동쪽 구석로 옮겼는데, 도성민 전체에게 시각을 알리는 종고루가 있는 곳이 그 도시의 중심점이 되는 법이다. 운종가는 바로 그 종고루를 중심으로 해서 동서로 뻗은 길이었다. 그 길 양편에 즐비하게 늘어선 시전 행랑들과 그 앞의 가가假家들에서는 없는 것 빼고는 모두 살 수 있었다. 제사용품을 구하는 시민들, 자식 혼사를 앞둔 촌로村老, 벼슬자리와 바꿀 뇌물거리를 찾는 시골 부자들, 그들의 소맷자락에 든 돈을 노리는 소매치기들이 매일같이 모여들었다. 운종가 한복판, 임진왜란 때 불탄 종고루 대신 종각鍾閣이 새로 건립된 자리 바로 맞은편은 선전繕廛 자리였다. 중국산 비단을 팔던 선전은 취급 상품이 고가高價인 데다가 고객도 보통 사람들이 아니었고 이문利文이 많이 남아 부담하는 국역國役도 가장 많았으니, 육의

전 중 수전首廛, 즉 으뜸가는 상전商廛이었다. 선전을 달리 '입전立廛'이라고도 했는데, 비단을 뜻하는 '선緯'이 서 있다는 뜻의 '선'과 발음이 같았을 뿐 아니라, 선전이 여러 시전 중에서 '우뚝 선' 시전이기도 했기 때문이다.

임오군란 이후 중국 상인들이 서울에 들어오면서 육의전 중 가장 먼저 곤경에 빠진 것은 이 선전이었다. 중국 상인들이 본토에서 직수입한 비단이 품질과 가격경쟁력 면에서 선전에서 파는 것보다 월등했기 때문이다. 설상가상으로 갑오개혁 때 금난전권마저 소멸하여 중국 상인들에게 물건 떼어 팔던 조선인 소매상들에게 분세를 거둘 명분도 사라졌다. 입전 상인들은 뿔뿔이 흩어져 각자 살 길을 찾아야 했다.

'화신에 가 보았느냐'

1890년대 말, 육의전을 대표했던 입전 도가都家는 신태화라는 상인에게 넘어갔다. 신태화는 여기에 신행상회를 차리고 비단 대신 귀금속 제품을 팔다가 얼마 뒤 자기 이름 신태화의 '화'와 신행상회의 '신'을 합하여 이름을 화신상회로 바꿨다. 그로부터 20년이 조금 넘게 지난 뒤인 1931년, 종이 장사로 치부致富한 젊은 실업가 박흥식이 이 화신상회를 사들여 3층 콘크리트 건물로 증개축한 뒤 백화점 사업을 시작했다. 그는 이듬해 화신상회 옆에 새로 건립된 동아백화점까지 인수하여 동관과 서관 두 개의 건물로 이루어진, 당시로서는 초대형 백화점을 만들었다. 그가 돈을 번 경위가 어찌됐든, 그가 일본인들과 어떤 관계를 맺었

화재 직전의 화신백화점

왼쪽이 '선전' 건물을 증개축한 서관이고 오른쪽이 동아백화점을 매수한 동관이다.
1935년의 화재는 서관에서 일어나 동관으로 옮겨 붙었다.
화재 후 신축된 화신백화점은 당시 서울의 최고층 건물로 '입전' 터라는 장소의 이미지에 잘 부합했다.
* 출처: 《신세계 25년의 발자취》, 주식회사 신세계백화점, 1987, 59쪽.

든, 당시 '조선인'들은 그런 것을 중시하지 않았다. 종로 한복판에 초대형 백화점을 만들었다는 사실만으로 그는 '조선인'의 자존심을 살려주는 인물이자 조선 민족을 대표하는 실업가로 대우받았다.

1935년 1월 27일 저녁 7시 30분, 화신백화점 서관에서 불이 나 삽시간에 두 건물 모두를 태웠다. 불길이 어찌나 맹렬했던지 멀리서 불빛을 본 시민들이 구경차 몰려나왔고, 경찰만으로는 통제가 되지 않아 헌병대까지 출동했다. 화신백화점은 잿더미가 됐고, 조선인의 자존심도 더불어 잿더미가 됐다. 다음날 열린 화신의 중역회의는 즉각 '본래 그 자리에' '초현대적'인 백화점을 새로 짓기로 결정했다. 일본인 상권商圈의 중심인 혼마치本町현재의 충무로 입구에서 식민지 조선 경제 전체의 중심지인 '센긴마에鮮銀前' 광장일본인들은 조선은행(현 한국은행) 앞 광장을 센긴마에 광장이라 불렀다. 1930년대 조선은행, 경성우체국, 미츠코시 백화점으로 둘러싸여 있던 이 광장은 식민지 조선 경제를 상징하는 장소였다을 굽어보며 서 있는 미츠코시 백화점보다 더 큰 백화점을 짓는 공사가 곧바로 시작되었다. '조선인의 자존심'을 의식하고, 그것을 마케팅에 활용하기 위한 결정이었다.

1937년 11월, 지하 1층, 지상 6층, 총 건평 3,011평의 새 백화점 건물이 준공되었다. 한국인 건축가 박길룡이 설계한 이 건물은 당시 서울에서 가장 높은 건물이었을 뿐 아니라, 내부에 엘리베이터가 설치되고 옥상에 뉴스 전광판이 걸려 준공되자마자 장안의 명물이 되었다. 서울에 다녀간 시골 사람이 가장 먼저 받는 질문이 '화신에 가 보았느냐'인 시대가 열렸다.

화재 후 새로 건축된 화신백화점(1937년경)

1935년 1월 27일 화재로 화신백화점은 잿더미가 되었다.
그러나 다음날 화신의 중역회의에서는 즉각 '본래 그 자리에' '초현대적'인 백화점을 짓기로 결정했다.
1937년 11월 한국인 건축가 박길룡의 설계로 지하 1층, 지상 6층의 새 백화점 건물이 준공되었다.
당시 서울에서 가장 높은 건물이었던 화신백화점은
시골 사람이 서울에 올라오면 반드시 구경하고 싶어 하는 장안의 명물이 되었다.
* 출처: 《신세계 25년의 발자취》, 주식회사 신세계백화점, 1987, 60쪽.

역사도시, 장소의 상징성이 지속되는 도시

그로부터 반세기 남짓 지난 뒤인 1987년 화신백화점은 문을 닫았고, 1999년 건물과 대지를 매입한 삼성이 그 자리에 종로타워를 세웠다. 입전과 화신이 자기 시대에 그랬던 것처럼, 삼성도 현대 한국 재계財界의 수좌首座다. 필지 위의 건축물은 여러 차례 바뀌었지만, 장소의 상징성은 이처럼 질기게 지속되고 있다. 선전의 명맥도 보신각 주변의 '주단포목상'들을 통해 일부나마 유지되고 있다.

역사도시란, 이처럼 장소의 상징성이 활용되면서 지속되는 도시다. 하지만 그 도시 시민들이 장소들의 역사성을 아는지는 별개 문제다. 한양도성을 복원한답시고 부잣집 담장처럼 꾸며 놓은 일이나, 청계천을 복원한다면서 지구상에서 다시 보기 어려운 희한한 하천으로 조성해놓은 일들은 다 장소와 역사의 상관성을 몰랐기 때문이다. 그렇다고 시 행정가들만 탓할 일은 아니다. 문화재 주변에 굳이 고층 건물을 짓겠다고 떼를 쓰는 것은 한국 부자들의 습관에 속한다. '모르고 지은 죄는 벌할 수 없다'는 말은 도시 공간에 범하는 죄에도 해당된다. 장소에 중첩된 역사를 아는 시민이 많은 도시라야 역사도시답게 유지될 수 있다.

2월 5일 _ 미국인, 돌싸움 구경하다 살인

공공연한 폭력은 줄었으나
비물리적 폭력은?

돌싸움, 격렬하고 위험한 민속놀이

1903년 2월 5일음력 1월 8일, 언제나처럼 정월 대보름을 앞두고 서울 만리재에서 '전통 민속놀이'인 '돌싸움'이 벌어졌다. 참가한 '선수'들만 9천 명을 헤아렸고 구경꾼은 수만 명에 달했다. 당시 도성 안 인구가 20만 명, 도성 밖 자내字內와 오강五江성벽 바깥쪽을 자내, 한강변을 오강 이라 했다 인구가 그에 약간 못 미치는 정도였고, 이들을 일러 '서울 사람'이라 했으니, 대략 서울에 거주하는 성인 남성 인구의 10퍼센트 정도가 이 '민속놀이'에 선수로 참가한 셈이다.

돌싸움은 매우 격렬하고 위험한 민속놀이였다. 돌을 손에 쥐고 그냥 던지기도 했고, 적당한 길이의 천으로 돌을 감싼 뒤 빙빙 돌리다가 던지기도 했는데, 아무래도 원심력을 이용하는 편이 비거리가 길고 파괴력이 컸다. 손에 쥐고 던지는 건 아무나 할 수 있는 일이었으나 도구를 이용해 정확히 던지려면 상당한 숙련이 필요했다. 그래서 출전 선수들은 대보름날의 '정규' 돌싸움에 대비해 미리 연습을 하곤 했다. 대보름을 앞둔 무렵에는 도성 내외 넓은 빈터 곳곳에서 돌 던지는 사람들을 흔히 볼 수 있었다.

돌싸움 구경하다 잘못 끼어들어 살인한 미국인

'정식' 돌싸움은 사실상의 전투였다. 멀리서 누군가가 힘껏 던진 돌에 맞으면 빗맞아도 중상이었고, 머리에 정통으로 맞으면 즉사하는 수밖에 없었다. '선수'들은 날아오는 돌을 요령껏 피했지만, 수천 명이 한꺼번에 던져대는 돌을 일일이 확인해가며 대처하기란 불가능했다. 이 날도 살이 터지고 피가 튀는 격렬한 싸움이 벌어졌다. 수만 명에 달하는 구경꾼들 중에는 외국인들도 있었다. 선수들과 구경꾼들이 모두 기묘한 흥분에 들떠 있는 와중에, 누군가가 던진 돌 하나가 구경꾼들이 모여 있는 곳으로 날아와 운산금광의 미국인 직원 클레어 헤스Clare W. Hess의 발밑에 떨어졌다.

경기자들의 표적이 되었다고 생각했는지, 단순히 대담했기 때문인지, 아니면 또 다른 이유가 있었는지는 모르지만, 그는 자기 앞에 떨어진 돌을 군중에게 되던졌다. 한 가엾은 사람이 죽었다. 그 자리에 있던 서양인은 6명을 넘지 않았다. 모두의 뇌리를 스친 첫 번째 생각은 격분한 군중이 자신들을 죽이려고 달려들지도 모른다는 것이었다. 그러나 다행히도 한국인들에게는 그 미국인에게는 없던 선의善意가 있었다. 약간의 고함과 항의, 위협이 있었지만 그뿐이었다.

그 자리에 있었던 서울 주재 이탈리아 총영사 까를로 로제티가 남긴 기록이다. 그는 문제가 벌어지지 않은 이유를 한국인들의 '선의善意' 덕분으로 돌렸다. 하지만 이는 한국인들에게 특별한 선의나 외국인에 대한 호의가 있었기 때문이 아니었다. 돌싸움 중에 죽는 것은 '운명'이라 여기는 한국인들의 사생관死生觀 때문이었다.

.

고대의 군사훈련이 민속놀이로

현대의 스포츠가 대개 그렇듯이, '돌싸움[石戰]'도 고대의 군사훈련에서 비롯되었다. 달리고 뛰고 헤엄치는 것, 총이나 활을 쏘는 것, 창이나 포환을 던지는 것, 칼싸움과 몸싸움이 모두 현대 올림픽 종목들이다. 고대뿐 아니라 중세까지도 돌은 대중적이면서도 강력한 개인용 무기였다. 혹자는 돌을 건축용, 조경용, 인마살상용으로 구분하고, 인마살상용 돌을 따로 '장돌'이라 부르기도 한다. 특히 높이 쌓은 성에 의지하여 아래쪽에 있는 적과 싸우는 수성전守城戰에서 돌은 화살 못지않은 위력을 발휘했다. 지금도 옛 성터로 알려진 곳에 가보면 곳곳에 옹기조각이나 기와조각이 널린 것을 볼 수 있다. 깨진 기와나 옹기를 버리기 위해 산 능선까지 애써 들고 올라갈 사람은 없다. 이 기와조각, 옹기조각들은 '장돌'과 같은 용도로 쓰기 위해 성벽 주변에 쌓아두었던 것들이다. 문화유적 가이드 노릇을 오래한 사람으로서 덧붙이자면, 기와조각이나 옹기조각이 산꼭대기 부근에 '버려져' 있는 것을 의아하게 여기는 사람이 드문 것도 참 의아한 일이다.

　우리나라 삼국시대에도 돌을 주무기로 삼은 부대가 있었고, 고려시대에는 이들에게 석투군石投軍이라는 어울리는 이름을 붙였다. 우리 역사상 돌을 주력 무기로 삼아 거둔 최대의 전과戰果가 그 유명한 행주대

첩이다. 부녀자들이 '행주치마'에 돌, 기와조각, 옹기조각, 벽돌조각들을 담아 성벽까지 나르면 성벽에 붙어 서 있던 남정네들이 아래쪽을 향해 던졌다. 성 위에서 아래로 던지는 장돌 투척은 활이나 총보다 파괴력은 다소 떨어졌지만, 연사連射 능력은 월등했다. '장돌'로 일본군의 조총에 맞서 이겼다고 행주대첩을 높이 평가하는 경우가 많지만, 장돌은 그렇게 가벼이 여길 무기가 아니었다.

성벽 주변의 돌과 옹기조각 나부랭이뿐 아니라 마을 언덕 위에 빠짐없이 자리했던 서낭당 주변의 돌탑도 마을 단위의 무기 저장소였다. 이역시 씨족·부족 간 전쟁이 빈번했던 고대로부터 전승되어온 유습이다. 그러니 대보름 민속놀이인 '돌싸움'은 일종의 군사훈련이었다. 16세부터 60세 사이의 '양인良人 남자'가 군역軍役을 지는 것은 삼국시대 이래의 '통례通例'였으니, 군역 대상자인 남자는 의당 이 군사훈련에 참가해야 했다. 군역을 지지 않는 양반 귀족 자제가 아님에도 이 훈련에 참가하지 않으면 비겁자로 낙인 찍혀 일상생활에 어려움을 겪었다. 해마다 되풀이되는 돌싸움 탓에 수많은 사람이 크게 다치고 적지 않은 사람이 죽었지만, 남자들은 두려움을 무릅쓰고 돌싸움에 나갔고, 사상자死傷者의 가족들도 하늘을 원망할 뿐 가장이나 자식을 죽인 사람을 탓하지는 않았다.

일제의 민속놀이 집중 단속

고대로부터 전승된 활동들이 대개 그렇듯이, '민속놀이'가 된 돌싸움에

돌싸움

1880년대 이 '놀이'를 본 알렌은 "군인들이 보았다면,
이렇게 격렬하게 싸우는 주민들이 아주 훌륭한 군사훈련을 한다고 생각할 정도"라고 썼다.
* 출처: 서울특별시, 《사진으로 보는 서울백년》, 서울특별시, 1984.

도 '점복占ㅏ'의 의미가 따라붙었다. 서울의 경우 동대문, 서대문, 남대문 밖 사람들이 한 패가 되고, 애오개, 용산, 마포 사람들이 다른 한 패가 되어 맞붙었는데, 삼문 밖 패가 이기면 경기에 풍년이 들고, 애오개 패가 이기면 전국에 풍년이 든다는 속설이 있었다. 아직 군역을 질 나이가 안 된 아이들은 따로 종각 주변과 청계천 일대에서 자신들만의 돌싸움을 벌이곤 했다. 보통 대보름 전에 벌어지는 겨울철 눈싸움도 '글로벌한' 놀이이기는 하지만, 우리나라에서는 본래 돌싸움과 같은 의미를 지니는 민속놀이였다.

해마다 돌싸움으로 인한 인명 피해가 적지 않았던 탓에 조선 왕조 정부도 여러 차례 금령을 내렸지만, 유구한 역사를 지닌 놀이 문화를 없애지는 못했다. 그럴 만한 행정력도 부족했고, 무엇보다 이 '군사훈련'을 반드시 중단시키겠다는 의지도 박약했다. 일제의 한국 강점 이후인 1912년 3월, 조선총독부는 오늘날의 경범죄처벌법에 해당하는 〈경찰범처벌규칙〉을 제정했다. 이 규칙은 모두 87개에 달하는 '행위'를 한 자를 경찰이 임의로 처벌할 수 있도록 규정했는데, 제50조로 규정된 처벌 대상은 "돌싸움 기타 위험한 놀이를 하거나 하게 한 자, 또는 가로에서 공기총 새총 따위를 가지고 놀거나 놀게 한 자"였다. 〈경찰범처벌규칙〉은 '무속'으로 일컬어진 전통 종교 행사와 일본과 깊이 연관된 '신문물'을 적대하는 행위, 그리고 일본인들이 위협감을 느끼는 행위들을 집중 단속했는데, 이로 인해 돌싸움도 다른 '민속'들과 함께 점차 자취를 감추었다.

비물리적 폭력 문화도 추방해야

식민지를 경과했든 아니든, 근대는 성性과 죽음과 폭력을 책과 스크린과 영안실과 경기장 안에 봉인封印한 시대다. 세계사적으로도 근대화는 이런 인간 행위들을 대중이 볼 수 없는 곳으로 추방하는 과정이었다. 이 땅에서도 지난 한 세기 동안 공공연한 폭력은 눈에 띄게 줄어들었다. 이제는 돌싸움보다 훨씬 덜 폭력적인 패싸움을 보는 일도 드물다. 이른바 '근대 문명국' 국민들은, 다른 나라에서 벌어지는 공개 처형에도 분노한다.

그렇지만 문명화와 '폭력의 추방'을 동일시할 수는 없다. 심리적 폭력은 여전하다. 어떤 면에서는 오히려 정교하고 치밀해졌다. 특히 사람을 신체조건, 가족 구성, 취업 형태, 재산 규모, 성적 취향 등에 따라 정상과 비정상으로 나누어 보는 현대인의 시선 자체가, '비정상'으로 규정된 사람들에게는 견디기 어려운 심리적 폭력일 수 있다. 수천 년 지속된 돌싸움 같은 스펙타클한 폭력 문화를 추방하는 것이 근대 인류의 과제였다면, 이제는 왕따나 비정규직 차별 같은 '비물리적' 폭력 문화를 '야만의 영역'에 봉인해야 할 때다.

二月 十日

2월 10일 _ 종로경찰서, 어린이 행상 단속

어린이를 거리로 내몬
'불량한 가족'

어린이, '작은 사람'에서 '보호와 양육'의 대상으로

근대 이전에는 어린이와 어른 사이의 거리가 그리 멀지 않았다. 어린이는 '덜 큰' 사람으로서, 다 큰 사람에 비해 '부족한' 점이 있지만 그 부족한 정도만큼만 덜 대우받는 사람이었다. 강고한 신분제와 성 차별의식이 지배하는 사회에서는 '어른 일반'이 존재하지 않았던 것과 같은 맥락에서 '어린이 일반'도 존재하지 않았다. 그 시대에는 '덜 자란 귀족 남성'과 '다 자란 천민 여성' 중 지적·육체적으로 '우월한' 지위에 있는 자는 누구인가라는 질문에 대해, 누구나 동의하는 것은 아니었지만 합의된 답이 있었다. 노비나 하인은 '어린 상전'을 '작은 나리'로 봐야 했고, '작은 나리'는 그렇게 보이기 위해 스스로를 '큰 나리'와 별 차이가 없는 존재로 만들어야 했다. 물론 '작은 하인'도 마찬가지였다. 그들은 힘이 부족한 만큼 덜 일해도 되었지만, 또 그런 만큼 덜 먹어야 했다. 게다가 교육과 노동은 일부 귀족 자제를 제외한 대다수 '덜 자란 사람'들에게 하나로 통합되어 있었다. 농사일을 하는 것과 배우는 것, 목수일을 하는 것과 배우는 것 사이에는 사실상 아무런 차이가 없었다.

교육과 학습이 확연히 구분되기 시작한 것은 어떤 노동에든 적응할 수 있는 신체, 균질적인 기능을 수용할 수 있는 신체가 필요해진 이후였다. 자본주의는 특정한 기능에는 숙달했으나 다른 기능은 전혀 갖추지 못한 신체보다는 어떤 기능이든 즉각 수용할 수 있는 표준적인 신체를 더 많이 요구했다. 자본주의적 시선에서 '덜 자란 사람'은 당장 써먹어야 할 노동력이 아니라 '미래의 노동력'이었다. 자본주의적 시선이 새로 포착한 '어린이'는 어떤 일에도 숙달되지 않은 인간, 그래서 어떤 일이든 할 수 있는 인간, 즉 '일하지 않는 인간'이자 더 적극적으로는 '일해서는 안 되는 인간'이었다. 이로써 어린이의 사회적 위치는 '작은 사람'에서 '보호와 양육'의 대상으로 바뀌었다.

근대사회, '어린이'를 집단화하다

물론 자본주의가 어린이들에게 특별히 자애롭다고 할 수는 없다. 지금도 초국적 자본에 고용되어 중노동에 시달리는 '어린 노동자'들은 수없이 많으며, 일부 지역에는 '어린 군인'들까지 있다. 자본주의와 함께 성장한 근대 국민국가는 미래의 국민이자 노동자인 어린이와 미래의 노동자이되 국민은 아닌 어린이를 심각하게 차별해왔다. 또 씨나락 까먹는 농사꾼의 심정이 되어, 당장 급하다고 어린이의 생명까지 요구하는 무도한 권력도 언제나 있었다. 19세기 초에는 세계 제일의 '선진국'이던 영국에서조차 탄광에서 탄차炭車를 끄는 예닐곱 먹은 아이들을 쉬 볼 수 있었고, 20세기 초까지도 대다수의 '선진국'들이 아동 노동을 불법화하지 않았다.

하지만 평등하고 균질적인 '국민'에 대한 요구와 자본주의 물질생산의 증가는 '어린이'에 대한 사회적 관념과 처우를 경향적으로 바꿔갔다. 18세기 중엽 이후 어린이를 보통 인간과 다른 특별한 인간으로 보는 태도는 점차 확산되어 19세기 초에 의학에서는 '소아과'라는 전문 분과가 생겼고 아동 노동을 죄악시하는 태도도 계속 강해졌다. 특히 보통교육의 의무화는 각 가정에 분산 배치되어 있던 '어린이들'을 집단화하여 사회적 실체로 등장시켰다.

우리말 '어린이'는 '덜 익은 사람'이라는 뜻

옛날 우리나라에서는 어린이를 '아이', '아해' 또는 '동몽童蒙'이라 불렀다. 몽蒙이란 덩굴풀의 일종으로 '그늘지다, 어둡다'는 뜻을 담고 있다. 그래서 어리석은 것을 몽매蒙昧하다 하고 그를 깨우치는 것을 계몽啓蒙이라 한다. 어린이는 단지 지적으로만 덜 깬 사람이었을 뿐, 육체적으로는 어른과 별로 다를 바 없는 대우를 받았다. 10살 안팎의 사내아이들이 소 먹이고 나무하고, 그 나이 또래의 계집아이들이 아이 보고 빨래하는 것은 지극히 당연한 모습이었다. '어른'이란 '성관계를 맺다' 또는 '배필로 삼다'는 뜻인 '어르다'에서 온 말로, 어른과 어린이를 가르는 것은 결혼 여부였다. 아무리 덩치가 크고 나이를 먹었어도 결혼하지 않은 사람은 어른 대접을 받지 못했다.

다 알다시피 '어린이'라는 우리말은 1920년대 초에야 생겼다. 《세종어제훈민정음》에 나오는 '어린 백성'의 '어린'은 '어리석다'는 뜻이지만, 어린이의 '어린'은 어리굴젓, 얼갈이, 얼간이의 '얼'과 같이 '간이 덜 밴',

일제 강점기 어린이 지게꾼들

옛날 우리나라에서 어른과 어린이를 구분하는 기준은 결혼 여부였다.
어린이는 그저 지적으로만 덜 깬 사람이었을 뿐
육체적으로는 어른과 그리 다르지 않은 대우를 받았다.
10살 안팎의 사내아이들이 소 먹이고 나무하고, 비슷한 또래의 여자아이들이
아이 보고 빨래하는 것은 지극히 당연한 일이었다.

* 출처: 끌레르 보티에Madame Claire Vautier & 이포리뜨 프랑댕Hippolyyte Frandin,《한국에서En Corée》, 1913.

'덜 익은'이라는 뜻이다. 어린이라는 단어 안에 이미 '잘 익혀야 할 대상'이라는 뜻이 담겨 있었던 것이다. 그러니 이 단어의 발명과 함께 어린이를 '미래의 동량棟樑'으로 잘 키우자는 계몽운동이 본격화한 것은 당연한 일이다. 하지만 인류 탄생 이래의 관행이던 아동 노동은 줄지 않았다. 아니, 그 강도와 종류는 오히려 늘었다. 식민지 자본주의가 가정 밖에서 어린이를 '위한' 새 일자리들을 대폭 늘렸기 때문이다. 1931년 통계에 따르면, 30인 이상을 고용하는 공장의 노동자 중에서 15세 미만의 어린이가 점하는 비중은 8퍼센트에 달했다. 청장년들이 징병, 징용으로 끌려간 1940년대가 되면 그 비중은 20퍼센트까지 치솟았다.

'불량한 사회', '불량한 정치'가 '불량한 가정' 만든다

1934년 2월 10일, 종로경찰서 보안계 주임 고사카小坂는 거리에서 행상하는 소년 소녀들을 단속하겠다며 다음과 같이 밝혔다.

8~9세 아이들이 장사치가 되어 과자와 캬라멜 등을 억지로 사달라는 것은 일반에게 불쾌한 감정을 줄 뿐더러, 소년 보호와 교양상 큰 문제이다. 소문으로는, 불량한 가정에서는 어린아이들을 영업적으로 장사를 시켜 그 수입으로 어른들이 술을 사다 먹는 일까지 있다고 한다. 이는 순진한 아이들의 선량한 동심童心을 어지럽히는 일이고 또 제2세 국민의 교화 문제로도 도저히 묵과할 수 없는 일이다.

1910년대 서울 종로의 땔감장수 어린이

10살 남짓한 아이 둘이 나뭇짐을 잔뜩 실은
소 한 마리씩을 끌고 와 고객을 기다리고 있다.
캬라멜, 과자, 사이다 등 부피가 작고 가벼운 새 상품이 나온 뒤에는
이것들이 '소년 행상'의 주력 상품이 되었다.
* 출처: 국립고궁박물관 편저, 《100년 전의 기억, 대한제국》,
국립고궁박물관·서울대학교 규장각한국학연구원 공동주최 특별전 도록, 2010, 89쪽.

그러나 생계를 잇고자 거리에 나온 아이들을 무작정 잡아들이는 것 말고 경찰이 할 수 있는 일은 없었다. 어린 자식이 거리에서 구걸하듯 벌어온 돈으로 술 사먹을 만큼 인성이 황폐해진 부모는 타고나는 것이 아니다. '불량한 가정'은 '불량한 사회'와 '불량한 정치'가 만든다. 한국 사회가 전례 없는 번영을 구가하고 있는 오늘날에도 밥 굶는 어린이가 적지 않고 '알바' 자리를 찾아 헤매는 청소년은 셀 수 없이 많다. 어린 자식이 벌어 온 '알바비'로 술 먹는 부모가 지금이라고 없으란 법은 없지만, '순진한 아이들의 선량한 동심'을 어지럽히는 것은 불량한 부모 이전에 '불우한 환경'이고 가난한 삶이다.

저출산 고령화가 초래할 암울한 미래를 걱정하는 목소리가 높다. 출산율을 높이기 위해 정부가 이러저러한 유인책들을 내놓고는 있지만 효과는 신통치 않다. 젊은 부모들에게 자기 자식들 큰 고생 시키지 않고 '미래의 동량'으로 키울 수 있다는 자신감을 심어주지 못한다면, 아이 낳아 키우는 걸 인생의 우환으로 생각하는 태도는 결코 수그러들지 않을 것이다.

2월 19일 _ 에케르트, 대한제국 군악대장으로 부임

한국 근대 문화사에서
실종된 퍼즐조각

근대적 제식훈련, 몸을 규율하는 악기도 필요

몸이 음악을 만나면 춤이 된다. 음악에 맞춰 춤을 출 수 있는 것은 사람에게만 허용된 특권이 아니다. 플라멩코나 돌고래, 물개도 음악을 인지하여 동작을 조절할 줄 안다. 심지어 난蘭과 같은 초본류草本類조차도 음악을 들려주면 잘 자란다는 연구 결과가 있다. 하지만 자연에 없는 소리를 만들어내고, 그 소리들로 아름다운 선율을 조합하는 능력은 오직 사람에게만 있다.

음주가무飮酒歌舞라는 말에서처럼 '가歌'와 '무舞'가 늘 함께 붙어 다니는 데에서도 알 수 있듯이, 음악은 사람의 몸동작을 규율하는 수단이기도 하다. 음악의 리듬은 사람 몸의 리듬이며, 그래서 시대의 리듬이다. 현대에 들어 대중음악의 템포가 계속 빨라지는 경향이 보이는 것도 사람들의 생활리듬이 그만큼 빨라졌기 때문일 것이다. 몇 해 전부터 고궁 앞 등 서울 여기저기에서 '수문장 교대식'이라는 행사가 매일 열리고 있는데, 그 행사를 볼 때마다 '과연 저 악기 저 음률과 저 동작이 어울리는가' 하는 생각이 든다. 발걸음 하나하나까지 세밀하게 규제하는 근대적 제식훈련은 서양 군대에서도 19세기에 접어들 무렵에야 시작되었다. 다리가 긴 사람과 짧은 사람에게 동일한 보폭을 요구하는 것은 신체에 대한 일종의 폭력이다. 물론 군대가 본래 폭력을 체화體化한 조직이기는 하지만 근대 이전의 군대는 병사들에게 제 몸에 맞지 않는 동작을 굳이 요구하지 않았다. 키도 몸무게도 나이도 각양각색인 병사들에게 똑같은 보폭과 팔 동작을 요구하는 것은 기실 그들의 전투 능력을 배양하기 위함이 아니라 지휘관에게 사람을 지배하고 있다는 실감實感을 주기 위함이다. 어쨌거나 그런 훈련에 필수적인 것은 사람의 매 동작에 일대일로 대응하는 단절된 소리를 낼 수 있는 악기였다.

서양 악기 들어오다

우리나라에 서양 악기가 처음 들어온 것도 신식 군대를 창설할 때였다. 1881년, 조선 정부는 서양식 조련법을 택한 별기군別技軍을 창설하기에 앞서, 악공樂工 몇 사람을 일본에 보내 서양 나팔 부는 법을 익히게 했다. 간단한 연주법을 익히고 귀국한 이들은 별기군 부속의 곡호대曲號隊로 편성되어 제식훈련을 비롯한 각종 훈련 때에 나팔을 불었는데, 이것이 우리나라에서 서양 악기로 사람의 신체를 조율한 첫 사례였다. 별기군의 별기別技특별한 기술라는 것도 따지고 보면 서양 음악에 맞춰 자기 몸을 조율하는 기술에 불과했다고 해도 좋을 것이다. 그런데 이 기술이 생각처럼 그렇게 단순하지는 않았다. 한국전쟁 때부터 한 10~20년간은 '앞으로나란히'나 '발맞춰가' 같은 구령에 즉각 복종하는 법을 배우지 못한 채 군대에 들어간 사람이 아주 많았다. 군대 용어로 '고문관'이라 불린 이들에게, 자기 몸동작을 서양 악기 소리에 맞추는 것은 그리

녹록한 일이 아니었다.

현대인은 아주 어려서부터 음악에 몸을 맞추는 훈련을 무수히 반복해온 사람들이지만, 옛사람들은 달랐다. 악기樂器는 값비싼 도구였으며, 악기를 능숙하게 다루기 위해서는 상당히 전문적인 훈련이 필요했다. 마을이나 기타 공동체 단위로 악기를 비치해 두었다고 해서 '듣기 좋은 음악'을 자주 들을 수는 없었다. 축음기와 라디오에서 흘러나오는 소리가 공공 공간을 점령한 뒤에 출생한 현대인은 스스로 원하든 원치 않든 하루에도 몇 시간씩 음악을 들으며 살지만, 60~70년 전만 해도 음악을 듣는다는 것은 아주 특별한 일이었다. 현대인과 비非현대인을 가르는 기준으로 '음악의 일상성'만 한 것도 없을 것이다.

서양식 음악 부대의 창설

임오군란으로 별기군이 해산된 뒤에도 조선 정부는 미국, 러시아 등에서 군사 교관을 초빙하여 군대를 '서양화'하려는 시도를 멈추지 않았다. 군대를 서양화하는 작업에는 여전히 서양 악기가 필요했을 테지만, 아쉽게도 곡호대원들의 행방에 대해서는 알려진 바 없다. 서양 악기로 '무장'한 본격적인 '음악 부대'는 대한제국 선포 후에야 창설되었다.

서양 국가들에게 문명적 제국帝國의 황제로 인정받고 싶어 했던 고종은, 서양인들의 눈에 잘 띄는 장소를 서양식으로 바꾸고 국가를 대표하는 사람들에게 근대적 외양外樣을 갖추도록 했다. 그는 제국의 새 정궁이 된 경운궁 안에 돈덕전, 중명전, 정관헌 등 서양식 석조 건물을 지었고, '일국—國의 대로大路'인 종로에 전차를 달리게 했으며, 군인과 순검들에게 양복을 입도록 했다. 황도皇都와 황도 백성들을 '서양식'으로 꾸미는 사업의 목표 시점은 고종 즉위 40년이자 그의 나이 망육순望六旬51세이 되는 해인 1902년에 맞춰져 있었다.

이 사업에서 빼놓아서는 안 되는 것이 서양식 악단을 만드는 일이었다. 황제 어극御極 40년 망육순 칭경稱慶 기념 예식에 참석한 외국 특사들에게 서양식으로 훈련받은 군대의 열병식閱兵式을 보여주기 위해서나, 귀빈들의 마음에 흡족한 연회를 베풀기 위해서나, 서양식 악단은 꼭 필요했다. 당시 황제는 종종 주경駐京 외국 사절들을 궁중에 불러들여 음식을 대접하고 공연을 보여주었는데, 그 공연을 보고 난 외국인들의 반응은 국악 공연에 대한 현대 보통 한국인들의 반응과 거의 다르지 않았다. '지루해서 하품이 나왔고 가끔씩 귀청을 찢는 듯한 소리가 들려 머리가 다 아플 지경이었다'는 게 그들의 공통된 반응이었다. 한국 관습에서 손님이 즐기지 않는 대접을 하는 것은 비례非禮였다.

프란츠 에케르트, 대한제국 군악대장이 되다

1900년 말경, 고종은 독일 공사 하인리히 바이페르트Heinrich Weipert를 통해 프란츠 에케르트Franz von Eckert에게 새로 창설될 대한제국 군악대의 조련을 맡아 달라고 요청했다. 그는 1879년부터 1899년까지 일본 군악대를 육성했던 사람으로, 일본 국가인 기미가요 작곡에 참여한 후 귀국하여 프로이센 왕립악단 단장을 맡고 있었다. 그런데 이와 거의 같

탑골공원 팔각정에서 음악회를 마친 후
외국인 청중들과 함께한 한국 군악대원들(1902).
원 안은 프란츠 에케르트

에케르트는 한국이 망한 뒤에도 회현동 자택에 머물며 양악(洋樂)을 전수하다가
1916년 8월 6일 64세를 일기로 사망했다. 장례음악 연주는 '특별히' 이왕직 양악부가 담당했다.
* 출처: 경향신문 광복50주년 사록 편찬팀, 《격동 한반도 새지평》, 경향신문사, 1995, 5쪽.

은 때에 독일인 의사 리하르트 분쉬Richard Wunsch도 고종 황제의 초청을 받았다. 입국 후 고종의 시의이자 궁내부 의사가 된 분쉬는 하는 일 없이 시간만 보내는 데도 '거액巨額'을 주는 대한제국 정부에 조롱 섞인 감사를 표한 적이 있다. 그는 할 일이 없는 것을 의아하게 여겼으나, 대한제국 정부가 그를 초청한 것은 칭경예식 도중에 혹시 발생할지도 모를 외국 귀빈의 질병에 대비하기 위해서였다. 에케르트의 처우에 대해서는 알 수 없지만, 그 역시 분쉬처럼 '거액'을 받았을 것이다. 그러나 그는 분쉬와는 반대로 아주 분주히 움직였다.

1901년 2월 19일, 50인조 오케스트라용 악기들을 가지고 입국한 그는 미리 조직되어 있던 군악대원들에게 서양 악보 보는 법과 악기 연주하는 법을 가르쳤다. 군악대가 고종과 각부 대신, 주경駐京 외국 사절들 앞에서 첫 연주회를 가진 것은 그로부터 6개월 남짓 지난 9월의 일이었고, 외국인들은 그들의 훌륭한 연주 솜씨에 찬사를 아끼지 않았다. 이 무렵 에케르트는 '대한제국 애국가'도 작곡했는데, 이 곡은 이듬해 8월 15일 '공식 국가'로 선포되었다.

칭경 예식 예정일을 석 달쯤 앞둔 1902년 6월 12일, 대한제국 정부는 탑골공원 서쪽 구석에 군악대 건물을 지어 에케르트의 음악 교습을 지원했다. 그는 이곳에서 군악대를 훈련시키는 한편, 매주 목요일 공원 안 팔각정에서 무료 음악회를 개최했다. 궁중 연회에 초대받을 자격이 없는 보통의 서울 시민들은 이 연주회를 통해 서양 음악에 대한 감수성을 키워나갔다.

이왕직 양악부 해산과 경성악대 출범

1907년 일제는 한국 군대를 해산했지만 의전용儀典用 부대인 군악대는 그대로 두었다. 에케르트도 계속 군악대장직을 맡았다. 1910년 8월 대한제국이 최종 소멸한 뒤, 군악대는 왕실 관리 기구인 이왕직李王職 산하로 들어가 '이왕직 양악부'가 되었다. 이때쯤에는 에케르트에 대한 처우도 분명 많이 나빠졌을 것이다. 그러나 그는 어떤 이유에서인지 귀국하지 않았다. 심지어 1차 세계대전이 발발하여 독일과 일본이 적대국이 되고, 독일인이라는 이유로 일제의 엄중한 감시 대상이 된 상태에서도 그는 한국에 남았다. 자기 제자들과 그들의 나라를 무척 사랑했기 때문이라는 설이 유력하다. 에케르트는 1차 세계대전 종전 직전인 1916년 건강상의 이유로 백우용에게 지휘봉을 넘겨주고 사임했으며, 얼마 뒤 자택에서 쓸쓸히 숨을 거두었다.

1919년 고종이 서거하자 조선총독부는 '경비 절감'을 구실로 이왕직 양악부를 해산했다. 일제가 보기에 양악부는 고종의 사적 유흥을 위한 조직이었을 뿐이다. 단원들은 '해산' 당하지 않고 그대로 뭉쳐 사립 '경성악대'를 조직했으나, 당시 서양음악 시장은 사립 악단이 설 자리를 마련해줄 수 없었다. 이왕직 양악부 해산 직후, 다시 말해 경성악대 출범 직후인 1920년 4월, 《동아일보》는 '간신히 잔명殘命을 보존'하고 있는 그들의 비참한 처지를 소상히 전했다.

해산의 참혹한 정경을 당한 후에 이왕직 양악대李王職 洋樂隊는 지금 과연 어떻게 지내는가? 10년의 역사를 가진 동양에서 가장 우수한 악수樂手들이 일시에 해산의 비운을 당한 후에 집은 내어놓고 40여인의 식구들은 갈 바를 잃어버려 동서로 표류하는 비참하고 가엾은 지경에 방황한다. 해산 당시에 이왕직에서 3천 원의 하사금을 내리시고 또 민간 사회에서도 동정의 눈물로 유지비의 기부가 있었다. 그것을 모두 합하여 6천 원 가량이 되었음으로 그 기부금을 기초로 삼아 악장 백우용 씨로부터 일동이 백방으로 운동하여 그의 사십 인의 자기 부하를 데리고 유지하여 가려고 주야로 초심한 결과 그 대원 17명과 같이 종로 중앙 기독교 청년회 안의 한 처소를 빌렸다. 그러나 이전에 음악대 안에서 자기 마음대로 생활하던 것과 지금을 비교할 여지도 없지마는 청년회 안에 조그마한 한 방을 빌려 가지고 간신히 근거를 정하였는데 남의 집에 옹색하게 기거하는 사람의 처지로 날마다 자기의 좋아하는 음악을 연습할 수밖에 없을 뿐이다. 또 대원들은 생활비에 곤란하여 자연히 자기의 좋아하는 음악으로만 몰입할 수도 없는 일이다. 그러나 또 자기의 전문적 기공을 버릴 수는 없을 것이다. 그러함으로 역시 백악장의 지도로 일주일에 이삼차씩 주악의 연습을 행하는데 그러나 이때나마 있는 대원의 모임도 얼마나 오래까지 계속 될는지 자못 위태한 문제이다. 6천 원의 유지 자금은 점점 없어져 가고 지금은 다시 연구할 방책도 없으니 전도가 또다시 묘연해져 간다고 악장 백우용 씨는 비참한 안색으로 말하더라(《동아일보》 1920년 4월 21일).

덕수궁 수문장 교대식의 아쉬움

해산당할 때 얻은 6천 원이 사라지자, 경성악대의 기력도 쇠했다. 1924년 결국 '동양 최고의 악수樂手'들은 뿔뿔이 흩어져 명월관, 식도원 등의 고급 요리집에서 호사가好事家들을 상대로 바이올린이나 트럼펫을 연주하며 생계를 이을 수밖에 없었다. 그들의 자취는 이제 탑골공원 옆에 있는 한국 최대의 '악기상가'에서나 희미하게 찾을 수 있을 따름이다. 대한제국 군악대 연습실이 있던 자리 바로 옆에 악기점이 처음 들어선 것이 1920년이니, 이왕직 양악대가 해산될 때 일부 단원들이 내다 판 악기를 취급했는지도 모를 일이다. 경성악대가 해산된 이듬해인 1927년에는 두 번째 악기점이 생겼다. 각각 '죽남'과 '금희'라는 상호를 쓴 이 두 악기점이 현재의 낙원동 악기상가를 만든 원조들이다.

지금 '덕수궁' 앞에서 매일 벌어지는 '수문장 교대식'을 볼 때면, 역사를 대하는 우리의 태도가 너무 경박한 것은 아닌가 하는 생각이 들곤 한다. 말로는 600년 역사도시라 하면서도 경복궁, 창덕궁, 덕수궁 앞의 수문장 교대식 행사는 어찌 그리도 똑같은지. 게다가 덕수궁 앞에서는 '구식 군대'에 의한 수문장 교대식이 진행된 적이 단 한 번도 없었다. 대한제국 선포 후에 비로소 정궁正宮이 된 경운궁 앞에서는 신식 군악대의 연주에 맞춘 신식 군대의 행진이 있었을 뿐이다. 서울의 두터운 역사지층歷史地層을 제대로 드러내려면 경복궁 앞에서는 조선 전기 양식, 창덕궁 앞에서는 조선 후기 양식, 경운궁덕수궁 앞에서는 대한제국 시기 양식으로 하는 것이 낫지 않겠는가? 한 가지 더. 이 땅에 서양 근대의학을 전수해준 '은인恩人'으로 추앙받는 미국인 선교사 알렌에 비하면, 서양 근대 음악을 전수해준 에케르트에 대한 대접은 너무 소홀하다. 음악인들이 역사에 무관심한 탓일까?

2월 24일 _ 조선총독부, 한센병 환자 격리 위해 소록도 자혜의원 설립

한센병보다 무서운 병,
'장애인 혐오증'

가장 두려운 '천형' 나병

질병과 부상은 크건 작건 사람의 몸에 흔적을 남기게 마련이다. 바이러스나 세균은 피에 항체를 만들고 작은 찰과상이나 자상刺傷도 피부에 흉터를 남긴다. 질병의 종류나 부상의 강도에 따라서는 남의 눈에 잘 띄는 표지를 남기기도 하는데, 두창은 환자의 얼굴에 '곰보 자국'을 새겼고, 소아마비는 환자에게 평생 다리를 저는 고통을 안겨주었다. 치료의 결과도 신체에 남는다. 맹장수술 자국처럼 작은 것도 있고, 사지절단수술 '자국'처럼 큰 것도 있다. 그런데 어느 경우든 신체에 남은 흔적은 '질병의 결과'일 뿐 질병 자체는 아니다. 그럼에도 불구하고 질병과 '질병의 흔적' 또는 '치료의 결과'를 구분하지 않는 태도는 동서양을 막론하고 보편적이었다. 한자 문화권에서 욕설로 사용되어온 '병신病身'은 말 그대로 '병든 몸'이라는 뜻이지만, 병이 다 나은 몸도 두드러지는 흔적이 남아 있으면 '병신'이라 부르곤 했다. 그런 병 중 대표적인 것이 문둥병으로도 불리는 나병癩病이었다.

피부에 반점이 생기고 썩어 문드러지는 이 병은 잘 낫지도 않았을뿐더러 나았다 하더라도 썩어 문드러진 부위는 애초의 모습으로 되돌아오지 않았다. 이 병에 걸리면 고통 속에서 흉측한 모습으로 변했다가 이윽고 죽어야 했기에, 전염성이 그리 강하지 않았음에도 먼 옛날부터 가장 두려운 질병으로 꼽혔다. 가족이나 성직자, 의사들조차도 이 병에 걸린 사람에게는 가까이 다가가려 하지 않았다. 결국 환자들은 남의 보살핌을 받지 못하는 곳에서 '외로움'이라는 또 다른 고통에 시달려야 했다. 원인도 알 수 없고 치료법도 알 수 없으며 환자를 고독과 고통, 자기모멸에 빠트리는 이 병을 '천형天刑'이라 부른 것은 '불가지론'이 지배하는 영역을 넓게 설정한 근대 이전 사람들의 인식론에서는 지극히 당연한 일이었다.

한센병 환자들, 격리되다

특정한 질환에 걸린 환자들을 '정상인'들로부터 '격리'해야 한다는 발상도 애초 이 병에 걸린 환자들을 대하는 태도에서 나왔다. 십자군전쟁에 참전했던 병사들을 따라 유럽에 흘러들어간 나병은 수많은 환자를 만들어냈다. 이들을 다 죽일 수도, 그렇다고 '정상적인' 하느님의 자녀들과 함께 둘 수도 없었던 유럽인들은 이 '하느님에게 버림받은 자들'을 한 곳에 모아놓는 방법을 생각해냈다. 그 결과 13세기에는 유럽 전역에 13,000여 개의 나환자 전문 격리시설이 생겼다. 이 질병이 신이 내린 천벌이 아니라 다른 전염병들과 마찬가지로 세균이 옮기는 병이라는 사실을 입증하고 그 원인균을 발견한 사람은 노르웨이의 의사 한센Armauer Gerhard H. Hansen(1841~1912)이었다. 그의 발견 덕에 나병 또는 문둥병은 한센병이라는 새 이름을 얻었다.

예로부터 한센병을 천형天刑으로 취급한 것은 우리나라도 마찬가지였다. 가족들조차 돌보지 않았기 때문에 환자들은 이곳저곳 걸식乞食하며 떠돌아다녔고, 전염될까 두려워하는 사람들과 자주 마찰을 빚었다. 전염과 사회적 마찰을 막고자 유럽에서처럼 국가 또는 지방관이 이들을 격리한 사례도 있었다. 세종 대에는 한센병 환자들을 해안 지역에 몰아넣었고(《세종실록》권41, 무신1428년 8월 30일), 문종 대 제주목사 이계린은 해안가에 모여 있던 한센병 환자들을 위해 구질막救疾幕질병을 구제하는 막사을 만들었다(《문종실록》권7, 신미1451년 4월 2일). 물론 환자들 각자가 다른 사람들의 눈을 피해 동굴이나 벽지僻地로 숨어들었다가 우연히 집단 거주지를 만들었을 가능성도 배제할 수 없다.

그렇지만 한센병 환자를 보는 일반의 시선이 공포와 적의敵意로만 가득 차 있었다고 단정할 수는 없다. 전통 탈춤 중에 '문둥이'가 등장하는 것이 여럿 있는데, 이들 탈춤에 등장하는 '문둥이'들은 보통 사람들과 어떤 방식으로든 어울려 살며, '어린아이 간을 빼 먹는다'든가 '인육을 먹는다'든가 하는 '악행惡行'을 저지르지도 않는다. 한센병을 천형天刑으로 취급하는 사유체계에서 '천벌 받을 짓을 함으로써 천형을 면한다'는 생각은 발붙이기 어려웠을 것이다.

한센병 환자에 대한 공포감과 적개심

한센병 환자에게 인육을 먹였다는 기록이 없지는 않다. 《성종실록》에는 진주사람 김계남의 처 득비가 남편이 한센병에 걸리자 자기 손가락을 잘라 볕에 말려 가루로 만든 뒤 음식에 섞어 먹여 낫게 했다는 기록이 있다(《성종실록》 권15, 임진1472년 2월 29일). 이 이야기에서 주목해야 할 것은 김계남을 천형에서 구원해준 것이 생면부지인 남의 살이나 죄 없는 어린아이의 간 따위가 아니라 바로 아내의 손가락이었다는 점이다. 천형에서 벗어나려면 하늘을 감동시킬 일을 해야지, 하늘을 노하게 할 짓을 해서는 안 되었다.

한센병을 고치려 어린아이를 살해하는 범죄는 오히려 병이 '천형天刑'과 무관하다는 생각이 확산되고 약과 병 사이의 일대일 관계에 대한 믿음이 강화된 근대 이후에 흔해졌을 가능성이 높다. 사건이 전파되는 범위와 속도의 문제를 고려해야 하기는 하지만, 일제 강점기와 해방 직후에는 한센병 환자와 그 가족들에 의한 영유아 살해가 드물지 않았다. 예컨대 1948년 9월 대구에서는 27세의 여성이 남편의 한센병을 고치기 위해 이웃집 갓난아기를 훔쳐 술에 담갔다. 그 다음 달 군산에서는 30세의 여성이 이웃집의 다섯 살배기 아이를 유인하여 죽인 뒤 배를 갈라 간을 꺼내 남편에게 먹인 사건이 일어났다. 이런 사건들에 관한 소식이 전파될수록, 한센병 환자에 대한 공포감과 적개심도 더해갔다.

한센병 전문 병원 소록도 자혜의원

1916년 2월 24일, 조선총독부는 한센병 환자 수용시설을 갖춘 소록도 자혜의원을 설립했다. 이 땅에서 한센병 환자를 '위한' 수용소를 먼저 만든 것은 미국인 선교사들이었다. 이들은 1910년 부산, 1912년 광주,

1947년 소록도 갱생원에서 열린 환자와 자녀들 간의 면회식

혹시 자녀가 감염될까 보아 환자들은 멀찍이 떨어져서 바람을 마주 대하고 섰다.
'미감아'란 '아직은 감염되지 않은 아이'란 뜻이니 '미망인'만큼이나 심한 말이다.
소록도에 격리 수용된 환자들은 갱생원 직원들 앞에 설 때 바람을 맞는 자리에 서는 습관을 들여야 했다.
한센병 환자에 대한 강제 영구 격리가 중단된 것은 1954년 이후였다.
* 출처: 보건사회부 국립소록도병원, 《사진으로 보는 소록도 80년》, 보건복지부, 1996.

1915년 대구에 각각 한센병 환자 전문 요양소를 설치했다. 일제 강점기 조선총독부는 선교사들의 활동에 아주 민감하게 반응했다. 그들은 조선인들이 일본의 통치에 마음으로 승복하지 않는 것은 서양 선교사들 탓이 크다고 보았다. 실제로 많은 조선인들이 일본은 그저 조선보다 먼저 서양에서 배웠을 뿐 신문명의 진정한 빛은 서방에서 오는 것이라고 생각했다. 그것이 부정할 수 없는 사실이었으나 조선총독부는 자신이 '식민지 문명화'의 진정한 주체임을 보여주려 했다. 식민지 조선 내의 모든 '문명적 시설'을 두고, 총독부 권력은 서양 선교사들과 헤게모니 경쟁을 벌였다.

'문명의 수치'를 제거하는 사업을 선교사들에게만 맡겨둘 수 없다고 판단한 조선총독부는 1916년 전남 고흥군 소록도에 한센병 전문 병원이자 수용소인 소록도 자혜의원을 개설했다. 하지만 이 병원은 '서양인에게 질 수 없다'는 의식의 발로였을 뿐, 그다지 효과적인 격리시설은 아니었다. 서양인 선교사들이 세운 요양소가 떠돌아다니는 환자들을 수용하여 안정된 생활을 영위할 수 있도록 돕는 구호기관의 성격이 강했다면, 소록도 자혜의원은 단순 감금시설에 가까웠다. 어쩔 수 없이 격리되어야 하는 상황에 놓인 조선인 한센병 환자들의 선택지는 정해져 있었다.

세계 최대의 한센병 환자 집단수용소가 된 소록도

1934년 조선총독부는 소록도 자혜의원을 한센병 환자만을 수용하는 소록도 갱생원으로 개편하고 경찰력을 동원하여 전국적으로 환자를 색출, 소록도에 강제 이송하기 시작했다. 태평양전쟁 중 미국인 선교사들을 강제 추방한 뒤에는 선교사들이 세운 요양소에 있던 한센병 환자들도 모두 소록도 갱생원으로 옮겼다. 조선총독부는 한센병 환자를 확실히 '죄수'로 취급했다. 총독부 관리들이 보기에 한센병 환자들은 공중위생을 해치고 치안을 방해하며 풍속을 교란시키는 자들이었다. 경찰은 환자를 '체포'하여 소록도 갱생원으로 이송했고, 잡혀 온 사람들은 아무 죄도 없이 무기수無期囚가 되었다. 더구나 '간수'에게 감염시킬 우려가 있었기 때문에 그들은 다른 '죄수'들보다 훨씬 가혹한 처우를 받았다. 그들은 '간수'를 똑바로 쳐다봐서도, 가까이 다가가서도 안 되었다. 부득이 간수 가까운 곳으로 불려갈 경우에는 반드시 바람을 마주하고 서야 했다. 한센병 환자가 자기 몸을 스친 '오염된 바람'을 간수에게 전달하는 것은 죽어도 싼 죄로 간주되었다. 소록도 갱생원에 이송된 한센병 환자들이 가장 먼저 배워 익혀야 했던 것은 바람이 부는 방향을 감지하는 '기술'이었다.

행정력을 동원한 강제 격리 수용이 본격화함에 따라 일제 강점 말기 소록도 갱생원은 6,000명을 수용하는 세계 최대 규모의 한센병 환자 집단수용시설이 되었다. 그런데 사실 '격리'란 수용자를 위한 조치가 아니다. 감옥이 죄 지은 사람을 교화하는 것보다는 '죄 짓지 않은' 사람을 안심시키는 데에 더 유용한 시설인 것처럼, 소록도 갱생원도 한센병 환자가 아니라 한센병을 두려워하는 사람들의 안녕을 위한 시설이었다.

장애인에 박정한 사회는 모두에게 박정한 사회

지식과 결합한 권력이 '비정상'으로 규정한 존재들을 격리하는 행위가 일반화하자, 사람들은 한센병 환자와 같은 '비정상인'이 주변에 없는 것을 '정상 상태'로 여기게 되었다. 그런데 '비정상'으로 낙인찍힌 사람들은 멀리 떨어진 섬 안이나 높은 담장 건너편으로 격리되어 '정상인'의 시야에서 사라지는 동시에, '미지未知의 존재'이자 '신비화한 존재'로 변모한다. 더불어 '정상인'들의 그들에 대한 오해와 공포도 깊어진다. 소록도 갱생원이 생긴 이태 뒤, 서정주는 〈문둥이〉라는 제목의 시를 발표했다.

해와 하늘빛이
문둥이는 서러워
보리밭에 달 뜨면
애기 하나 먹고
꽃처럼 붉은 울음을 밤새 울었다.

병에 걸리거나 다치지 않고 평생 사는 사람은 없다. 장애는 조금 두드러지는 질병과 부상의 흔적일 뿐이다. 보이는 곳에든 안 보이는 곳에든, 크든 작든, 많이 불편하든 덜 불편하든 누구에게나 그런 흔적은 있게 마련이니 장애인이 따로 있는 것이 아니다. 그럼에도 자기 동네에 장애인시설이 들어온다고 집단 시위를 벌이고, 장애인들이 만든 빵은 절대 사먹지 않겠다는 사람들이 여전히 너무 많다. 전염되지 않는 한센병보다 전염성 높은 '장애인 혐오증'이 훨씬 더 큰 문제다. 어느 보험회사 광고 문구대로, 현대는 '무병장수'가 아니라 '유병장수有病長壽' 시대다. 지금 스스로 '정상'이라 믿는 사람들 대다수도 엄밀히 따지면 장애인이며, 미래에는 확실한 장애인이다. 장애인에게 박정한 사회는 결국 모두에게 박정한 사회다.

三月 三日

3월 3일 _ 고종황제 국장

'죽은 권력'을 둘러싼
기억의 싸움

황제에서 '덕수궁 이태왕'으로 격하된 고종의 장례식

1919년 3월 3일, 조선 왕국의 26대 왕이자 대한제국의 첫 황제였으며, 경술국치 이후 일본제국의 '덕수궁 이태왕李太王'이 된 이희李熙의 장례식이 거행되었다. 그는 공식적으로는 일본제국이 내려준 '이태왕'이라는 지위에서 서거했지만, 대다수 한국인들은 그를 대한제국의 황제로 기억했다. 그의 지위에 대한 비非균질적인 기억은 장례 절차에도 새겨졌다.

장례식의 공식 명칭은 '덕수궁이태왕국장德壽宮李太王國葬'으로, 대한제국의 국장이 아니라 일본제국의 국장이었다. 총독부 기관지《매일신보》는 이에 대해 "조선에서 처음인 국장 행렬"로 "천자天子가 진도轸悼임금이 슬퍼하여 애도함하사 특별히 국장 의례를 내리시고⋯⋯"라 썼다. 일본 덴노[天皇]에게 하사下賜받은 국장이었기에 장례 의식과 절차는 일본 황실의 의식을 기본으로 했다.

일본 덴노 무쓰히토는 장례의식을 총괄하는 제관장祭官長에 이토 히로부미의 양아들 이토 히로쿠니伊藤博邦 공작을 임명했다. 고종을 황제 자리에서 끌어내린 장본인의 양아들에게 그의 저승길을 인도하게 했으니, 무쓰히토의 심사도 어지간히 독했다. 발인 한 달쯤 전인 2월 9일에는 일

덕수궁 이태왕 봉고제

1919년 2월 9일 덕수궁(경운궁) 함녕전에서 데라우치 총독을 비롯한
총독부 고위 관리가 참석한 가운데 일본 신관神官 주재로 일본 왕가의 장례의식인 봉고제가 열렸다.
고종의 장례는 일본 궁내성이 주관하는 일본의 국장이었지만,
대다수 한국인들은 이를 '한국의 국장'으로 바꿔 치렀다.
* 출처: 서울대학교박물관.

본 황실의 장례의식인 봉고제奉告祭가 치러졌는데, 이 자리에는 일본 덴노[天皇]와 황후 '양 폐하'가 '하사'하고 일본 '동궁 전하'가 보낸 '어신御神'이라는 신물神物이 배열되었다. 그 자리에 삼베옷을 입고 두건을 쓴 한국의 구舊대신大臣들과 서양식 관복을 입은 일본인 및 한국인 현직 관리들, 그리고 일본 전통 제례복을 입은 일본인 귀족 제관들이 함께 배석했다.

장례, 맨 마지막에 무너지는 전통의례

유럽인들의 제국주의적 팽창은 유럽의 관습과 의례를 세계 표준으로 만드는 과정이기도 했다. 유럽인들은 자기들이 새로 '발견'한 땅에 '진출'해서는, 그곳에서 만난 '이방인'들과 그들의 문화에 서슴없이 '야만' 또는 '미개'라는 낙인을 찍었다. 그 '이방인'들은 유럽인들의 기술문명을 동경해서든 아니면 그들의 현실적 힘에 굴복해서든, 유럽인을 닮아가는 쪽으로 삶의 방향과 단계를 조정해야 했다. 이른바 '오리엔탈리즘'이 횡행하는 가운데 비非유럽 세계 전역에서 관행과 풍습, 문화 전반이 유럽적 표준을 의식하며 변화해갔다. 그런데 유럽 기준에서 '이방인'들이 변화를 수긍하는 속도와 정도는 분야에 따라 달랐다. 개인들의 통과의례 중 가장 오래까지 '원형'을 고집한 분야는 대개 장례葬禮였다.

우리나라에서 관冠·혼婚·상喪·제祭의 4대 의례가 변화하기 시작한 것도 주로 서양과 접촉한 이후였다. 혼례가 관례를 흡수하는 현상은 조선 후기에 이미 나타났으나, 나머지 의례들은 특히 기독교의 영향 아래에서 급속히 또는 서서히 변화해갔다. 제례는 먼저 기독교인 가정에서 자취를 감췄다. 뒤이어 일제 식민지 권력의 요구로 비非기독교인 가정에서도 제례의 '간소화'가 진행되었다. 이른바 '신식 혼례' 역시 기독교인들의 '예배당 혼례'가 그 기원이었다. 그런데 관례가 사실상 사라지고 혼례와 제례의 형식이 급속히 바뀌는 상황에서도 상례, 즉 장례葬禮 문화만은 오랫동안 '원형'을 유지했다. 그 '원형'이 언제 형성되었는지는 별도로 논의할 문제이지만, 1990년대 '병원 장례식'이 일반화하기 전까지 상가喪家에서 주로 보이는 옷은 검은색 양복이 아니라 삼베로 만든 상복이었다.

관혼상제의 4대 의례 중에서 장례 형식의 변화가 가장 지체된 이유는 장례의 의미 자체에서 찾아야 할 것이다. 남의 장례식에 참석하는 것은 죽은 이와 자신 사이에 있었을지도 모르는, 아니 필경 조금이라도 있었을 원한 내지는 악감정을 해소함으로써 죽은 이가 자신을 괴롭히지 않기를 바라는 행위이며, 동시에 상주喪主가 죽은 이의 정당한 후계자임을 인정하는 행위다. 또한 장례식은 죽은 이가 살아 있었을 때 공동체 내에서 중요한 존재였으며, 장례식에 참석한 공동체 성원 전체가 그를 떠나보내는 것을 안타까워한다는 뜻을 드러내는 의례다. 우리나라에서도 죽은 이를 떠나보낼 때에는 살았을 때의 지위보다 더 높여주는 것이 관례였다. 평생을 까막눈 농투성이나 심지어 남의 집 노비로 살았더라도 남자는 죽으면 '학생學生'이 되었고, 여자는 그보다 한 등급 더 높은 '유인孺人'9품 내명부 벼슬이 되었다. 철천지원수이거나 공동체에 심각한 해를 끼친 역적이 아닌 다음에야 죽은 이는 가급적 '후히' 떠나보내는 것이 도리이자 법도였다. 실제로 유생들 중에는 죽은 고종의 묘비에 '이태왕李太王'이라 쓰는 것은 법도에 어긋난다며 일본 덴노[天皇]에게 상소를 올린 이들도 있었다. 죽은 자에 대한 예절은 산 자가 임의로 바꿀 수 없는 것이었다. 장례 문화는 '죽은 자의 시대'에 묶여 있어야 했다.

정치적 의례가 된 '이태왕국장'

한국인들의 관습 일반을 충분히 조사해두었던 조선총독부로서는 고종의 장례를 일본 제국의 '이태왕국장'이라는 명분 안에만 가둬놓을 수는 없었다. 더구나 조선총독부가 보기에 당시 한국인들의 정서는 무척 불온했다. 1차 세계대전 이후 전 지구적 차원에서 민족자결주의의 파고가 높아가는 가운데 맞은 '이태왕'의 훙거薨去는 치안이라는 면에서는 분명 악재惡材였다. 돌아오지 못할 길을 떠나는 대한제국 옛 황제를 박대하는 것은 '망국亡國의 한恨'을 품은 사람들의 마음에 불을 지르는 일이 될 수 있었다. 일제는 한국인들에게 제한적으로나마 자기들끼리 장례식을 치를 기회를 줌으로써 이 딜레마에서 벗어나려 했다. '이태왕국장'이 일본식과 한국식이 뒤섞인 기묘한 형식이 된 것은 이런 이유에서였다.

장례 행렬의 앞쪽은 일본 기마경찰대와 군인들이 호위하는 가운데 서양식 예복을 입은 관리들이 이끌었으며, 전통 상복을 입은 한국인들이 그 뒤를 따랐다. 일제는 장례식에 한국식 행렬을 끼워 넣어주기는 했으나, 한국인들이 고종을 '황제의 예'로 떠나보내는 것까지 허용하지는 않았다. 고종의 장례는 20여 년 전 '황후의 예'로 치러진 명성황후 국장보다 격이 낮았다. 결과적으로 혹은 일제의 치밀한 의도대로, 서양화한 일본식 행렬과 조선식 행렬이 앞뒤로 배치된 이 장례 행렬은 참관

이태왕국장

이태왕국장은 일본식과 한국식이 뒤섞인 기묘한 형식으로 치러졌다.

장례 행렬의 앞쪽은 일본 기마경찰대와 군인들의 호위 속에 서양식 예복을 입은 관리들이 이끌었으며,

한국인들은 전통 상복을 입고 그 뒤를 따르는 식이었다.

일제는 이 같은 형식을 통해 한국인들에게 '이씨 왕조'의 종식을 알리고자 했다.

반면 일본 통치에 반대하는 한국인들은 고종이 일본인들에게 독살 당했다는 소문을 확산시키려 애쓰는 한편,

장례식 이틀 전에 3·1 만세운동을 일으켰다.

고종의 죽음을 애도하는 옛 신민들의 비통한 마음을 새 시대를 여는 에너지로 삼으려 한 것이다.

* 출처: 조풍연 해설, 《사진으로 보는 조선시대(속)—생활과 풍속》, 서문당, 1987, 194쪽.

하는 한국인들에게 분명한 메시지를 전달하는 스펙터클이 되었다. 이 것은 일본 제국주의가 한반도에 가져온 '문명'이 어떤 것인지를 한국인들에게 가르치는 한 편의 거창한 야외극이었다. 이태왕의 대여大輿는 일본과 조선, 새것과 낡은 것, 문명과 비非문명이 교차하는 지점에 있었다. 일제는 이 스펙터클을 통해 한국인들에게 '이씨 왕조'가 확실히 종식되었다는 사실을 알리고자 했다. '이태왕'의 대여大輿가 표상하는 '과거'를 이끌고 가는 것은 일본 기마경찰대가 표상하는 '현재'라는 생각, 한국인은 일본인들의 인도를 받아야만 온전한 현대인이 될 수 있다는 생각, 식민지 통치를 안정화하기 위해서는 한국인들 의식 깊은 곳에 그런 생각을 심어둘 필요가 있었다.

물론 '이태왕'의 장례식을 정치적으로 '이용'하려 한 것은 일본 제국주의자들만이 아니었다. 일본 통치에 반대하는 한국인들도 그의 장례식을 '이용'하려 했다. 그들은 고종이 일본인들에게 독살 당했다는 소문을 확산시키려 애썼으며, 고종의 장례식을 이틀 앞두고 3·1 만세운동을 일으켰다. 그들은 고종의 죽음을 진정으로 애도하는 옛 신민들의 비통한 마음을 새 시대를 여는 에너지로 삼으려 했다. 일제와 한국 독립운동 세력이 고종의 장례식을 정치적으로 이용하는 방향은 정반대였으나, '왕조의 종말'을 선언하려 했다는 점에서는 일치했다.

고종에 대한 '공적 기억'들

군주든 대통령이든 통치자는 사람들의 집중적인 관찰 대상이자 사람들의 입에 가장 많이 오르내리는 인물이며, 퇴위 이후나 죽은 뒤에도 가장 많은 사람이 기억하는 인물이다. 고종이 황제로 있을 때 그의 반대편에 섰던 사람들은 고종을 나쁘거나 한심한 인물로 기억했다. 대한제국은 남의 침략 때문이 아니라 스스로 망했다는 생각을 한국인들에게 유포시키려 했던 일본 제국주의자들 역시 고종에게 망국의 책임을 몽땅 덮어씌우는 데 분주했다. 무능하고 유약하며 욕심 많은 임금, 어려서는 아버지에게, 자라서는 처妻에게 휘둘린 줏대 없는 임금이 일본인들이 만들어 유포시킨 고종에 대한 '공적 기억'이었다.

일제 강점기에 고종에 관한 새로운 '공적 기억'은 학교 교실이나 총독부의 검열을 무난히 통과한 출판물 등을 통해 널리 유포되었지만, 대한제국 시기에 형성된 '공적 기억'을 완전히 대체하지는 못했다. 이탈리아 총영사 까를로 로제티는 대한제국 시기 한국인들의 고종에 대한 일반적인 생각을 이렇게 요약했다. "황제는 아시아의 다른 나라 군주들처럼 신하들이 종교적이기까지 한 경외심敬畏心을 갖고 바라보는 존재는 아니지만 모든 백성들로부터 보편적인 사랑을 받고 있다"(까를로 로제티, 《꼬레아 에 꼬레아니》).

'기억'을 둘러싼 싸움에서 유의할 것들

물론 어느 시대 어느 나라에서든 권좌權座에 있는 사람은 대다수 사람들에게 더없이 자애롭고 누구보다 영명한 존재로 칭송받기 마련이다. 권력은 자신에 대한 '공적 기억'을 만드는 일을 게을리하지 않는 법이다. 문제는 항상 권력자가 죽거나 권좌에서 물러난 뒤에 발생한다. 비난해서는 안 되는 자가 비난해도 되는 자로 바뀌는 순간, 그에 관한 '공적 기억'은 힘을 잃고 여러 사적私的 기억들이 저마다 권위 있는 기억이 되기 위해 다툰다. 한쪽에서 자애로움이라 부르는 성질을 다른 쪽에서 우유부단함이라 부르고, 한쪽에서 과단성이라 부르는 성질을 다른 쪽에서 포악함이라 부르며, 한쪽에서 영명함이라 부르는 성질을 다른 쪽에서 독단성이라 부르는 것은 일반적인 일이다.

살아서는 가난한 왕족에서 왕으로, 다시 황제가 되었다가 얼마 후 태왕으로 강등되는 굴곡의 인생을 겪은 고종은, 죽은 뒤에는 서로 다른 기억들이 다투는 '장소'가 되었다. 왕조 시대가 지속되었다면 불가능한 일이 벌어진 것이다. 그리고 지금 한국 사회는 이미 퇴임하거나 서거한 여러 전직 대통령들을 또 다른 '기억의 싸움터'로 삼고 있다. 어쩌면 '죽은 권력'을 마음껏 물어뜯을 수 있다는 것이 민주주의의 중요한 장점인지도 모른다. 수십 년을 같이 산 부부조차 같은 일을 다르게 기억하는 경우가 종종 있는 법이니, 수많은 사람들이 한 인물에 대해 똑같이 기억하기를 바랄 수는 없다. 그러나 '죽은 권력'에 대한 자기 기억에만 집착하여 '다른 기억들'을 모두 박멸시키려 든다면, 기억의 싸움은 잔혹한 현실의 싸움으로 이어질 수밖에 없다. 기억은 언제나 실체와는 상당한 거리가 있게 마련이다. 그 사실을 잊지 않아야, 서로를 용인하는 폭이 넓어지고 세상이 덜 각박해진다.

3월 10일 _ 만민공동회 개최

민주주의,
가장 낮은 곳에서 나는 소리를
먼저 듣는 것

만민공동회 그리고 독립협회

1898년 3월 10일 오후 2시, 종로 백목전현재 보신각 서쪽 길 건너에 있던 상전商廛으로 광목과 은銀을 취급했다 앞에서 우리나라 최초의 근대적 대중 집회가 '만민공동회'라는 이름으로 열렸다. '근대적'이라 한 것은 첫째로 이 집회에 참가한 사람들이 신분의 귀천이나 지위의 고하에 관계없이 모두 '대중의 일원一員'이라는 단일 자격을 가졌기 때문이요, 둘째로 이들 '만민'이 군신君臣의 고유 업무이던 국가 대사에 공공연히 간섭했기 때문이다. 이 최초의 근대적 대중 집회의 배후에는 역시 최초의 근대적 정치 결사라 할 수 있는 독립협회가 있었다.

독립협회는 애초 청국에 대한 사대事大의 상징이던 영은문 자리에 독립문을 세울 목적으로 만들어진 단체였다. 청일전쟁 중 자의로든 타의로든 청에 대한 사대 의례 폐지를 공식 선언한 마당에, 그 '독립'을 가시화하는 상징물을 만드는 것은 고종의 의중에서도 벗어나지 않는 일이었다. 그래서 독립협회에는 고종의 뜻을 잘 아는 고위 관료들이 다수 참가했다. 지금에야 아무 단체나 적당한 이름이 생각나지 않으면 편한 대로 '협회'라는 명칭을 붙이지만, 본디 '협協'에는 '돕다, 복종하다'라는 뜻이 있다. 한 글자 한 글자의 뜻에 충실했던 그 시절 사람들에게 '협회'는 '같은 목적을 가진 사람들끼리 어울리는 모임'이라는 뜻의 영어 단어 Association과는 상당히 다른 의미를 지녔다. 협회라는 이름을 쓰는 단체는 누군가 또는 무엇인가를 '돕는' 단체였다. 그 누구, 무엇은 다름 아닌 군주였고 그의 정부였다. 즉 독립협회는 독립문을 건립함으로써 대군주와 정부의 독립 의지를 뒷받침하고 독립 사업을 돕기 위한 단체였다.

자주와 독립

'자주독립'을 한 단어처럼 쓰는 게 관행이 된 지 이미 오래지만, 자주自主와 독립獨立은 같은 말이 아니다. 19세기 말 동아시아에 들어온 유럽인들에게 '중화中華'는 이해하기 어려운 체제였다. 그들은 이른바 '조공국'들의 국제적 지위를 잘 이해하지 못했고, 자기들 마음대로 그 체제를 부인, 해체하려 들었다. 그들이 보기에 조공국은 중국의 한 지방 같기도 하고 독립국 같기도 했다. 조공국이 자치권을 갖는 중국의 한 지방에 불과하다면, 조공국과 별도의 외교 관계를 맺는 것은 큰 의미가 없는 일이었다. 미국이 조선과 통상조약을 맺으면서 조선의 '독립국 지위'를 그토록 강조했던 것도, 조선을 중국과 별개로 취급하는 것이 향후 제기될 가능성이 있는 외교적·군사적 사안들을 단순화할 수 있는 길이었기 때문이다. 하지만 중국의 외부이되 중화체제의 내부에 사는 사람들에게 자기 나라의 지위는 명료했다. 그들은 자기 나라가 속방屬邦인 동시에 자주지방自主之邦이라는 사실에서 전혀 모순을 느끼지 않았다.

로마법적 '일물일권주의一物一權主義'에 익숙한 유럽인들은 '주권을 갖는 속국'이 어떻게 존재할 수 있는지 의아하게 여겼으나, 한 물건에 대해 서로 다른 사람들이 서로 다른 권리를 주장하는 관계에 익숙한 중화체제 안의 사람들은 그렇지 않았다. 조공국의 왕은 제국의 황제에게 책봉을 받으며, 제국의 연호年號를 쓰고, 제국에 조공한다. 그 대신에 제국의 황제는 조공국을 자기가 다스리는 천하天下의 일부로 인정하고 그나라의 안녕을 보장한다. 조공국은 천하의 번병藩屛울타리으로서 천하의안에 속하기도 하고 밖에 속하기도 한다. 여기에서 '자주'라 함은 주권의 향배, 즉 군주君主의 계승 문제를 스스로 처리한다는 의미이니, 황제의 책봉은 그저 의례적인 절차였을 뿐이다. 이 체제에서 속방이자 주권국이라는 인식은 모순이 아니다.

메이지유신 전후 일본인들이 영어의 independence를 한자로 번역한'독립'은 지금 '남에게 의지하지 않고 홀로 선다'는 뜻으로 사용되지만, 그 이전에는 고립孤立과 거의 같은 의미였다. 사람은 본래 무리에서 떨어져 나와 홀로 살 수 없는 존재이니 고립이나 독립이 좋은 뜻일 수는없다. 얼마 전 어떤 세미나 자리에서 이 분야에 정통한 한 일본인 학자에게 independence를 독립으로 번역한 이유가 뭔지 물었다. 그는 아무래도 일본인들에게는 한자가 외국 문자이기 때문에 미묘한 뉘앙스의차이를 잘 몰랐던 것 같다고 했다. 그는 비슷한 사례로 중국이 일본과근대적 통상조약을 체결하면서 조공국과 상국上國 사이에서나 쓰는 '장정章程'이라는 제목을 붙였음에도 일본이 아무 이의도 달지 않고 수용한 일을 들었다. 하지만 일본인들이 몰라서 그랬든 어쨌든, 19세기 중후반 이후 동양에서 서양 문명과 언어를 해석할 권리는 일본인들이 선점했고, 그 결과 지금은 중국인들도 '독립'을 일본인들과 같은 의미로 쓴다.

관변단체 독립협회

이야기가 조금 빗나갔지만, 고종은 이미 청일전쟁 이전에도 청나라에 대해 심한 반감反感을 가졌다. 갑신정변을 진압한 '공로'로 주차조선총리교섭통상사의駐箚朝鮮總理交涉通商事宜라는 거창한 직함을 얻은 약관의 위안스카이袁世凱는 전례 없이 조선 내정內政에 개입하려 들었다. 서울에 있던 서양 외교관들은 그를 총독Government General이라 불렀고, 그 또한 조선의 감국監國나라를 감독하는 자을 자임했다. 그는 청나라의 형식적 속방이던 조선을 실질적 속방으로 바꾸고자 했다. 조선에서 갑신정변이 일어나기 직전 프랑스에 안남女南베트남을 빼앗긴 청나라에게, 조선은 마지막 남은 속방이었다. 청나라 조정 관리들은 조선을 '근대적 식민지'로 전환하는 것이 서양 열강에게 손상된 자존심을 일부나마 회복하는 길인 동시에 자국의 주권을 유지하는 길이라고 판단했다. 그들과 같은 생각이었던 위안스카이는 이 '공작'의 최대 방해물이던 고종을 퇴위시키려고까지 했다. 당시의 상황과 관행에서 군주를 퇴위시키는 것은 물리적으로 소멸시키는 것을 의미했다. 자기를 죽이려 드는 존재에게 반감을 갖는 것은 당연한 일이다. 고종에게 반청反淸 독립은 나라를 위해서보다도 자신의 생명을 유지하기 위해 절실히 필요한 일이었다.

청일전쟁에서 일본이 이기자, 조선은 청나라의 '근대적 식민지'로 전락할 위기에서 벗어났고 더불어 종주국과 속방이라는 관계에서도 풀려났다. 하지만 이렇게 얻은 독립이 얼마나 지속될지는 불분명했다. 조선을 얻기 위해 청나라와 전쟁을 벌인 일본은 조선에서 청나라가 누렸던 지위를 승계하고자 했다. 일본에게 조선은 분명한 전리품戰利品이었다. 러시아 등의 열강이 일본의 급팽창을 견제한 덕분에 일단 일본의 속방이 될 위기에서는 벗어났으나 그 대신 왕후王后의 목숨을 잃었고 대군주가 남의 나라 공사관에서 숨어 사는 치욕을 감수해야 했다. 그럼에도 속방화의 위기는 잠복한 채 상존常存했다.

더구나 전국의 여론을 주도하는 유교 지식인들 대다수는 '중심中心이 없는 천하'에 불안감을 가졌다. 그들에게 중화中華와 이적夷狄의 분별은 예禮로써 천하를 다스리기 위한 전제였다. 그들은 중화와 이적의 분별이 사라지면 예의와 염치의 분별도 사라져 그야말로 짐승의 천하가 될 것이라고 보았다. 그들의 생각을 변화시켜 조선도 천하의 한 중심이 될 수 있음을, 남에게 의존하지 않고도 홀로 설 수 있음을 믿게 할 필요가 있었다. 고종과 개화 관료, 지식인들 사이의 공감대는 이 지점에서 형성되었다. 독립협회는 바로 그 결과로 만들어진 '관변단체'였다.

고종과 개화 지식인, 독립 방법을 두고 갈등하다

그러나 독립을 이루는 방법을 둘러싸고 고종과 개화 지식인들 사이의 관계는 점차 틀어져갔다. 고종은 자신의 두 어깨를 짓누르고 있던 중화 제국의 권위만 걷어내면 된다고 생각했다. 그는 병자호란 이래 일부 유교 지식인들이 만들고 지켜온 '조선중화주의', 곧 '명明나라의 정통을 계승한 것은 조선'이라는 관념을 나라의 독립과 군주권 강화에 이용하려 했다. 그는 명나라가 망한 이후 200년 넘게 청나라가 참칭僭稱한 중화의 이름을 조선이 가질 수 있다고 보았고, 스스로 새 중화中華의 천자天子가 되려 했다. 1897년 10월 그가 제위帝位에 오를 때 명나라의 의례를 채택했던 것도 이런 의도에서였다.

  하지만 개화 지식인들에게는 중화라는 개념 자체가 무의미했다. 그들이 보기에 나라와 나라, 개인과 개인의 상하 관계를 전제로 예치禮治가 이루어지던 세계는 이미 종말을 고했거나 본래 허구였다. 그들은 나라와 나라, 사람과 사람 사이의 상하관계는 본래부터 있던 것이 아니라 만들어지는 것이며 변화하는 것이라고 봤다. 세계를 지배하는 것은 더 이상 예禮가 아니라 부富와 병兵이었다. 부국강병하면 독립국이 되는 것이고, 그렇지 못하면 속국이 되거나 아예 나라가 망하는 것이었다. 부국강병을 이루기 위해서는 무엇보다도 백성들이 신분고하나 빈부귀천을 따지지 말고 마음을 모아야 했다. 그들에게 군주는 그 마음이 한데 모이는 '장소' 정도면 족했다. 군주는 천명天命을 받아 지상地上에 하늘의 뜻을 구현하는 자라는 관념은, 그들에게는 중화주의와 마찬가지로 이미 시효가 만료된 것이었다. 요컨대 고종은 천자—제후—공경대부

公卿大夫-사농공상士農工商으로 이어지는 상하관계가 지속되는 쪽을 바라보았고, 독립협회에 모여든 개화 지식인들은 스스로 뚜렷이 인식했든 아니든 만민萬民이 평등해지는 방향으로 시선을 모았다.

사민四民을 넘어 만민萬民으로

세계관이 근본적으로 다른 사람들이 오랫동안 협조관계를 유지할 수는 없는 법이다. 처음 독립문을 만들어 세우고 백성들의 독립의식을 고취하는 데 집중하던 독립협회 회원들은 이윽고 '대군주 폐하'가 하는 일에 가타부타 간섭하기 시작했다. 독립국의 대군주가 남의 나라 공사관에 머무는 것은 있을 수 없는 일이라는 둥, 대군주가 먼저 외국에 의존하는 마음을 버려야 한다는 둥, 외국에 나라의 이권을 떼어줘서는 안 된다는 둥, 백성들의 의견을 널리 받아들일 수 있는 기구를 만들어야 한다는 둥. 그들은 대군주가 자기 호칭을 황제로 바꾸는 데에는 기꺼이 동의했지만, 대군주가 황제의 실권實權을 갖는 데에는 반대했다. 고종은 자신이 천명天命을 백성에게 전달하는 천자天子로 인정받기를 바랐지만, 독립협회의 개화 지식인들은 그가 백성들의 말에 따르는 황제이기를 바랐다. 이 정반대의 바람이 서로 부딪히자 개화 지식인들은 '백성들의 소리'를 황제에게 들려주기 위해 만민공동회라는 이름으로 백성들을 한데 모았다.

'만민萬民'의 '만萬'은 '만국'의 '만'과 같이 '모든'이라는 뜻이다. 당시 만민과 같은 뜻으로 흔히 쓰인 말은 '사농공상'을 뜻하는 '사민四民'이었

1899년의 종로 네거리 보신각 주변

사진 왼쪽 구석이 보신각, 그 건너편이 백목전 건물이다.
만민공동회 회장이 된 싸전 상인 현덕호는 이 건물 다락에서 자기보다 윗급인
사농공士農工을 내려다보며 개막 연설을 했다.
* 출처: 최석로 해설, 《(사진으로 본 조선시대) 민족의 사진첩 I. 민족의 심장─정도 600년 서울의 풍물》, 서문당, 1998, 43쪽.

는데, 여기에는 노비나 천민은 포함되지 않았다. '사농공상'의 직업별 위계는 동양의 오래된 천하관과 깊이 결부되어 있었다. 사士는 하늘[天]의 뜻을 읽어 세상의 도리를 밝힘으로써 천자를 보필하는 자이며, 농農은 땅[地]을 갈아 곡식을 수확하는 자다. 공工은 땅이 낸 산물을 가공하여 그 형태를 바꾸는 자이니 공산품은 곧 인조물人造物이었다. 상商은 스스로 천하에 보태는 것은 아무것도 없으나 유무상통有無相通하여 사농공土農工, 곧 천지인天地人 각각이 제자리를 지킬 수 있도록 도와주는 자다. 노비는 도구의 일종으로 취급되었으며, 그 밖의 천민賤民들은 대개 천하에 아무 것도 보태지 않으면서 그저 다른 사람의 이목을 현혹시키는 자로 보았다. 이것이 중세 동양의 인간관이었다.

그런데 이날 만민공동회 회장에 뽑힌 이는 싸전[米廛] 상인 현덕호였다. 그는 백목전 다락에 올라 "우리 대한이 자주 독립하는 것은 세계 만국이 다 한 가지로 아는 바이오"로 시작하는 개막 연설을 했다. 사전에 이 집회를 준비한 독립협회 인사들은 사농공상의 맨 끝 자리에 있는 그를 정면에 내세움으로써 자신들의 정치 이념을 명시적으로 드러냈다.

대신이나 백정이나 다 같은 '대한의 백성'

만민공동회는 이후로도 '국가적 중대 사안'이 있을 때마다 수시로 열렸는데, 백성들의 목소리가 커지는 만큼 독립협회에 모인 개화 지식인들과 고종 사이의 거리는 멀어져갔다. 가을이 깊어가던 10월 29일, 종로에서 다시 만민공동회가 열렸다. 이 자리에는 의정부 참정 박정양을 비롯한 정부 고관들도 참석했다. 〈헌의육조〉가 채택된 바로 그 만민공동회였다. 먼저 박정양이 입을 열었다. "황제께서 우리들에게 이 자리에 참석하여 나라를 이롭게 하고 백성을 편안케 하는 방책을 '들으라' 해서 왔다. 이 자리에서 협의한 내용을 돌아가 아뢰겠다." 그 뒤를 이어 단상에 오른 자는 박정양과 성은 같으나 지위는 정반대인 박성춘이었다. "저는 대한에서 가장 천하고 무지몰각한 사람입니다"로 연설을 시작한 그는, 다른 천민들에게조차 천대받던 백정白丁이었다.

조선시대의 백정에는 짐승을 도살하는 '도축백정' 말고도 버드나무 가지로 쇠코뚜레나 고리짝 등을 만드는 '고리백정'또는 기류백정杞柳白丁이 있었지만, 백정 차별의 논거는 도축백정의 일과 관련되어 있었다. 백정은 생명을 죽임으로써 하늘의 '호생지덕好生之德'을 해치는 자였다. 그런 자가 감히, '일인지하 만인지상'의 자리에 있던 박정양의 뒤를 이어 연설한 것이다. 의정부 참정대신이나 백정이나 다 같은 '대한의 백성'이라는 사실을 알리는 데 이보다 더 효과적인 방법도 없었을 것이다.

역시 조금 빗나가는 이야기지만, 박성춘이 진짜 백정이었는지 아니면 극적인 효과를 노리고 백정 행세를 했는지에 관해서는 다소 의심스런 점이 있다. 그의 아들 박서양은 세브란스병원에서 의학을 공부하고 한국 최초의 '양의洋醫' 중 한 사람이 되었으며, 그의 딸 박양빈은 탁지부 참서관, 덕천군수 등의 벼슬을 지낸 양반 신정식의 며느리이자 한국 산부인과학의 선구자인 신필호의 부인이 되었다. 육군무관학교 졸업생으로 일제 강점기 민족운동 지도자가 된 예관睨觀 신규식이 신정식의 동생이며, 단재丹齋 신채호도 그 일가다. 고령신씨 가문이 벌열 가문이 아니었고 일찌감치 '깨인' 집안이기는 했지만 그래도 당당한 양반 가문이 백정과 사돈을 맺었다는 것은 경천동지驚天動地할 일이었다. 박성춘이 진짜 백정이었다면 이 혼사가 과연 가능했을까? 그러나 백정이 아니라는 다른 증거도 없으니, 의심은 의심인 채로 묻어둘 수밖에 없다. 사실이야 어떻든 그를 백정으로 기억하는 것이 그의 후손들에게는 다소 불편한 일일 수 있으나, 만민공동회의 '역사적 의의'를 선양宣揚하는 데에는 도움이 될 것이다.

물론 현덕호나 박성춘이 이때 '만민'의 대표를 맡았다고 해서 사농공상의 직업관이나 백정 차별이 바로 사라지지는 않았다. 그렇지만 우리나라에서 처음으로 '민주주의적 이상'의 싹을 심은 만민공동회가 '가장 지위가 낮고 천한 사람들'의 목소리를 듣는 것으로 시작했다는 사실이 오늘에 던지는 의미는 결코 가볍지 않다. 가장 천하게 대우받는 사람들의 이야기를 먼저 듣는 것, 이것이 민주주의의 본령이다.

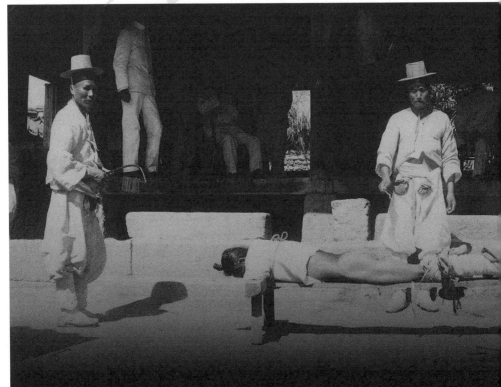

3월 18일 _ 조선총독부, 조선태형령 제정·공포

형벌의 목적,
'교화'인가 '복수'인가

태형의 합법화, 되살아난 야만성

　　제1조. 3개월 이하의 징역 또는 구류에 처하여야 하는 자는 정상에 의하여 태형笞刑에 처할 수 있다. 제2조. 100원 이하의 벌금 또는 과료에 처하여야 하는 자가 다음 각 호의 1에 해당하는 경우에는 그 정상에 의하여 태형에 처할 수 있다. (1) 조선 안에 일정한 주소가 있지 아니한 경우, (2) 무자산無資産이 인정된 경우. 제3조. 100원 이하의 벌금 또는 과료를 언도받은 자가 그 언도 확정 후 5일 내에 이를 완납하지 아니한 경우에는 검사 또는 즉결관서의 장은 그 정상에 의하여 태형으로 대체할 수 있다. 다만, 태형 집행 중 아직 집행하지 아니 한 태수에 상당하는 벌금 또는 과료를 납부한 경우에는 태형을 면한다. 제4조. 벌금이나 과료를 태형으로 바꾼 경우에는 1일 또는 1원을 태 한 대로 친다. 1원 미만의 것은 한 대로 계산한다. 단, 태는 다섯 대 미만이 될 수 없다. …… 제6조. 태형은 태笞로 볼기를 때려 집행한다. …… 제11조. 태형은 감옥 또는 즉결 관서에서 비밀히 집행한다. …… 제13조. 본령은 조선인에 한하여 적용한다.

1912년 3월 18일, 조선총독부는 제령조선총독이 제정하는 법령 제13호로 〈조선태형령〉을 제정·공포했다. 일제는 이에 앞서 〈범죄즉결령〉을 공포하여 3개월 이하의 징역이나 태형에 해당하는 죄를 지은 사람은 정식 재판 없이 헌병대장이나 경찰서장이 임의로 처분할 수 있도록 했다.

일제가 내세운 한국 강점의 명분 중 하나는 '비정秕政 나쁜 정치에 신음하는 한국인들을 구제해준다는 것이었다. 그들은 이른바 '일한합방'이 한국인들을 대한제국의 '야만적 통치'에서 구출하여 일본인과 함께 '문명의 혜택'을 누릴 수 있게 하려는 일본 덴노天皇의 자애로운 뜻에 따른 것이라고 주장했다. 그들이 대한제국 통치의 '야만성'을 여실히 드러내는 대표 사례로 지목한 것이 바로 태형이었다. 사실 태형은 1894년 갑오개혁 때 '근대적 행형 제도'를 도입하면서 공식적으로는 폐지된 상태였고, 대한제국 시기에는 '관행적으로만' 행해졌다. 그런데 일제는 이 '비법적非法的 관행'을 청산하기는커녕 오히려 합법화해버렸다. 자기들이 내세운 명분과 정반대로 '야만성'을 근대법의 테두리 안에 끌어들인 것이다. 이에 따라 스스로 무너져가던 '야만성'은 전보다 훨씬 강력한 실체로 되살아났다.

'모자란 일본인'이 된 조선인

일본 제국주의는 대한제국의 영토는 완전히 합병했으나, 그 신민臣民은 바로 합병하지 않았다. 대한제국의 영토이던 한반도는 일본의 일부가 되었으나, 대한제국의 신민臣民이던 한국인은 일본인의 일부가 되지 못했다. '조선인'이라는 이름을 다시 얻은 사람들은 일본 영토 밖으로 나갈 때에는 일본 여권旅券을 사용해야 했으나, 일본 제국 안에서는 그저

'조선인'일 뿐이었다. 일본인들이 보기에 조선인은 조선 특유의 '야만
성'을 체화한 저열한 인간이었다. 그들은 부득이 조선인에게 일본인의
'자격'을 인정할 때에도 '비정상'이거나 모자란 일본인으로 취급했다.
총독 데라우치 마사타케를 비롯한 조선총독부 관리들은 조선은 일본화
하되 조선인은 조선인으로 남겨둔다는 모순된 목표를 세웠다. 그들은
조선 통치 방식을 '과격하게' 바꾸기보다는 '조선인의 민도民度'에 맞게,
조선 전래의 관습과 관행을 존중하면서 점진적으로 바꾸는 편이 낫다
고 주장했다. '백성의 수준'을 뜻하는 '민도'라는 말도 일본인들이 만들
어낸 말이다. 그들에게 이 단어는 조선인에 대한 무한 차별을 정당화해
주는 마법의 단어였고, 일부 조선인들도 이 단어의 용법과 용례를 그대
로 수용했다. 민도가 낮은 조선인에게는 낮은 수준의 통치가 필요하며,
그 낮은 수준의 통치란 다름 아닌 '야만적 통치'였다.

　일본의 동아시아사 연구자 고바야시 에이오小林英夫는 초대 총독 데
라우치의 통치방침을 '조선화'로 정의하면서 이를 '샤베루주의'라고도
표현했다. '샤베루'는 유럽 기병이 사용하던 군도軍刀 사브르SABRE의
일본어 표기다. 총칼을 앞세운 데라우치의 '무단통치'는 일본적인 것이
아니라 '조선적'인 것이며, 그 통치 기법은 일본이 조선에 새로 가져온
것이 아니라 원래 조선에 있던 것을 빌려 쓴 것뿐이라는 뜻이다. 이런
설명은 중세와 근대와의 관계를 조선과 일본의 관계로 환치換置했다는
점에서, 20세기 초 일본 제국주의자들의 인식과 기본적으로 같다.

일제가 '조선풍속'이라는 이름으로 제작, 유포한 사진엽서

일제는 '연출'한 장면을 담은 이런 사진엽서들을 다량 배포하여
조선의 '야만성'을 내외에 알리는 데 열중했지만,
정작 그들 자신은 법치의 이름으로 은밀한 장소에서 더 야만적인 폭력을 행사했다.
* 출처: 최석로 해설, 《(사진으로 본 조선시대) 민족의 사진첩 II. 민족의 뿌리—그때를 아십니까?》, 서문당, 1998, 11쪽.

어쨌거나 한반도를 일본 영토의 일부로 편입한 직후 조선총독부 관리들은 조선인은 수준이 낮기 때문에 일본인과는 다르게 다스려야 한다고 생각했다. 그들이 보기에, 조선인의 수준에 가장 잘 어울리는 것은 '매'였다. "엽전은 매로 다스려야 한다"는 생각과 말이 널리 퍼진 것도 이 무렵부터였다. 하지만 그러면서도 아무나 붙잡아 함부로 때리는 것은 '문명인'에게 어울리지 않는다고 생각했다. 결국 그들은 '태형'이라는 전근대적 형벌을 '근대적 법률'로 규정한다는 우스꽝스런 결정을 내렸다. '야만적 폭력'이 '문명적 법치'의 중요 구성요소가 된 것이다.

그런데 태형은 총독부의 공적公的인 처벌 수단이었을 뿐 아니라, 일제 경찰의 사적私的인 보복이나 치부致富 또는 욕망 충족의 수단으로도 이용되었다. 〈조선태형령〉과 함께 제정된 〈경찰범처벌규칙〉은 '일정한 주거나 생업 없이 이곳저곳을 배회하는 자', '함부로 남 앞을 막아서거나 따라다니는 자', '관서의 독촉을 받고도 굴뚝의 개조, 수선 혹은 소제를 소홀히 한 자' 등 '경미한' 범죄를 저지른 사람은 재판을 거치지 않고 경찰이 임의로 처벌할 수 있게 했다.

법을 집행하는 사람이 법을 더 잘 안 지키는 것이 동서고금의 통례通例다. 더구나 소문은 나도 보도는 안 되던 시절이었다. 일본 경찰은, 일본인 순사뿐만 아니라 조선인 순사도, 자기 마음에 안 드는 조선인에게 애꿎은 죄목을 씌워 매질할 수 있었다. 탐나는 무엇인가를 가진 사람을 붙잡아 두고 매질하겠다고 협박해서는 자기 욕심을 채울 수도 있었다. 할 수 있으면 하는 것이 '정상'이다. 할 수 있는데, 그래서 했는데 안 했을 것이라 보는 것이 오히려 '비정상'이다. 굳이 박은식의 《한국통사韓國痛史》를 뒤지지 않아도, 얼마나 많은 사람들이 일본 경찰 관서에서 '비밀리에' 매를 맞아 불구가 되거나 죽었을지는 쉽게 짐작할 수 있는 일이다. 금품을 빼앗기거나 자기 딸 혹은 누이의 몸을 빼앗긴 사람들은 그보다 더 많았을 것이고.

태형 집행의 잔혹성이 예상치를 훨씬 웃돈다는 사실을 깨달았기 때문인지, 총독부는 그해 말 집행자의 사감私感이 작용할 여지를 줄이기 위해 〈태형집행심득〉을 제정했다. '심득心得'이란 요즘말로 '주의사항'에 해당한다. '제1조. 태형은 수형자를 형판 위에 엎드리게 하고 양팔을 좌우로 벌리게 하여 형판에 묶고 양다리도 같이 묶은 후 볼기 부분을 노출시켜 태로 친다. 제11조. 형장에 물을 준비해 수시로 수형자에게 먹일 수 있게 한다. 제12조. 수형자가 비명을 지를 우려가 있을 때에는 물에 적신 천으로 입을 막는다.' 상당히 '부드러워진' 야만성이 이 정도였으니, 그 전의 태형이 어떠했을지는 짐작이 가고도 남는다.

'태'는 나무 막대기를 가죽으로 두르고 그 끝에 소의 음경陰莖을 달아매 만들었는데, 일선 경찰서에서는 그것으로 부족하여 소의 음경에 납 조각을 박아 넣었다고 한다. 여기에서 '부족하다'는 것은 수형자가 받는 고통의 양과 집행자가 느끼는 쾌감快感의 양 모두에 해당한다. 3·1운동 때에는 수만에서 수십만 명에 달하는 '조선인'들이 분노와 '민족적 복수심'에 불타는 일본 경찰이 휘두르는 매에 맞아 다치거나 죽었다고 한다. 물론 이 희생자는 공식 통계에 잡히지 않는다.

형벌, '보복'에서 '교정'으로

인류가 처음 법을 만들 당시에 '벌'은 '죄'에 대한 보복일 뿐이었다. 고조선의 〈팔조법금〉이나 〈함무라비법전〉은 모두 '눈에는 눈, 이에는 이'라는 '복수심'에 기초한 것이었다. 국가는 피해자가 사적私的으로 복수할 수 없는 경우에 한해 개입하는 것이 보통이었다. 즉 '형벌'이란 '국가가 피해자와 그 친족을 대신해 복수하는 것'이었다. 범죄가 개인의 '비정상성' 또는 '일탈'의 결과라는 생각이 자리 잡은 것은 근대 이후였다. 더불어 '형벌'도 '보복'이 아니라 '교정'의 의미를 갖게 되었다. 그러나 수천 년간 지속된 관념이 단박에 바뀌는 법은 없다. 고대와 중세의 형벌 관념을 근대법에 집어넣은 〈조선태형령〉은 지나친 사례라 하겠으나, 그런 관념은 사람들의 의식 속에 아직까지 깊이 자리 잡고 있다. 감옥이 '비정상적인 사람을 교화하는 곳'이라는 뜻의 '교도소'가 되었다가 '죄 지은 자가 벌 받는 곳'이라는 뜻의 '형무소'가 되었다가 한 것이나, '사형死刑 제도'의 존폐를 둘러싸고 논란이 계속되는 것이 모두 이 때문이다.

끔찍한 흉악범죄가 발생할 때마다 사형 집행을 재개해야 한다는 여론이 높아지곤 한다. 아무 이유 없이 여성들을 골라 살해한 자, 어린 여자아이를 성폭행하고 살해한 자, 교제를 반대한다고 여자 친구 부모를 살해한 자, 유산을 노리고 제 부모를 살해한 자들은 죽여야 마땅하다고들 한다. 법정에서 사형을 선고받은 '죽일 놈'들을 몇 년째 살려두는 정부에 대해 불만을 표출하는 사람도 많다. 하지만 이렇게 자문해보면 어떨까? 형벌의 목적은 '교화'인가 '복수'인가?

三月二十六日

3월 26일 _ 우리나라에서 교육받은 최초의 여의사 탄생

여성을 가정에
묶어 두려는 태도,
이미 시대착오

남성에 종속되었던 여성

우리나라에서 마지막으로 제작된 무성영화는 1948년의
〈검사와 여선생〉이다. 조금 장황한 감은 있지만 대강의 줄거리를 소개
하면 이렇다.

어느 보통학교에 '여선생'이 있었다무성영화이기 때문에 장소와 등장인물들의 이름은 당연
히 알 수 없다. 이 여선생은 하나뿐인 혈육이던 할머니를 여읜 탓에 학교를 그
만두고 고향을 떠나게 된 어린 제자에게 지갑을 털어 여비를 보태줄 정도로
'따뜻한 마음씨'를 가진 사람이었다. 불쌍한 제자를 떠나보낸 얼마 뒤, 이
'여선생'도 학교를 그만두고 어느 살 만한 집에 시집갔다. 남편과 단란한 일
상을 보내던 어느 날, 이 여선생은 길에서 헤매는 어린 여학생을 발견했다.
불쌍한 사람을 그냥 두고 보지 못하는 착한 천성을 지닌 이 여선생은 그 여
학생도 보살펴 주었다. 그러던 중, 하필이면 남편이 출장 간 사이에, 어느
탈옥수가 이 여선생이 혼자 있는 집에 숨어들었다. 일단 경찰을 따돌리고
탈옥수에게 자수를 권유하던 여선생은, 이 탈옥수가 자기가 돌보던 여학생
의 아버지이며, 딸을 보고 싶은 마음에 탈옥했다는 사실을 알게 된다. 그는
탈옥수와 딸의 부녀상봉을 주선하지만, 탈옥수는 딸의 뒤를 쫓던 경찰에게

체포된다. 탈옥수가 이 여선생이 혼자 있던 집에 숨어 있었다는 사실은 금세 소문이 났고, 출장에서 돌아온 남편은 둘 사이의 불륜을 의심한다. 의심하는 자와 해명하는 자 사이에 흔한 실랑이가 벌어지고 그 와중에 흥분한 남편은 부엌에서 칼을 들고 나와 자기 아내를 찌르려다 그만 실수로 자기 가슴을 찔러 절명한다. 여선생은 남편 살해죄로 체포된다. 그런데 그 여선생의 기소를 담당한 검사가 바로 과거 할머니를 여의고 여선생에게 도움을 받았던 그 불쌍한 제자였다. 여선생의 천품을 잘 아는 그 제자는 법정에서 감동적인 무성영화로 이런 감동을 전달하기 위해서는 변사가 꼭 필요했다 일장연설로 무죄를 구형求刑한다. 뒤틀린 운명을 순순히 감수하려 했던 여선생은, 잘난 제자 덕분에 풀려나와 그 제자에게 여생을 의탁한다.

지금의 평균적인 기준에서 보기에 〈검사와 여선생〉이라는 영화 제목은 참 부당하다. 줄거리가 보여주는 그대로, 이 해피엔딩 영화의 주인공은 검사가 아니라 여선생이다. 그럼에도 불구하고 검사가 앞자리를 차지했다. 이건 그런대로 양해한다 치더라도, 그냥 '검사와 교사'라 하든지 굳이 성별을 표시하고 싶다면 '남검사와 여선생'이라 했어야 마땅하다고 보는 사람도 많을 것이다. 직업명에서 성 구분을 걷어내자는 수십 년에 걸친 계몽에도 불구하고, 얼마 전 화제가 된 연극 〈교수와 여제자〉나 영화 〈여교수의 은밀한 사생활〉에서 보이듯 이런 표현 방식은 여전히 지속되고 있다. 물론 지금은 이런 제목에 대해 이런 저런 항의가 간간이 나오기는 한다. 하지만 중요한 것은 이런 항의가 '지금'에서야 나온다는 사실이다. 영화 〈검사와 여선생〉에서 여선생은 비록 주인공이지만 자기가 처한 억울한 상황을 스스로 극복하려는 어떤 노력도 하

영화 〈검사와 여선생〉 포스터

우리나라에서 마지막으로 제작된 무성영화 〈검사와 여선생〉(1948)에서 주인공은 여선생이다.
그러나 여선생은 주인공임에도 자기가 처한 억울한 상황을 스스로 극복하려는 어떤 노력도 하지 않는다.
그의 가혹한 운명을 결정한 이도, 그를 남편 살인범의 처지에서 구해준 이도, 모두 남자들이다.
여성은 남성에 종속되는 존재이고
여성의 역할은 남성의 보조일 뿐이라는 인식이 그대로 투영되어 있다.

지 않는다. 그의 가혹한 운명을 결정한 것도, 그를 남편 살인범의 처지에서 구해준 것도, 모두 남자들이다. 여성은 남성에게 종속되는 존재이며, 그의 역할은 남성을 보조하는 것이라는 인식은 인류 역사 전체의 99퍼센트 이상을 지배했다.

확연히 구분된 남성성과 여성성

혹자는 남성과 여성의 이런 관계와 이 관계에 대한 인식이 인류의 DNA에 새겨진 것이라고 보기도 한다. 이를테면 상점에서 물건을 고를 때, 남성들은 마음에 드는 물건이라고 판단되면 세세히 살피지 않고 바로 구매하는 반면, 여성들은 남성들이 보기에 지나치다 싶을 정도로 여기저기 꼼꼼히 살펴보고 몇 번을 망설이다 구매하는데, 이런 상반된 태도가 구석기 시대 성별 분업에서부터 유래했다는 주장이다. 사냥은 어떤 동물을 잡을 것인지 순간적으로 선택해야 하는 즉흥성과 일단 잡기로 결정한 동물은 끝까지 쫓아 잡아야 하는 집요함을 요구하며, 사냥에 성공하기 위해서는 사냥감을 죽여야 한다. 그런 점에서 사냥 노동자의 노동은 '파괴적'이다. 반면 채집은 먹을 수 있는 것과 먹을 수 없는 것, 싱싱한 것과 그렇지 않은 것을 선별해야 하는 관찰력과 목표물을 최대한 손상시키지 않고 떼어내야 하는 세심함을 요구한다. 그런 만큼 채집 노동자의 노동은 '보존적'이다. 강맹強猛하고 동적動的인 남성 사냥꾼의 일터는 야수들이 뛰어다니는 들판이며, 유연柔軟하고 정적靜的인 여성 채집자의 일터는 사람을 해치지 않는 과일나무들이 늘어선 야트막한

동산이다. 인류가 일반적으로 채식보다 육식을 선호하는 것이 자연계의 최종 포식자라는 자신의 지위를 확인하려는 무의식적 관념에서 유래한 것이든 아니든, 인류 역사의 어느 시점부터 인류는 '밖에서', '위험을 무릅쓰고' 하는 노동에 더 높은 가치를 부여해왔다. 이런 '역사적' 태도가 여성의 노동에 대한 상대적 평가절하로 이어졌다는 것이다.

그런데 우리말에는 '성'을 구분하는 인칭대명사가 없다. 영어의 She에 해당하는 '그녀'라는 말이 '발명'된 지 고작 수십 년이다. 왜 그럴까? 이런 '사소한' 문제들까지 이유를 밝히려드는 태도야말로 쓸데없는 호기심에 속하는 것이기는 하지만, 어쩌면 남자들이 여자에 대해 이러쿵저러쿵 뒷말하는 것을 온당치 못한 일로 취급하는 문화 때문인지도 모른다. 누군가를 삼인칭으로 부르는 것은 언제나 '뒷말', 시쳇말로 '뒷담화'에 해당한다. 이 정도로 우리나라에서 남자들의 사회와 여자들의 사회는 확연히 구분되어 있었다. 여성이 가정 밖에서 일자리를 찾아야만 할 정도로 절박한 상태에 놓이기 전까지는.

남자 직업 따로, 여자 직업 따로

성별 분업이 시작된 이래 여성의 일이 남성보다 적었던 적은 거의 없다. 하지만 그 일들은 어미, 며느리, 아내라는 호칭에 따라붙는 일이었지 독립된 직업은 아니었다. 조선시대에 의녀, 침선비, 무수리, 기생 등 따로 '보수'를 받거나 '남의 집' 일을 하는 여성들은 모두 '사람 취급'을 받지 못했다. 그래서 20세기에 접어들 무렵 다른 남성에게 종속된 지위에서 벗어나 '독립적'인 일을 하는 여성이 출현했을 때, 남성 중심의 사회는 그들을 부를 적당한 호칭을 만들어야 했다. 결국 스튜어디스나 웨이트 리스처럼 '성' 표지가 붙어 있는 영어 직업명을 번역할 때에는 여승무원, 여종업원처럼 대개 그 앞에 '여'자를 붙였다. 하지만 모든 여성 직업 앞에 '여'자를 붙이지는 않았다. '전통적인' 남성의 기준에서, 여성에게 온 당한 직업과 그렇지 않은 직업은 당장 명칭으로 구별할 필요가 있었다.

침모, 간호부, 산파처럼 직업명 자체에 '성' 표지가 붙은 것들은 본래 여성에게 적합한 일로 취급되어온 것들이다. 반면, 여교사, 여의사, 여 기자, 여학생처럼 직업명 앞에 '여'자를 덧붙인 것은, 본래 남성이 해야 마땅한 일을 하는 여성이라는 의미를 담고 있었다. 이런 명칭에는 으레 '감히', '건방지게', 또는 '기특하게도' 같은 남성 기준의 '평가'가 따라 붙게 마련이었다. 처음 각 분야에서 '남성의 일'을 침범했던 여성들은 전통 사회의 구습을 깬 선각자로 칭송받든가 아니면 기존 사회의 질서 를 흔드는 위험인물로 경원시되었다. 이제 남성의 직업과 여성의 직업 이 각각 고정적인 범주를 가졌다고 보는 태도는 촌스러운 것이 되었지 만, 그래도 여교수를 '전문직여성커리어우먼', 접대부를 '직업여성'으로 구 별하는 관행은 아직 청산되지 않았다.

이 땅에서 교육받은 최초의 '여의사' 3인 탄생

1918년 3월 26일, 경성의학전문학교 제2회 졸업식에서 안수경, 김해 지, 김영흥 3명의 '청강생'이 졸업증서를 받고 의사 자격을 얻었다. 이

안수경, 김해지, 김영흥 세 청강생의 경성의학전문학교 졸업 기념사진(1918)

군복을 입고 칼을 찬 교수들은 순사와 전혀 구별되지 않는다.
검은 제복의 남자들 뒤에 흰 옷을 입고 선 세 여성이 '여의사' 시대를 연 선구자들이다.
* 출처: 사토 고죠佐藤剛藏, 이충효 옮김, 《조선의육사》, 형설출판사, 1993.

땅에서 교육받은 최초의 '여의사' 3인이 탄생하는 순간이었다. 물론 이들이 이 땅 최초의 여의사는 아니었다. 한국인 최초의 '여의사'는 1895년 미국인 '여선교사' 홀 부인의 주선으로 미국 볼티모어 여자의과대학_{존스홉킨스 의과대학의 전신 중 하나}에서 유학한 후 1900년에 귀국해 서울 보구여관과 평양 기홀병원에서 '여의사'로 재직했던 박에스더_{한국명 김점동}였다. 그는 한국 의학계의 선구자이자 선각자였지만, 귀국한 지 10년 만에 폐결핵으로 죽어 후계자를 남기지 못했다. 그리고 그가 공부한 곳은 '여자의과대학'이었다. 원칙적으로 여자를 입학시키지 않은 경성의학전문학교에서 여자들이 남자들 옆에 끼어들어 의사 자격을 얻기까지 안수경, 김해지, 김영흥 3인이 겪은 마음고생은 박에스더보다 더 심했을 것이다.

그러나 경성의학전문학교가 '여자 청강생'을 받은 것은 '관행'이 되지 못했다. 그래서 이후에도 이 땅에서 '여의사'가 되기는 무척 어려웠다. 여성들만을 입학시키는 경성여자의학강습소가 문을 연 것은 그 뒤 10년이나 지난 1928년이었는데, 말 그대로 강습소여서 졸업생들은 의사 시험을 따로 치러야 했다. 졸업과 동시에 의사 면허를 주는 '여자의학전문학교'는 그로부터 다시 10년이 지나서야 개교했다.

우리나라 양성평등 지수가 OECD 하위권이고, 이를 개선하려는 사회적 노력과 계몽에도 불구하고 몇 년째 제자리걸음이라고는 하지만, 역사적 시간대에서 보자면 최근 한 세대 동안의 변화 속도는 광속光速에 가까웠다. 교사의 과반을 여성이 점한 지는 이미 오래고, 지금은 대학 입학생은 물론 의사 국가고시나 사법고시, 행정고시, 외무고시 등 각종 전문직 시험 합격자의 반수 이상이 여성이다. 머지않아 '검사와 남선생'이라는 제목이 오히려 익숙한 시대가 올 터, '여성의 임무는 가정을 기반으로 해야 한다'는 생각이 발디딜 공간도 조만간 사라질 것이다.

四月 一日

4월 1일 _ 소학교를 국민학교로 변경

국민을 찍어내는 기계였던
'국민학교',
이름은 바뀌었으나 …

배움의 연한

"이제 더 가르칠 것이 없으니 하산해도 좋다." 어느 정도 나이가 든 사람이라면, 어느 책에선가 혹은 어느 영화에선가 보고 들었음직한 말이다. 한 청년이 억울하게 목숨을 잃은 부모의 원수를 갚기 위해 또는 세상을 오시傲視할 만한 절예絕藝를 익히기 위해, 여기저기 물어물어 산 속에 은둔한 '절세고수'를 찾아간다. 천신만고 끝에 고수의 오두막을 찾은 그는 며칠 밤낮을 집 앞에 무릎 꿇고 앉아 제자로 받아주기를 간청한다. 마침내 고수의 마음을 돌려 제자가 된 기쁨도 잠시, 그를 기다리는 건 물 긷고 나무하는 허드렛일들뿐이다. 몇 년 동안 그 고역을 묵묵히 견뎌내는 성실과 끈기를 본 뒤에야, 고수는 그에게 무공을 전수한다. 삶과 죽음의 경계를 넘나들며 언제 끝날지 알 수 없는 혹독한 수련을 받던 어느 날, 마침내 그는 '하산해도 좋다'는 사부의 '이별 통보'를 받는다. 이 '이별 통보'가 바로 옛날의 '졸업'이다. 그는 '졸업장' 없이도 무슨 무슨 파의 정통 계승자로 행세하는 데 아무런 거리낌이 없고, 남들도 그의 '무술 실력'만으로 그가 누구의 문하에서 수학했는지 알아보고 제자로 인정한다.

근대 이전에는 동서를 막론하고 시공간의 기본 척도가 인간이었다.

손, 발, 손가락, 키 등 인체의 특정 부위 또는 인체 자체의 크기가 공간을 측정하는 기본 단위로 사용되었고, 눈 한 번 깜빡이는 시간, 차 한 잔 마실 시간, 밥 한 끼 먹을 시간, 한 사람의 생존 기간 등이 시간을 재는 단위로 사용되었다. '교육 연한'도 마찬가지였다. 스승이 더 가르칠 것이 없다고 인정할 때까지, 또는 제자가 더 배울 필요가 없다고 느낄 때까지, 그것도 아니면 제자 '학부형'이 더 지원할 경제적 여력이 없다고 느낄 때까지가 연한이었다. 경제적 여력이 있고 더 배울 의지는 있으나 스승의 '가르칠 바'가 고갈되었다고 판단한 제자들은 더 나은 다른 스승을 찾아 나섰다. 이것이 기본 '학제'였다. 물론 고려시대와 조선시대에도 국자감이나 성균관 같은 '최고 학부'는 있었다. 그러나 이런 곳에 입학하는 데 향교나 4부학당의 졸업증이 필요하지는 않았고, 또 이런 최고학부를 '졸업'한 사람이라고 해서 재야의 산림처사山林處士를 모시고 공부한 사람보다 특별히 나은 대우를 받지도 않았다.

'근대 교육', 모든 것을 국가가 통제하다

공간을 재는 척도의 기준이 지구의 크기로 단일화하고미터법, 시간을 재는 척도의 기준이 지구의 움직임으로 단일화하던지구의 자전과 공전 무렵, 배움의 '연한'을 대하는 태도에도 근본적인 변화가 일어났다. 개개인의 자질과 열의에 별 관계없이, 그리고 가르치는 자의 수준에도 별 관계없이, 학생들은 '학교'라는 곳에 들어가 '정해진 기간' 동안 그럭저럭 버티고만 있으면 '졸업'할 수 있게 되었다. 더 배울 것이 남았느냐 아니냐에 대한 스승의 판단이나 본인의 생각은 이제 부차적인 문제가 되었다. 특정 등급의 학교에서 가르쳐야 할 지식과 기예의 내용과 수준은, 학생과 스승이 아니라 국가의 판단에 의해 결정되었다.

국가는 표준화한 학제를 만들고, 각 단위에서 가르치고 배워야 할 기본적인 내용들을 제시한다. 교사들은 자기 지식의 범위 안에서, 때로는 자기 지식의 범위를 넘어, 국가가 가르치라는 내용을 학생들에게 전수한다. 학생들은 다 배웠든 덜 배웠든, 일정한 시간이 지나면 '졸업'한다. 때로 배우려는 성의가 너무 없거나 아무리 가르쳐도 소용이 없는 학생들 또는 행실이 지나치게 불량하여 학교에서 감당할 수 없는 학생들이 '퇴학'이라는 이름의 '조기 졸업'을 당하는 경우도 있으나, 이런 일은 아주 드문 예외에 속한다. 학교의 명칭과 위계, 각급 학교의 수업연한, 각 학년도에 가르쳐야 할 과목의 종류, 과목별 주당 수업시수, 각 과목 교과서의 내용과 수준이 모두 국가의 통제 하에 놓인다. 이것이 이른바 '근대 교육'이다.

교육, '국민' 양성 위한 수단으로

우리나라 근대 교육은 1895년 2월 고종의 〈교육입국조서〉에서 시작한다. 이 조서는 덕체지德體智를 두루 갖춘 인재를 양성하는 것이 교육의 본의이며 국가 보존의 근본임을 밝혔다. 인격 수양, 진리 탐구, 입신양명 등 '구舊교육'의 목표는 부차화하고 그 대신 국가 보존, 국가 중흥, 국가 발전 등의 '국가적 목표'가 전면에 나섰다. 이제 교육은 '국민'을 양성하기 위한 수단이 되었다. 교육은 군주나 상전에게 인격적으로 예속되어 있던 사람을 또 다른 실체, 볼 수도 만질 수도 없는 국가라는 실체에 복종시키기 위해 꼭 필요한 통과의례로 간주되었다. 이에 따라 특별한 사람들만 누릴 수 있는 권리에 속했던 교육은 국민의 자격을 갖추기 위한 의무가 되었다. 모든 아기들이 '민족중흥의 역사적 사명을 띠고 이 땅에 태어나는' 시대가 열린 것이다.

교육입국조서가 발표된 지 반년 가까이 지난 1895년 7월 19일, 근대적 '보통교육'을 규정한 우리나라 최초의 법규인 〈소학교령〉이 공포되었고, 그 직후 경향 각처에서 관공립 소학교들이 문을 열었다. 이 법령에 따르면 소학교는 '아동 신체의 발달에 비추어 국민 교육의 기초와 그 생활에 필요한 보통 지식과 기예를 가르치는 곳'으로서 수업연한은 5~6년이었다. 이 칙령은 '국민'이라는 단어가 들어간 최초의 법령이기도 하다. 여기에서 '보통'은 국민이 되기 위한 최소 자격 기준이라 봐도 좋다.

하나마나한 이야기지만, '보통'은 '특별'에 대비되고 '최소'는 '최대'를 전제로 한다. 최소 수준의 보통 교육을 받는 것은 '국민'이 되기 위한 필요조건일 뿐 좋은 국민, 쓸모 있는 국민이 되기에 충분한 조건은 아니다. 보통의 국민보다 더 나은 국민, 보통의 국민들을 지도할 수 있는 특별한 국민을 만들기 위해서는 소학교보다 훨씬 더 크고 특별한 학교들이 필요했다. 조선 정부는 이웃 나라인 일본과 중국의 선례를 따라 '국민의 지도자'를 양성하기 위한 학교로 대학교를 두기로 했고, 소학교와 대학교의 중간에 중학교를 배치했다. 그밖에 특별한 지식과 기예를 지닌 자들을 양성하기 위해 사범학교, 외국어학교, 무관학교, 상공학교, 우무학교郵務學校, 광무학교鑛務學校 등을 설립하거나 설립할 계획을 세웠다.

〈소학교령〉에 따라 설립된 소학교들이 첫 번째 졸업생을 배출한 1900
년, 현 경기고등학교의 전신인 관립중학교가 개교했다. 수업연한은 심
상과 4년과 고등과 3년, 도합 7년이었다. 입학생은 소학교 졸업생 중 성
적이 우수하고 더 배울 열의가 있는 아이 또는 젊은이들이었다. 대한제
국 정부의 계획대로라면, 중학교 졸업생이 배출되는 1907년에는 대학
교가 설립되어야 했다. 1905년 내장원경 이용익 명의로 보성학교현 고려대
학교의 전신가 설립된 것은, 대학 설립 준비 과정이었을 가능성이 높다. 내
장원은 황실 재산을 관리하는 기구였으니 내장원경 명의로 지출한 돈
은 바로 황제의 돈이었다. 또 당시 내장원이 설립하거나 황제가 직접 명
명命名한 신식 기구들은 대개 이름에 보普자를 집어넣었는데, 보신각普
信閣, 보성사普成社, 보신회사普信會社 등이 그 예다. 설립 자금의 출처로
보나 교명校名으로 보나 보성학교는 '황립대학교'를 전망한 학교였다.

　그러나 을사늑약 이후 한국의 내정內政 전반에 대한 지배권을 장악한
일본은 '지도자' 자격을 갖춘 한국인들을 양성하지 않으려 했다. 그들
은 1906년 대한제국 학부로 하여금 〈보통학교령〉을 제정하도록 하여
대한제국의 교육 근대화 구상을 백지화했다. 그들이 소학교라는 이름
을 없앤 것은 중학교, 대학교를 아예 만들지 않으려는 의도에 따른 것
이었다. 그들은 한국인들을 궁극적으로 일본 국민으로 편입하되 보통
수준의 국민, 즉 최저 수준의 국민 자격만 부여하려 했다. 그래서 중학
교도 고등보통학교라는 새 이름을 얻었다. 한국인은 아무리 뛰어나도
조금 '고등한' 보통의 일본 국민 수준을 넘어설 수 없다는 분명한 신호

일제 강점기의 국기 게양식

근대는 '국가'와 '국민'이 신神을 대체한 시대이기도 하다.
국민은 언제나 '옳고' 국가는 가장 '신성'하다.
국가를 상징하는 물건들도 '신물神物'의 자리를 차지했다.
국가를 '정신을 가진 실체'로 만들려는 시도는 국가의 표식일 뿐인 '국기'를
'경배'와 '서약'의 대상으로 올려놓았다. 그러나 민주주의 체제에서
국가의 주인인 국민이 자기 소유물의 표식에 경배하는 것은 개념상 모순이다.
* 출처: 목도공립학교 제2회 졸업기념, 1943.

였다.

'보통'이란 '특수'에 상대되는 말이다. 일제는 한국인들이 다닐 수 있는 학교로 보통학교와 고등보통학교 외에 몇몇 '특수'한 직업 훈련을 시키는 강습소, 전습소들만 만들었다. 조선총독부의원 부속 의학강습소, 공업전습소 등이 이런 것들이었다. 하지만 한국에 있는 일본인 거류민 자녀들이 다니는 학교들은 계속 소학교, 중학교로 남았다. 이후 한국인은 보통학교와 고등보통학교에, 일본인은 소학교와 중학교에 입학하는 기간이 30년 넘게 지속되었다. 식민지가 된 조선에 '조선인'이 입학할 수 있는 전문학교가 만들어진 것은 1916년이었고, 대학은 1924년에 개교했으나 '조선인'이 이 학교에 입학하기란 일본 본토나 다른 나라 대학에 입학하기보다 더 어려웠다.

'군국주의적 국민교육'의 잔재

1938년 일제는 이른바 '내선일체'를 명목으로 보통학교를 소학교로 개칭했다가 1941년 4월 1일부터 다시 소학교를 '국민학교'로 바꿨다. 1차 세계대전을 전후하여 열강들 사이에서 '국민교육'을 강화하는 경향이 나타났는데, 이는 '총력전'이라는 새로운 전쟁 양상과 관련된다. 총력전에서는 전방과 후방, 군인과 민간인이 근본적으로 구분되지 않았다. 그래서 학생들에게 '애국심', '충성심', '복종심' 등 '군인다운' 덕목을 불어넣는 것이 국민교육의 핵심 과제가 되었다. 일제가 소학교를 국민학교로 바꾼 것도 '총력전 체제' 구축 사업의 일환이었다. 국민학교는

일제 강점기 황국신민서사皇國臣民誓詞를 낭송하는 어린이들

1차 세계대전 이후 전쟁의 양상이 전방과 후방, 군인과 민간인이 구분되지 않는 '총력전'으로 변하자 제국주의 열강은 '국민교육'을 강화하기 시작했다. 일제 역시 소학교를 '국민학교'로 바꾸고 학생들이 '황국의 도'를 체득하도록 하는 데 주력했다.

＊출처: 이규헌 해설, 《사진으로 보는 독립운동 하─임정과 광복》, 서문당, 1996, 160쪽.

수신修身, 국어일본어, 국사일본사, 지리로 구성된 '국민과목'을 집중적으로 가르쳐 학생들이 '황국皇國의 도道'를 체득體得하도록 만드는 데 주력했다. 황국신민의 서사 낭송, 동방요배, 신사참배 등 반복적인 '국민의례'도 '국민정신'을 함양하는 수단으로 강조되었다.

해방 뒤 인명과 지명, 시설명 등에서 '일본색'이 차츰 사라졌지만, 일본에서조차 소학교로 되돌아간 '국민학교'는 그대로 남았다. 남북이 대치한 '총력전 체제'는 '국민교육'에 대한 강박관념을 키워 남한에서는 그대로 남았고, 북한에서는 '인민학교'가 되었다. 1996년 '문민화'를 내세운 김영삼 정부는 '일제 잔재 뿌리 뽑기' 사업의 하나로 국민학교를 초등학교로 바꿨다. 누가 이런 이름을 지었는지는 모르나 아마 소학교나 보통학교라는 이름에서 일제 강점기의 보통교육기관을 연상했기 때문일 것이다. 하지만 대학교에 상대되는 명칭으로는 소학교가 더 적당하며, 이 이름이 일제 강점기에 처음 쓰인 것도 아니다. '초등初等'에 상대되는 말은 '종등終等'이나 '말등末等'인데, 종등교육이나 말등교육이란 말은 좀 우습지 않은가?

어쨌거나 이미 국가가 '초등학교'라고 이름 붙인 이상 그대로 불러주는 게 '국민' 된 도리다. 진정 중요한 문제는 언제나 이름이 아니라 내실이다. 지난 2010년 3월, 부산시교육청에서 각급 학교에 '국기에 대한 맹세'를 부활시키라는 공문을 내려보냈다. 학교 이름을 어떻게 바꾸든, 교육자들의 의식에 군국주의적인 '국민교육'의 잔재가 남아 있는 한 초등학교는 국민학교일 뿐이다. 이제 '온순, 착실하며 순종적인' 국민, 국가에 무조건 복종하는 국민, 비판 의식이 결여된 국민을 만드는 데 주력했던 군국주의적 국민교육 정신도, 하산시킬 때가 되었다.

4월 7일 _ 값싼 알코올, 대량생산 본격화

연료용 알코올이
서민용 음료가 되면서
술의 신성성도 옅어지다

　　　　　인류가 처음 술을 접한 것은 '발명'이 아니라 '발견' 덕이
었다고 한다. 자연 발효한 과실이나 벌꿀 등을 먹고 '기분이 좋아지는'
경험을 한 고대인들이 술을 빚는 방법을 찾아냈다는 것이다. 그때 이후
지금까지, 술은 신이 인간에게 준 최고의 선물이자 인간이 신에 다가설
수 있는 최상의 매개물로 취급되어왔다.

　술이 '접신接神의 매개물'이 된 것은, 술에 취한 사람은 '범인凡人'의
상태에서 벗어나 '초인超人'의 경지에 오르거나 심하면 '비인非人'이 되
기 때문이다. 술은 평소라면 엄두도 낼 수 없었던 일또는 짓을 할 수 있는
'용기'를 주며, 평소에 낼 수 없었던 힘을 주기도 한다. 술은 사람의 이
성을 마비시키고 그로 하여금 자기도 모르게 신의 뜻에 따라 움직이게
만든다. 이른바 '귀신이 곡할 노릇'이 생기는 것이다. 술자리에서 여기
자를 성희롱한 탓에 구설에 오른 유력 정치인들이 한결같이 하는 변명
도 '술에 취해서'이고, 사람이 어떻게 저런 짓을 할 수 있을까 싶을 정
도로 끔찍한 범죄를 저지른 자들도 대개는 '술 취해 우발적으로 저지른
일'이라고 주장한다. 평소에는 남 앞에 나서기 부끄러워하는 사람도 술
에 취하면 대중 앞에서 '막춤'을 추거나 고래고래 노래 부르는 것을 부

끄럽게 여기지 않는다. 술은 절친한 친구들을 싸우게 만들기도 하고, 철천지원수들을 화해시키기도 한다. 술은 인간의 이성 바깥에 있는 어떤 것을 주재하는 특별한 음식이다. 그래서 술은 제례와 미사의 필수 품목이자 축제 음식이며 의례 음식이다.

술, 신의 음료이자 신성한 물

동서고금을 막론하고 모든 제례祭禮는 '술'을 따르는 것으로 시작한다. 이는 술이 신의 음료, 신성한 물이라는 관념의 소산이다. 사회 전반에 대한 종교의 지배력이 현저히 약해진 현재에도 술의 신성성은 거의 손상되지 않았다. 국가 원수가 주재하는 국빈 만찬에서든, 기업 총수가 베푸는 기업 만찬에서든, 식사 전에는 반드시 술을 함께 마시는 건배의 식이 행해지며, 행사의 주재자나 그가 지명하는 연장자가 건배사를 한다. 먼 옛날 제사장이나 연장자가 제례를 주관하던 권리가 술을 매개로 현재에까지 이어지고 있는 셈이다.

술을 신성시하는 무의식적 관념은 술을 마시는 동작에서도 드러난다. 술을 제외한 다른 모든 음료를 담은 잔 또는 컵은 그것이 놓인 자리에서 마시는 사람의 입까지 최단 거리를 이동한다. 하지만 술잔은, 적어도 첫 잔은 입보다 높은 곳까지 들어올렸다가 내려서 입에 대는 것이 '원칙'이다. 술잔을 높이 들어올리는 동작은 술을 인간보다 높은 곳에 있는 존재, 즉 신에게 '올리는' 행위다.

인간이 신의 존재를 생각해낸 이래, 신은 언제나 최고, 최상, 최선,

최초의 존재였다. 인간의 의식 속에서 신은 인간과 모든 사물이 존재하기 이전부터 있던 존재이자 모든 면에서 인간에 앞서는 존재다. 그래서 신성한 것, 신에게서 유래한 것은 그것이 음식이건 땅이건 혹은 다른 물건이건 간에 먼저 신에게 '바친'* 뒤에야 인간이 이용할 수 있다는 일반적 관념이 생겨났다.

신을 높이고 신을 앞세운다는 관념을 표현하는 의례적 행동은 현재 우리나라 대다수 가정의 명절과 제사 의례에서도 정기적으로 되풀이되고 있다. 가장 좋은 곡식으로 정성껏 음식을 만들어서는 가장 좋은 상 위에 진설제수祭需는 진열이라 하지 않는다한다. 그 뒤 먼저 술을 '올리고', 조상 '신'들이 흠향歆饗신이 제사 음식을 받아먹는 것하는 동안 이런저런 시중을 든다. 조상신의 흠향이 끝나면, 제수 음식 일부를 덜어 후손이 없어 '제삿밥'을 얻어먹지 못하는 불쌍한 귀신들에게 나눠준다. 이른바 '고수레'다. 귀신들이 다 먹고 난 뒤에야 사람이 먹는다. 그러니 술을 마실 때 먼저 잔을 높이 들어올리는 행위는 신을 앞세우는 관념의 표현이자 술이 신성한 음식임을 승인하는 무의식적 의례다.

술의 '신성성'은 술을 담는 용기容器에도 표현된다. 무릇 병 중에 가장 비싸고 좋은 병은 '술병'이고, 잔 중에 제일 아름다운 잔은 '술잔'이다. 옛사람들이 단지 꽃을 꽂아 두거나 물을 담아 마시기 위해 그토록 심혈을 기울여 비취색 영롱한 고려청자를 만들지는 않았을 터이다. 술병과

---

* 신이나 왕 또는 윗사람에게 무엇인가를 주는 행위를 '바치다' 또는 '올리다'라고 한다. 바치다와 올리다는 같은 뜻이다. 이 두 단어가 같은 뜻이 된 것은 아마도 '위에 있는 존재'에게 무엇인가를 건네줄 때에는 손으로 물건을 잡지 않고 두 손바닥으로 받친 뒤에 양 팔을 공손히 들어올려야 했기 때문일 것이다.

술잔을 빚는 일은 불상이나 다른 신상神像을 만드는 것처럼 깊은 신심信心을 기울여야 하는 일이었다. 술을 이토록 중시했기 때문에, 술을 빚을 때에는 당연히 가장 좋은 곡식과 가장 맑고 깨끗한 물, 가장 좋은 누룩을 써야 했다. 술을 빚는 과정에는 이밖에도 여러 가지 금기들이 따라 붙었다. 예컨대 중세 유럽에서는 포도를 밟아 으깨는 일도 아무나 할 수 없었고, 우리나라에서는 술 빚는 날도 '택일擇日'의 대상이었다.

증류주의 발명과 한반도 전래

술이 처음 '발견'된 이후로 수천 년간 인류가 마실 수 있었던 술은 10도 내외의 '묽은' 술뿐이었다. 만일 예수 그리스도 시대에 위스키나 코냑이 있었다면, '최후의 만찬' 식탁에 오른 술은 포도주가 아니었을 수도 있다. 발효주를 증류하여 독한 술로 정제하는 방법을 찾아낸 이는 10세기경 아라비아의 연금술사들이었다. 그들은 다른 물질들로 황금을 만들어내기 위해 가열, 증류, 혼합 등 온갖 방법을 다 써봤는데, 그 과정에서 '증류한 술', 즉 알코올이 발명되었다. 아랍어의 '알'은 영어의 'The'에 상당하는 것으로 알라, 알카에다, 알자지라처럼 '알코올'도 아랍어다. 이 알코올 제조법은 곧 전 세계로 확산되어 재료와 숙성법에 따라 위스키, 코냑 등으로 발전했다. 우리나라에는 고려 말 몽골제국을 거쳐 전래되었다.

일제 강점기까지도 민간에서는 소주를 흔히 '아락기' 또는 '아락주'라 하여 무의식중에 이 증류주가 '아랍'에서 전래한 것임을 표시하곤 했

대한제국기의 술도가

마당 가득 술을 만들기 위한 밑밥이 널려 있다.

증류주 한 되를 만드는 데에는 대략 쌀 한 되가 든다.

여기에 시간과 노력, 정성이 더 들어가야 하니 증류주 값은 비쌀 수밖에 없었다.

1890년대 말부터 희석식 소주가 생산되기 시작했지만, 그래도 소주 값은 비쌌다.

희석식 소주 값이 크게 떨어진 것은 1920년대 화학적인 주정酒精 추출법이 개발된 이후였다.

* 출처: 조풍연 해설, 《(사진으로 보는) 조선시대 상—생활과 풍속》, 서문당, 1987, 38쪽.

다. 그밖에 불타는 술이라는 뜻의 화주火酒나 소주燒酒라고도 불렀는데, 지금은 소주燒酒가 한국 증류주를 대표하는 이름이 되어 있다. 소주는 발효주보다 훨씬 손이 많이 가고 들이는 재료에 비해 얻는 양도 적어 '부잣집 잔칫날'에야 한두 모금 얻어 마실 수 있는 귀한 술이었지만, 그만큼 '신 내리는 속도'도 빨라서 적게 마신 사람도 금세 '신선'으로 만들어주었다.

희석식 소주의 등장

농업 생산력 발전에 따라 '잉여 미곡'을 이용한 술 생산과 소비가 모두 늘어났던 조선 후기에는 어지간히 살 만한 집이면 '소주 고리'라는 증류기들을 갖추고 있었다. 가문마다 지역마다 나름대로 독특한 증류주 제법을 만들어 전수했고, 종갓집 며느리들에게는 자기 가문의 술 빚는 기술을 철저히 익혀 다음 세대에 전수해야 할 의무가 부가되었다. 그런데 일제가 한국의 내정 전반을 장악하고 한국 식민지화에 필요한 재원을 한국 내에서 조달할 목적으로 '재정개혁'을 단행하던 1907년, 술 제조에 세금이 붙었다. 주세, 연초세, 가옥세로 구성된 이른바 '삼신세三新稅'가 창설된 것이다. 이에 따라 민가의 술 제조는 급속히 위축되었고, 세금을 내고도 버틸 수 있는 제조업체들만 남았다. 일제는 또 조선 술에 '신맛'이 나는 것은 제조 방법이 유치하기 때문이라며, 공업전습소에서 학생들에게 일본식 양조법을 가르치는 등 조선 술을 일본화하기 위한 작업도 병행했다. 이렇게 시간이 흐르면서 그 많던 명주名酒들이 하나둘 자취를 감추었다. 지금은 정말 옛 제법을 제대로 살렸는지 알기 어려운 상태로나마 안동소주, 문배주, 진도 홍주 등이 '전통주'의 명맥을 잇는 정도다. 아마 전 세계에서 '증류주'의 종류가 적기로는 한국을 앞설 나라도 그리 많지 않을 것이다.

그나마 일제 강점기 말엽에는 증류주 제법에도 큰 변화가 생겼다. '희석식 소주燒酎' 소주燒酒가 아니다가 출현한 것이다. 희석식 소주는 19세기 말 연속증류로 주정酒精을 생산할 수 있게 되면서 처음 출현했지만, 원료는 여전히 쌀이었다. 쌀을 원료로 한 주정酒精은 값이 비쌌기 때문에 가격 면에서 일반 증류주를 압도할 수 없었다. 증류주를 만드는 것과 별 차이 없는 비용으로 마시면 머리 아픈 희석식 소주를 생산할 이유는 없었다.

술 취한 사람 '신선'이든 '개'든 일관성 있어야

고구마나 감자에 화학 처리를 하여 값싼 알코올을 추출하는 기술은 1920년대 초반 화석 연료를 대체하기 위해 개발되었다. 일제도 '연료 국책' 방침에 따라 1936년부터 조선에 무수주정無水酒精 공장을 만들었다. 1937년 4월 7일, 조선총독부는 앞으로 무수주정 제조시설을 갖추지 않은 소주 공장의 신설은 인가하지 않겠다고 밝혔다. 소규모 소주 공장을 대공장에 통폐합하는 조치도 병행했다. 이 뒤로 '값싼 알코올'이 대량 생산되어 연료와 음료에 공용되었다. 그 덕에 알코올 도수가 높은 '소주' 값은 싸졌다. 세상에 흔하면서 신성한 존재는 없다. 흔한

일제 강점기 주정공장

일제는 '연료국책' 방침에 따라 1936년부터 조선에 무수주정 공장을 만들었다.
뒤이어 무수주정 제조시설을 갖추지 않은 소주 공장의 신설을 허가하지 않겠다고 밝혔다.
그 뒤로 '값싼 알코올'이 대량 생산되면서 알코올 도수가 높은 '소주' 값이 하락했다.
소주가 '서민의 술'이 된 것이다.
사진은 1940년대 일본 동양척식주식회사 제주지사에서 제주항 근처에 건립하여 운영했던 주정酒精공장.

것은 천한 것이고 드문 것이 귀한 것이다. 소주가 '서민의 술'이 됨으로써 술의 신성성도 더불어 옅어졌다.

싼 술을 마시든 비싼 술을 마시든, 희석식 소주를 마시든 증류 소주를 마시든, 취하면 '범인凡人'의 경지에서 벗어나는 건 마찬가지다. 옛날에는 술 취한 모습을 '신들린' 상태로 생각했지만, 요즘에는 '술 취한 개'라고들 한다. 술 취한 사람을 '신선'으로 묘사하든 '개'로 표현하든 그것도 사람 나름이다. 하지만 '신선'으로 보든 '개'로 보든 일관성은 있어야 할 것이다. 음주운전 교통사고는 가중처벌하면서 음주 성범죄에는 관대한 우리 사회, 아무리 생각해도 아이러니다.

四月 十五日

4월 15일 _ 광희정 수건 공장 총파업

동대문디자인플라자,
역사와 문화의 흔적을
지워버린 개발

서고동저西高東低의 한양 땅,
불길한 참언의 근거가 되다

1926년 4월 15일, 경성부 광희정光熙町현재의 광희동으로 흥인지문과 광희문 주변, 즉 동
대문시장 지역에 해당한다의 수건 공장 4곳에서 근무하던 노동자 70여 명이 임
금 인하에 반대하여 '총파업'을 단행했다. 총파업이라기에는 규모가 그
리 크지 않았지만 그 일대에는 제사공장, 편물공장 등에서 일하는 섬유
산업 종사자들이 많이 살았기 때문에, 경찰과 기업주들은 혹여 다른 공
장에까지 파업이 번질까봐 촉각을 곤두세웠다.

　지금은 세계 유수의 패션타운이 된 서울 동대문시장과 주변의 섬유
산업은 일반이 아는 것보다도 훨씬 역사가 길다. 조선 왕조가 한양 땅
에 도읍한 핵심적인 이유가 이곳이 '풍수상의 길지吉地'였기 때문임은
모두가 아는 사실이다. 한반도의 지세는 동쪽이 높고 서쪽이 낮다. 북
에서 남으로 흐르는 낙동강을 제외한 큰 강들이 모두 동에서 서로 흐른
다. 그런데 한양 땅은 그와 반대로 동쪽이 낮고 서쪽이 높은 '서고동저
西高東低' 지세다. 한양 땅 한복판을 가로지르는 청계천은 서쪽에서 동
쪽으로 흐른다. 옛 풍수가들은 이런 지세를 '태극太極' 형상으로 보고
명당으로 꼽았다. 그런데 조선 개국 초에는 서고동저인 한양의 지세 때

문에 나라와 왕실의 앞날에 불길不吉한 일이 많을 것이라는 참언讖言도 널리 유포되었다. 이런 참언이 정말 풍수지리설 때문인지, 아니면 새 왕조의 개창과 천도遷都에 불만을 품은 사람들이 일부러 만들어 유포시킨 것인지는 알 수 없다. 새 체제에 불만을 품은 사람들이 저주의 참언을 유포시키는 것은 동서고금에 흔하디흔한 일이다. 참언이 내세운 근거와 내용인즉 이렇다.

'헌 것이 새 것을 누르고, 지차가 장남을 앞서게 되리라'

동東은 순우리말로 '새'고, 서西는 순우리말로 '헌' 또는 '하늬'다. 이제는 거의 죽은 말이 되어버렸지만, 그래도 아직 동풍東風은 '샛바람'이라 하고 서풍西風은 '하늬바람'이라 한다. 해는 새벽에 동방東方에서 떠서 하루 종일 힘들게 땅을 비춘 뒤에 '헌' 것이 되어 서방西方으로 진다. 그러니 동쪽이 새로운 것의 자리이고 서쪽이 헌 것의 자리이며, 동쪽이 앞선 것의 자리이고 서쪽이 뒤진 것의 자리이다. 동쪽은 생명력이 왕성한 봄의 방향이며, 서쪽은 생명이 시드는 가을의 방향이다. 그런데 한양의 내사산內四山 중 동쪽 좌청룡에 해당하는 낙타산駱駝山낙산은 해발고도가 125미터로 338미터인 서쪽 우백호 인왕산보다 현저히 낮다. 높이가 낮을 뿐 아니라 산세 자체가 인왕산의 웅장함에 비할 수 없을 정도로 초라하고 쇠미衰微하다.

참언의 내용은 한양에 도읍한 탓에 새 왕조에서는 '헌 것이 새 것을 누르고, 지차之次가 장남長男을 앞서게 되리라'는 것이었다. 공교롭게도 이 참언은 대략 맞아떨어졌다. 조선 왕조는 '장자 상속제'를 원칙으로 삼았으나 역대 조선 왕조 임금 중 장남으로 순조롭게 왕이 된 사람은 극히 드물었고, 장남으로 왕이 된 경우에도 왕 노릇 제대로 한 사람이 거의 없었다. 당장 조선 왕조를 개창開創한 태조 때 '지차'들의 반란인 '왕자의 난'이 일어났고, 다섯째 아들로 왕이 된 태종은 장남인 세자 양녕대군을 내치고 셋째 충녕대군을 왕위에 앉혔다. 세종의 장남 문종은 일찍 죽었고, 문종의 장남 단종은 삼촌 수양대군에게 목숨을 잃었다. 국초부터 이런 비정상적인 불상사가 되풀이되었으니, 참언의 권위가 하늘을 찌를 수밖에 없었다.

본래 흥인문興仁門인 동대문을 '흥인지문興仁之門'으로 표기하는 사례는 세조 때부터 나타난다. 왕위에 오르기 위해 친동생과 조카를 죽였던 세조는 죄책감을 덜고자 참언에 매달렸는데, 아마 그에게 어떤 풍수쟁이가 동쪽이 낮은 한양의 지세를 보완하려면 흥인문에 한 글자를 더 넣어 불러야 한다고 했던 듯하다. 나는 흥인문이 흥인지문이 된 것은 '지차가 장남을 앞서는 역사'를 자기 대에서 끝내고 싶었던 세조의 바람 때문이었을 가능성이 높다고 본다.

군사시설, 동대문 주변에 밀집하다

그런데 동쪽이 낮은 한양의 지세는 불길한 참언의 근거뿐만 아니라 현실적으로 해결해야 할 문제도 제기했다. 바로 '방어상의 문제'였다. 한국인들은 초기 삼국시대부터 산의 능선을 따라 성을 쌓는 축성 기법을 사용해왔다. 그런데 이런 방식으로 쌓은 성은 평지에 같은 높이로 고르게 쌓은 성에 비해 아무래도 두드러지는 취약점이 있게 마련이다. 말할 나위도 없이 산이 낮은 쪽이 약점이다. 게다가 한양도성의 경우 동대문 밖으로는 동쪽으로 아차산까지, 동남쪽으로 한강까지 너른 평지가 거침없이 펼쳐져 있었다. 적의 대군이 쳐들어온다면 동대문을 집중 공략할 것임은 누구나 알 수 있었다. 그래서 동대문에는 성 바깥쪽으로 문 자체를 지키기 위한 옹성甕城을 더 쌓았다. 적의 침략에 신속히 대비하기 위해 군영軍營도 동대문 부근에 집중 배치했다. 조선 초기에 병서兵書 편찬과 군사훈련을 책임졌던 훈련원訓鍊院은 동대문에 바짝 붙은 곳, 지금의 동대문역사문화공원 자리에 있었다. 조선시대 서울 군영들의 위치가 시기에 따라 어떻게 달라졌는지 정확히 알 수는 없으나, 조선 후기에는 현 동대문역사문화공원 자리에 하도감, 현 국립의료원 자리에 훈련원, 현 세운스퀘어 자리에 동별영, 현 장충단공원 자리에 남소영 등이 있었다.

동대문 밖의 너른 평지는 목장과 왕의 사냥터 겸 군사훈련장으로 사용되었다. 내연기관을 이용한 자동운송기구가 발명되기 전까지 말은 어느 나라에서나 국가 운영에 필수적인 '국가적 동물'이었다. 말은 군수 물자이자 그 자체로 병기兵器였으며, 왕과 지배계급의 의장용품이었고, 국가 교통통신망의 중추를 담당했다. 말을 키우고 돌보는 것은 국가가 빼놓아서는 안 되는 일이었다. 수도 주변에서 말을 키우는 데에는 동대문 밖의 평야 지대가 적격이었다. 이 일대 목장들은 임진왜란 때 말들이 다 사라지고 병자호란 때 청나라의 요구에 따라 '군마軍馬를 키우지 않겠다'고 약조함으로써 대부분 폐쇄되었으나, 지금도 목장과 관련된 지명地名들은 남아 있다. 말목장이라는 뜻의 마장동, 목장과 마주 보는 동네라는 뜻의 면목동, 목장 안 넓은 평지라는 뜻의 장안평이 지명의 유래에 대해서는 다른 설도 있으나 그것까지 세세히 적을 여유는 없다, 임신한 암말 돌보는 동 네라는 뜻의 자양동본래 이름은 자마장리였다 등이 그것이다.

조선의 최정예병 훈련도감병, 장사를 시작하다

군영과 군사훈련시설들이 동대문 주변과 바깥쪽에 몰려 있다 보니 자연 히 군병과 가족들도 이 일대에 거주지를 마련했다. 임진왜란 중 우리나 라 최초의 상비군 부대로 훈련도감이 창설되자, 동대문 주변은 직업 군 인들의 집단 거주 지역이 되었다. 어영청, 금위영 등 각 군영에 배속된 직업적 비전투요원인 '표하군標下軍'들도 이 지역에 모여들었다. 조선 후 기에는 개천 하류 지역, 효경교宗廟 앞쪽 개천 위에 놓였던 다리에서 오간수문에 이르는 구간을 아랫대 또는 하촌下村이라 했는데, 이 아랫대가 군병들의 집단 거주지가 되었다. 그래서 '웃대상촌上村에는 윗분들이 살고, 아랫대하 촌에는 아랫것들이 산다'는 말이 유행했다.

훈련도감병은 조선의 최정예병이었기 때문에 대우도 남달랐다. 도감 병에게 월급조로 지급하는 면포의 품질은 조선 최고였다. 그러나 세월 이 흘러도 봉급은 그대로였다. 더구나 군대 관련 예산이 대개 그렇듯이 위에서 '새는' 일이 다반사여서 조선의 최정예군인 훈련도감 군병들조 차 '월급만으로'는 살기 어렵게 되었다. 정부는 군인들에게 장사할 수 있는 권한을 줌으로써 이 문제를 미봉하려 들었다.

동대문시장의 기원

병자호란 직후 조선 정부는 청나라에 엄청난 규모의 세폐歲幣와 방물方物해마다 보내는 예물禮物과 토산품이라는 뜻인데 이를 뭉뚱그려 조공품이라고 한다을 상납해야 했다. 그러나 반세기도 안 되는 짧은 기간 동안 임진왜란과 병자호란을 연거푸 겪은 나라의 재정 형편으로는 도저히 그 물품들을 조달할 수 없었다. 왕조 정부는 급한 대로 이 부담을 시전 상인들에게 떠넘기고, 대신 도성 내에서 거래되는 모든 물화에 대해 거래 독점권을 주었다. 이것이 '금난전권禁亂廛權'이다.

 나라가 져야 할 부담을 '국역國役'이라는 이름으로 떠맡은 시전 상인들은 자기들 도중都中현재의 조합에 해당한다에 가입하지 않고 몰래 물건을 들여와 파는 '난상亂商'들을 적발하여 그들의 물건을 빼앗는 것으로 손실을 보충했다. 그들의 난상 단속이 얼마나 심했던지 '각전各廛 상인 난전 몰 듯한다'는 속담이 생겨날 정도였다. 그런 상태에서 군병들에게 '금난전권'에 구애받지 않고 장사할 수 있는 권리를 준 것이다. 이로써 군병들은 사실상의 상인이 되었다. '병농일체兵農一體'의 원칙에 입각했던 조선 전기 군제軍制가 조선 후기 도성 안에서는 '병상일체兵商一體'로 바뀐 셈이다. 이제 훈련도감 군병들은 비번일 때에는 도성 안 여기저기로 다니면서 장사를 했고, 그 가족들은 가장이 봉급으로 받은 고급 면포를 가공해 '섬유 상품'을 만드는 생산자가 되었다. 이에 따라 18세기 중엽 동별영 바로 옆 배우개에 군인들의 장사터가 생겼다. 오늘날의 동대문시장은 여기에서 기원했다.

1930년대 면사 공장에서 일하는 여성들

현재의 광희동, 창신동, 숭인동 일대는 지난 수백 년 동안 서울 섬유 산업의 중심지였지만,
이런 산업과 생활의 산 역사가 도시 재개발 과정에 고려된 적은 없다.
＊출처: 이규헌 해설, 《사진으로 보는 독립운동 하―임정과 광복》, 서문당, 1996, 109쪽.

개발, 역사·문화의 흔적과 함께해야

1907년 대한제국 군대가 강제 해산되어 정규 직업을 잃어버린 군인들은 가족들의 부업에 합세하여 전업 상인이 되었고, 몇 푼 안 되는 퇴직금을 모아 광희동에 경성직뉴회사를 차렸다. 이 회사가 일제 강점기 한국인 공업 회사의 대표격이던 경성방직주식회사의 전신이다. 경성방직주식회사는 얼마 뒤 영등포에 큰 공장을 지어 이사했지만, 처음 경성직뉴회사를 만든 사람들은 자기 동네에 그대로 남아 섬유 제품 생산과 판매를 계속했다.

오늘날 광장시장에서 평화시장으로 이어지는 동대문시장 벨트는 세계 굴지의 패션타운이 되었다. 그러나 이 일대에서 300년 넘은 역사의 흔적을 찾기란 거의 불가능하다. 시장 뒷골목에 아직도 남아 있는 지게 행렬이 겨우 옛 모습을 짐작게 할 뿐이다. 이른바 '명품'과 '명소'의 가치를 구성하는 요인들 중에는 '역사'의 비중이 가장 크다. 명품 시계 제조업체나 명품 가방 제조업체들이 상품 광고에 'SINCE~'를 즐겨 쓰는 데에는 다 그럴 만한 이유가 있다. 다른 것들은 후발주자가 앞설 수 있어도 역사는 결코 역전시킬 수 없다.

나는 동대문운동장 자리에 새로 들어선 동대문디자인플라자 건물을 볼 때마다 속이 쓰리다. 그 장소의 역사적 맥락을 전혀 모르는 외국인에게, 그 역사에 대한 기초적 정보도 주지 않고 설계를 맡겨버린 당시 서울시정 담당자들의 무소견과 무지에 화가 치밀어 오른다. 자국민도 모르는 '명품 시장'의 역사를 다른 나라 사람들이 어떻게 알 수 있겠는가? 그 건물에 역사성을 담아내고, 동대문시장의 역사를 제대로만 알려도 시장의 국제적 가치를 더 끌어올릴 수 있었을 것이다. 역사와 문화의 흔적을 지우는 개발이 아니라 그 자취와 함께하는 개발이어야 '국격'이든 '도시 디자인의 품격'이든 살릴 수 있는 법이다. 그렇게 세계 여행을 많이 하면서도 아직 그 사실을 모르는 사람들이 너무 많으니, 그저 한심할 따름이다.

4월 22일 _ 서울에 시내버스 등장

'나만의 시간',
'혼자만의 공간'에 대한
본능적 욕구,
대중교통수단 기피로
표출되다

버스, 서울 거리에 처음 모습을 드러내다

　　1928년 4월 22일, 집채만 한 자동차가 서울 거리에 모습을 드러냈다. 경성부가 직접 운영하기 위해 일본에서 들어온 버스로, 14석의 좌석 외에 가죽 손잡이 8개가 달려 있어 모두 22명이 탈 수 있었다. 경성부는 이에 앞서 2월에 〈부영버스 운행계획〉을 세우고 네 개의 버스 노선을 정했는데, 노선과 운행 거리와 운행 간격은 아래와 같았다.

　1호선: 경성역－남대문－경성부청－총독부－안국동－창덕궁－단성사－헌병대－야마토초大和町, 현재의 필동－에이라쿠마치永樂町, 현재의 저동－조선은행－경성역/총 5.5마일. 배차간격 5분.

　2호선:
　(가) 경성역－요시노마치吉野町, 현재의 도동－조선은행 사택 뒷길－용산우편국－한강/총 3마일. 배차간격 10분.
　(나) 한강 전차 종점－노량진역/총 1.6마일. 배차간격 15분.
　(다) 노량진역－역등포역/총 2마일. 배차간격 25분.

3호선: 경성역-의주로-서대문형무소/총 1.6마일. 배차간격 10분.

4호선: 와카쿠사마치약초정若草町, 현재의 초동-고카네초오황금정黃金町, 현재의 을지로 4

정목-창경원-동소문파출소-경성제국대학-종로 6정목-동대문-장충단-

나미키마치병목정並木町, 현재의 쌍림동-신마치신정新町, 현재의 묵정동-혼마치본정本町, 현

재의 충무로-고카네초 4정목-와카쿠사마치/총 4.2마일. 배차간격 7분.

요금은 구간당 7전이었다. 노선을 보면 알 수 있듯 나름대로 직행편
과 순환편을 안배한 노선이었는데, 종점에서 종점까지 버스 안에서 시
간을 때울 요량이 아니라면 걸어도 무방한 거리였다. 하지만 이 버스가
등장한 직후, 사람들의 반응은 자못 열광적이었다. 서울 거리에 '다쿠
시'라 불린 택시가 등장한 것은 이보다 훨씬 전이었지만 요금이 너무
비싸 보통의 서민들은 타볼 엄두를 내지 못했다. 택시는 돈 걱정 안 하
고 살아도 되는 부자들이나 기생 앞에서 부자 행세를 하려 드는 허풍선
이들 정도가 타는 특별한 탈것이었다. 그런데 이 버스는 택시보다 큰데
도 요금은 훨씬 쌌고, 게다가 묘령의 '여차장'까지 동승했다. 버스를 처
음 타본 사람들은 이 새로운 탈것에 만족했고, 찬탄을 늘어놓기까지 했
다. 그러나 버스에 대한 찬사는 이때뿐이었다. 그 뒤로 지금까지 80여
년간 시내버스는 언제나 도시민의 불평거리였고 도시 교통의 골칫거리
였다.

서울에 처음 등장한 경성부영버스와 여차장

경성부는 부영버스 운행을 앞두고 12명의 여차장을 모집했는데,
75명이 지원했다. 그중 한국인이 73명이었고 여고보 출신자도 2명이나 되었다.
한국인 여성 취업이 그만큼 어려웠던 실태를 반영한 것이지만,
버스에 대한 '호감' 도 작용했다. 그러나 버스의 인기가 급락하면서 '여차장' 의 인기도 시들해졌다.
* 출처: 윤준모, 《한국자동차70년사》, 교통신문사, 1975.

사람 사이의 간격을 통제할 권리 잃은 현대인들

사람 관계는 보통 거리를 재는 공간 척도로 표현된다. '사이좋다' 할 때의 '사이'는 두 지점 간의 거리를 뜻한다. '친밀親密'이란 좁은 공간에 무릎을 맞대고 모여 있어야 오히려 유쾌한 관계를, '소원疏遠'이란 가급적 멀리 떨어져 있어야 편한 관계를 의미한다. 가까이 있어야 편한 사이가 '좋은 사이'고 가까이 있으면 불편한 사이가 '나쁜 사이'다. 타인에 대한 심리적 거리와 물리적 거리는 확실한 비례 관계에 있다. 연인끼리는 혹여 둘 사이에 바람이라도 샐까 바짝 붙어 다니지만, 모르는 사람이나 싫은 사람이 가까운 거리를 유지하고 있으면 불안하고 불쾌한 법이다.

대다수 현대인들은 타인에 대한 심리적·물리적 거리를 스스로 통제할 수 있는 권리를 잃어버린 사람들이다. 현대 도시 생활에서는 '싫은 사람은 안 보면 그만'이라는 옛말이 통용되지 않는다. 모르는 사람과도 얼굴을 맞대야 하고 싫은 사람 앞에서도 웃어야 한다. 게다가 알고 만나든 모르고 만나든 현대인들이 하루에 만나는 사람의 숫자는 옛날 사람들이 평생에 걸쳐 만났던 사람의 숫자보다도 많다. 옛날의 보통 농민들이 만날 수 있는 사람의 수는 자기 마을 주변 인구를 다 합친 수를 넘을 수 없었다. 그들이 집 밖에서 '모르는 사람'을 만날 확률은 아주 낮았다. 반대로 현대 도시민들은 집 밖에서 '아는 사람'을 만나는 경우가 매우 드물다. 현대 도시민들은 시도 때도 없이 아는 사람과 모르는 사람, 가까운 사람과 먼 사람, 좋은 사람과 싫은 사람들 사이에 끼어들었다가 빠져나와야 하며, 그때마다 자기 감정을 점검해야 한다. 아는 사람들 사이에서 늘 웃으면 '사람 좋다'는 소리를 듣지만, 모르는 사람들 사이에서 늘 웃으면 '미쳤다'는 소리를 듣는다.

집에서 직장 사이의 거리

요즘 도시 사람들은 아침에 맨살이 닿아도 전혀 어색하지 않은 '친밀한' 가족들 사이에서 눈을 뜬다. 대문이나 현관문을 나서면 평소 낯이 익은 이웃들과 마주친다. 그런데 '아는 사람'들이라고 해서 대하는 태도가 한결같지는 않다. 반갑게 손짓하거나 악수를 나누는 '가까운' 사이가 있는가 하면, 자주 본 얼굴인데도 일부러 외면하는 '먼' 사이도 있다. 물론 하는 듯 마는 듯 목례하는 '어정쩡한' 사이도 있다. 자기 동네를 벗어나 큰 거리에 나선 후 만나는 사람들은 거의가 모르는 사람들이다. 그런 사람들끼리는 서로 어깨가 닿는 경우에도 아는 체를 하지 않는다. 직장 앞에 도착해서야 다시 여기저기 아는 사람들이 눈에 띈다. 이웃보다는 '가깝고' 가족보다는 '먼' 그 사람들에게, 각각 합당하다고 생각되는 방식으로 인사를 건넨다. 당연히 퇴근길에는 이 과정이 반대로 진행된다.

집에서 직장으로 가는 길과 다시 직장에서 집으로 가는 길은 '아는' 사람 사이에 있다가 '모르는' 사람들 틈에 끼어들고 다시 '아는' 사람들 속으로 들어가는 과정이다. 집이나 직장 앞에 '다 와서야' 느끼는 안도감은 건물이 아니라 그 건물 안에 있는 사람들이 주는 것이다.

대중교통수단, 모르는 사람과의 거리 극단적으로 단축시키다

그런데 버스와 지하철 등 다중이 이용하는 대중교통수단은 집에서 직장 사이의 심리적 거리를 단축시키는 데 머물지 않고, 서로 모르는 사람들 사이의 물리적 거리마저 극단적으로 압축시킨다. 모르는 사람의 숨결이 목덜미에 닿고, 모르는 사람의 땀 냄새가 코를 찌르며, 모르는 사람과 몸을 부딪치는 일이 유쾌할 리 없다. 이런 악조건을 악용하는 성추행범들이야 그렇지 않을 수 있겠지만. 어쨌거나 이런 유쾌하지 못한 환경에도 인상을 찌푸려서는 안 되는 것이 현대 도시민의 기본 매너 중 하나다.

콩나물시루 같은 만원버스, 난폭운전, 무정차 통과 등 1980년대까지 시내버스의 고질적인 병폐로 언급되던 '현상'들을 거의 겪을 수 없을 정도로 버스의 운행 환경은 개선되있다. 게다가 버스진용차선도 만들어져서, 시내에서만 이동할 요량이라면 자가용 승용차보다 시내버스 쪽이 훨씬 빠르고 경제적이다. 그럼에도 사람들은 시내버스에 흔쾌히 마음을 열지 않는다. 시내버스나 지하철로 출퇴근하는 사람들은 자기가 하루에 소비할 수 있는 시간의 대략 5퍼센트에 해당하는 시간을 비좁은 공간에서 모르는 사람과 밀착한 채로 보낸다. 사람들이 대중교통수단을 기피하는 것은 시간과 비용만이 아니라 바로 이 '상황' 때문이기도 하다.

오늘날 자가용 승용차로 출퇴근하는 도시민들 대다수에게 승용차 안은 '혼자만의 시간'을 누릴 수 있는 사실상 유일한 공간이다. 자가용 승용차 이용은 현대 도시가 사람들에게 충분히 제공하지 못하는 '나만의 공간' 또는 '둘만의 오붓한 공간'에 대한 본능적 욕구가 표출되는 것인 지도 모른다.

四月 三十日

4월 30일 _ 의생醫生으로 격하된 한의사들, 서양의학 수강

양방과 한방이 공존하는 현실,
의료일원화의 해법 찾아야

의생醫生들, 서양의학 강습 받다

　　1917년 4월 30일 오전, 서울 종로경찰서에 한의사 170여 명이 모여들었다. 그들 중 다수는 한의사 하면 떠오르던 전형적 이미지 그대로, 갓 쓰고 도포 입은 수염이 허연 노인들이었다. 이들은 종로경찰서 관내에서 개업 중인 '의생醫生'들로서 이날부터 열흘 동안 '학생' 자격으로 일본인 경찰의警察醫 다카하시高橋에게 아주 기초적인 해부학, 생리학, 위생학 등을 배웠다. '학생'이라기엔 너무 나이가 많은 사람들이었지만, 게다가 이미 임상의사로서 상당한 경력을 쌓은 사람들이었지만, 일본인 경찰의는 그들을 어린 학생처럼 다뤘다. 밖에 나가면 '의사 선생님' 소리를 듣던 그들이었지만, 이런 처우에도 대놓고 불평하지 못했다. 그들은 강습 시간 내내, 자기들이 아는 의학이 미신에 가까운 '사이비의학'이거나 '하급의학'이라는 취지의 말을 참고 들어야 했다. 그들은 이 '하급의학'이 오직 '조선인'을 치료하는 데에만 쓸모가 있는 식민지 현실에 민족적 자괴감을 느꼈을 터이나, 당장 목구멍이 포도청이니 그런 감정은 속으로 삭일 수밖에 없었다.

서양식 병원의 등장

이 땅에 양의洋醫가 진료하는 서양식 병원이 첫선을 보인 것은 병자수호조규 이듬해인 1877년 2월 부산에서였다. 일본 해군이 운영한 제생의원은 일본 거류민뿐 아니라 인근 조선인도 진료했다. 지석영이 처음 종두법을 배운 것도 이 병원에서였다. 이후 일본인이 운영하는 서양식 병원은 개항장마다 하나씩 생겼다.

1885년 조선 정부는 미국공사관 부속의사이자 미국 북장로교 선교사였던 알렌Horace N. Allen을 진료 책임자로 하여 서울에 제중원을 개원했다. 그 뒤 스크랜튼William B. Scranton, 홀 부부William James Hall & Rosetta Sherwood Hall 등의 선교사들도 각지에 서양식 병원을 열었다. 일본이 한국을 강점하기 전까지 이 땅에는 정부가 직영하는 국립병원, 일본인들의 거류민 병원, 선교사들의 선교병원 등 상당수의 서양식 병원이 있었다.

더딘 양의 양성, '충성스럽고 무식한' 조선인 만들기의 일환

그러나 양의洋醫 양성은 아주 더뎠다. 1886년 전국 8도에서 2명씩 선발하여 실시한 제중원의 의학 교육은 아무런 성과를 거두지 못했다. 1899년에 가서야 국립 의학교가 정식으로 개교하여 의학 교육을 실시했고, 같은 해 에이비슨Oliver R. Avison도 제중원에서 한국인 조수들에게 의학을 가르치기 시작했지만, 대한제국이 망할 때까지 이 땅에서 교육받은 양의는 50명 남짓에 불과했다.

메이지유신 이후 '한의漢醫'를 도태시켰던 일본은 한국에 일본식 의료제도를 이식하려 하면서도 양의洋醫 양성에는 지나칠 정도로 소극적이었다. 그들은 한국인들에게 가급적 고등 교육을 베풀지 않으려 했다. 그들이 설정한 한국인 교육의 중심 목표는 '충량한 신민'을 양성하는 것이었다. 이때의 '충량忠良'은 '충성스럽고 착한'이라는 뜻보다는 '충성스럽고 무식한'이라는 뜻에 훨씬 더 가깝다. 그래서 식민지 조선에는 보통학교와 그보다 조금 나은 정도의 '보통교육'을 실시하는 고등보통학교만 만들었다. 전문교육기관으로는 '간이簡易간단하고 쉬울한 기술 교육'을 실시하는 강습소, 전습소들만 두었을 뿐이다.

법률과 의학, 조선인들이 배울 수 있었던 최고의 학문

다만 법률과 의학 두 분야에서는 '고급 기술인력'을 양성할 필요가 있다고 봤다. 이유는 두 가지였다. 하나는 대한제국 때 이미 법관양성소와 의학교가 최고급 학교로 설립되어 있었기 때문이다. 이미 상당수 졸업생을 배출한 상급 학교들을 폐쇄함으로써 굳이 '우민화'에 대한 반발을 자초할 필요까지는 없었다. 다른 하나는 일본인 지배자들이 조선의 관습과 문화에 익숙해지는 데에는 시간이 필요했기 때문이다. 한국인을 재판하고 치료하는 일은 아무래도 한국인들에게 맡기는 편이 나았다. 게다가 일본인 의사들은 대체로 조선인 환자들을 정상적인 사람으로 취급하지 않았다.

일제 강점기 내내, 법학과 의학은 조선인이 배울 수 있는 최고의 학문이었고, 법관과 의사는 조선인이 가질 수 있는 최고의 직업이었다. 물론 다른 나라들에서도 이런 직업들은 아주 좋은 전문직에 속한다. 다만 일제 강점기 조선인에게는 최고위 공직자나 경영인 등의 자리가 배정되지 않았기 때문에, 조선인들에게 법관과 의사라는 직업의 가치와 권위는 달리 비교할 대상을 찾을 수 없을 만큼 높았다. 의대와 법대_{법대}는 지금 사라졌지만가 성적이 가장 우수한 고등학교 졸업생들을 싹쓸이하는 입시 풍토도 따지고 보면 식민지 잔재의 혐의가 짙다.

조선인 '진출' 길 열어두되 넓히지는 않다

그런데 일본은 이들 분야에 한해 조선인이 '진출'할 길을 열어두면서도, 그 길을 넓히지는 않았다. 일제는 1899년에 대한제국 정부가 설립한 국립의학교를 1907년 대한의원 교육부로 개편했다가 한국 강점과 동시에 다시 조선총독부의원 부속 의학강습소로 개칭했다. 대한제국의 최고 학부가 '기타 교육기관'으로 격하된 것이다. 의학강습소는 1916년 '전문학교 관제'가 제정된 뒤 경성의학전문학교가 되었고, 일본의 대륙 침략을 지원하기 위한 의사 단체인 동인회가 평양과 대구에 세운 의학 교육기관들과 한국 내 기독교 선교의사들의 연합 병원이던 세브란스의학교도 뒤이어 전문학교가 되었다.

하지만 사실상 일제 강점기 내내, 한국인 양의洋醫 양성기관은 이것들경성, 평양, 대구의 관립 의학전문학교와 세브란스의학전문학교이 전부였다. 1926년 경성제

대한제국 시기의 한의원

1882년 혜민서 혁파를 계기로 국가에 의한 한의학 교육은 사실상 폐지되었다.
러일전쟁 이후 일본의 의료 개입이 본격화하자 한의학 교육기관으로 동제학교가 설립(1906)되었으나
오래 가지 못했다. 일제 강점기에 한의학은 사설 강습소를 통해 근근이 명맥을 유지하는 정도였다.
한의학 연구와 교육이 체계화한 것은 해방 이후였다.
* 출처: 조풍연 해설,《사진으로 보는 조선시대—생활과 풍속》, 서문당, 1986, 36쪽.

국대학 의학부가 생긴 것을 제외하면, 중일전쟁 이전까지 신설된 정규 의학교는 없었다. 1938년 사립 경성여자의학전문학교와 1944년 함흥과 광주에 각각 관립 의학전문학교가 생겼을 뿐이다.

한국인 양의들, '특권 집단'화하다

이런 형편에서 한국인 양의들에게는 엄청난 '희소가치'가 부여되었다. 이 희소가치는 당연히 한국인 양의洋醫들을 '특권 집단'으로 만들어주었다. 일본 제국이 발급한 의사 면허증의 특별한 권위는 총독부가 한국인 전체를 통제하는 데 유용했다. 총독부는 일본 제국이 부여하는 '특별한 자격'을 아무나 가질 수 있게 해서는 안 된다고 보았다. 특권은 평범한 사람들에게서 멀리 떨어져 있어야 더욱 빛나는 법이다.

하지만 이 특권 집단을 소수인 채로 고립시키는 것은 적절한 방법이 아니었다. 일본의 식민지 지배가 한국인들에게 '축복'이라는 자기주장을 입증하기 위해서는, 어쨌거나 식민지에 근대적 '문명시설'과 그 시설을 운영할 수 있는 사람들이 필요했다. 특권적 양의洋醫의 수를 늘리지 않으려는 의도와 양의洋醫의 기술, 즉 서양의학이 '표준의학'이라는 사실을 알리려는 의도 사이에는 분명 모순이 있었으나, 총독부는 나름의 절충안을 찾아냈다. 바로 식민지 조선 전역의 의료기관을 양의洋醫의 '실체實體'가 아니라 그들의 '그림자'로 덮는 방안이었다.

조선적 비문명의 상징이 된 전통의사들

총독부는 전통의사들에게 '하급 의사'의 자격을 인정하여 그들을 식민지 보건 의료 행정의 말단에 배치했다. 그들은 이렇게 함으로써 '양의'와 '전통의사'를 각각 문명과 비문명, 일본적인 것과 조선적인 것에 대입할 수 있으리라 판단했다. 그들이 보기에 이는 일본 문명의 우월성과 일본 통치의 정당성을 한국인들의 의식 속에 각인하기 위한 좋은 방법이었다.

1913년 조선총독부는 〈의생규칙〉을 제정하여 전통의사의 자격을 정했는데, 이때 전통의사들에게는 '의술을 지닌 선생'인지 '의학을 배우는 학생'인지 구분하기 어려운 '의생醫生'이라는 아주 애매한 이름을 붙였다. 뿐만 아니라 '의생'을 양성하기 위한 전통의학 교육기관은 따로 만들지 않았다. 의생이 되기 위해서는 의생에게 배우고 총독부에서 주관하는 간이簡易한 의생 시험에 합격하면 되었다. 게다가 시험에 합격해도 그저 의생일 뿐이었다. 종로경찰서에서 시행한 것과 같은 '의생 강습'은 각지 경찰서에서 수시로 열렸고, 그때마다 일대 의생들은 학생 자격으로 양의에게 배워야 했다. 의생은 한국인들에게는 '의원 영감님'이나 '의사 선생님'이었지만, 일본인들에게는 그저 '학생'일 뿐이었다.

현재의 이원적 의료체계, 불편할 뿐 아니라 위험하다

그러나 전통의학은 총독부의 홀대에도 불구하고 살아남았다. 물론 이를 전통의학이 특별히 우수했거나 전통의사들이 불굴의 의지로 어려운

일제 강점기 한의원

일제 강점기 조선총독부는 전통의사들을 식민지 보건 의료 행정의 말단에 배치했다.
양의의 감독 하에 놓인 전통의사는 일본 문명의 지도를 받는
'조선의 비문명'을 상징했다.

시기를 견뎌냈기 때문이라고만 해석할 일은 아니다. 전통의학을 살린 더 큰 힘은 사실 자기들은 전통의사들의 의술을 '의술'로 인정하지 않으면서도, 한국인들에게는 '의술'로 인정하라고 요구한 총독부의 이율배반적인 태도였다. 총독부의 태도는 자기들은 이미 쓰레기통에 버린 것을 조선인들 앞에 내어 놓고 '먹을 수 있는 것'이라고 기만한 것과 다를 바 없다. 하지만 총독부의 이런 차별은, 해방 이후 일제가 구축한 모든 가치관이 역전되는 상황에서 전통의학에 '민족의학'이라는 새 이름을 주었고, 한의사들로 하여금 새 이름에 걸맞은 지위를 요구할 수 있게 했다.

우리나라 의료에서 한방과 양방 사이의 갈등은 한 세기가 넘은 문제다. 이 갈등은 과학의 패러다임을 둘러싼 논쟁과 결부되어 있을 뿐 아니라, 전통과 현대, 민족주의와 세계주의, 옥시덴탈리즘과 오리엔탈리즘의 대립으로 표현되기도 한다. 그러나 두 의학 사이의 논쟁이나 의사들 사이의 '밥그릇 싸움'은 오히려 부차적인 문제다. 지금 한국의 환자들은 양방과 한방 중 어느 쪽을 택할지 먼저 스스로 결정해야 한다. 때로는 양방과 한방을 오가며 자신이 치료법을 '조합'한다. 그러다 환자의 병세가 악화할 경우 책임 소재를 둘러싸고 또 다른 논란이 벌어지곤 한다. 의학에 대해 아는 바 없는 환자 스스로 치료법을 선택하게 만드는 현재의 이원적 의료체계는 불편할 뿐 아니라 위험하다. 의료일원화 문제를 마냥 방치해둘 수 없는 소이所以다.

五月 四日

5월 4일 _ 첫선을 보인 전차

근대 문명의 이기利器
전차와 '근대병' 그리고
'주의사항'

전차, 서울에 첫선을 보이다

1899년 5월 4일 오후 3시, 칙임관勅任官황제가 직접 임명하는 고위
관료 이상의 귀빈들을 태운 특별 전차電車가 동대문 옆에 마련된 차고를
떠나 종로 쪽으로 움직이기 시작했다. 한성전기회사가 부설한 서울 전
차의 시운전 행사였다. 전차길 주변에는 남녀노소 구분 없이 서울 장안
사람들 거의 모두가 몰려나와 말이나 소가 끌지도 않는데 움직이는 이
거대한 수레를 구경하느라 이리 뛰고 저리 뛰었다. 사람들이 철길로 뛰
어들까 염려한 운전수는 일부러 아주 느리게 차를 몰았다. 순검들도 철
길 가까이에 접근하는 사람들을 밀어내느라 진땀을 흘렸다. 이것이 서
울에 노면전차가 모습을 드러내던 당시 종로 길가의 모습이었다.

서울에 전차가 개통되던 1899년에는 일본에도 교토에만 전차가 있었
다. 근대 문물의 도입 정도 면에서 보면, 당시 서울은 도쿄, 오사카 등
일본의 여러 도시들에 비해 분명 낙후한 상태에 있었다. 그럼에도 불구
하고 저들 도시보다 먼저 서울에 전차가 생긴 이유에 대해 후일 일본인
들은 어리석은 황제가 미국인 투기 자본가 콜브란Arthur H. Collbran의
꼬드김에 넘어가 별 필요도 없는 전차를 도입했다는 식으로 기록했다.
하지만 대한제국 시기의 사건들에 대한 일본인들의 기록이 대개 그렇

듯, 이 기록 역시 무척이나 악의적이다.

어떤 식으로든 권력이 교체되면, 새 권력은 이전 권력의 소행을 전부 '나쁜 짓'이나 '별 볼 일 없는 것'으로 폄훼하기 마련이다. 새 권력은 자기가 얼마나 잘할 수 있으며 잘하고 있는가보다는 이전 권력이 얼마나 무능했으며 잘못했는가를 보여주는 것이 대중에게는 훨씬 더 효과적이라는 사실을 경험으로 안다. 현재와 미래보다는 과거가 훨씬 조작하기 쉬운 대상이기 때문이다. 그렇기에 이전 권력에 대한 새 권력의 평가를 곧이곧대로 믿는 것은 바보짓에 가깝다. 조선 왕조 개국 직후에 편찬된 《고려사》나 《고려사절요》가 구舊왕조에 대한 '악의惡意'를 담았던 것처럼, 일본인들의 대한제국 시기 역사 기록들에도 '악의'가 담겨 있다. 물론 권력의 이런 행태는 민주공화국 시대인 지금에도 되풀이되고 있다. 자기 정통성과 무관한 또는 그와 배치되는 이전 권력의 공과功過를 '있는 그대로' 평가하는 권력이란 없다. 남의 업적에 먹칠을 해서 자기 무능을 은폐하는 행태는 사실 권력자들만 쓰는 수법도 아니다. 보통 사람 중에도 그렇게 사는 사람 많다.

극장도시로 개조된 서울

서울 전차 궤도 부설과 운행을 전담한 한성전기회사는 애초 콜브란이 아니라 고종의 회사로 설립되었다. 이 회사는 전차 운행과 직결된 사업뿐 아니라 전등, 전화, 수도, 은행 등 서울을 '근대 도시'로 개조하는 데 필요한 다른 사업 대부분에 대한 독점권도 확보했다. 은행 사업이 왜

'도시 개조'에 필요한 사업인지 의아해할 독자들을 위해 조금 부연하자면, 도시 개조현대 용어로 도시 개발 비용을 조달하고 토지 가옥 수용비나 보상비를 지불하기 위해서는 그 업무를 전담하는 은행이 있어야 했다. 고종은 이 회사를 수족手足으로 삼아 서울을 자기 생각대로, 자기가 주연인 연극을 상연하는 '극장도시'*로 뜯어고칠 생각이었다.

모든 도시가 본래 권력의 실존實存을 증거하고, 그 권력의 위엄을 드러내는 '극장'의 성격을 가지고 있기는 하다. 하지만 신분으로 갈라지고 직역職域으로 분리되어 있던 대중을 하나의 '국민'으로 통합하고, 통합된 국민을 '전제적'으로 지배하기 위한 절대 권력을 추구하던 시대에는 극장적 성격이 한층 강해졌다. 유럽 절대주의 시대의 군주들이 자기 도시들에서 그랬던 것처럼, 고종도 서울을 자신이 주연인 연극 무대로 개조하기 위해 여러 건물들과 상징물들을 장식품이나 소품으로 이용했다. 그에게 전등, 전화, 전차, 상수도 등은 서울이라는 무대가 '전통극'이 상연되는 옛날의 무대가 아니라 '근대극'이 상연되는 새로운 무대임을 입증하기 위해 필요한 소품들이었다.

요컨대 한성전기회사가 독점한 사업들은 서울이라는 '역사의 무대'를 바꾸기 위한 사업이었다. 고종과 대한제국의 권력 실세들은 이렇게 바뀐 무대에서 새로운 연극을 상연함으로써 신민臣民들에게 '근대'를 체험시키고 대한제국에 대한 외국인들의 '인상'을 바꾸려 했다. 그런데 이 의도는 반은 성공했으나 반은 실패했다.

* 클리포드 기어츠Clifford Geertz는 통치기구나 행정체계가 아니라 '극적 표현'에 의해 만들어지는 국가를 '극장국가'라 했지만, 여기에서는 신민臣民들에게 군주의 권위와 존엄성을 상시적常時的으로 인지시키기 위해 무대처럼 '꾸며진' 도시라는 개념으로 썼다.

전차, 장안의 명물에서 가뭄의 주범으로

일반 시민을 대상으로 전차 영업이 개시된 것은 전차 개통식이 있고 나서 보름쯤 지난 뒤인 5월 20일이었다. 이날 이후 전차는 남대문과 대궐을 제치고 장안의 제일가는 명물로 떠올랐다. 외국인들도 '고요한 아침의 나라' 수도에 '첨단의 교통수단'이 달리는 것을 보고 놀라움을 금치 못했다. 전차는 대한제국이 '근대국가'이며, 서울이 '근대도시'라는 증거 자료가 되었다. 하지만 관객들이 바뀐 무대 장치와 주연배우의 복식에 무조건 찬탄을 늘어놓으리라는 보장은 없었다. 아직 '전통시대'에 머물던 관객들은 '근대적인 것'들에 대해 자기 기준으로 평가했다. 그 시절 사람들에게는 '새것이 무조건 좋은 것'이라는 생각이 오히려 낯설었다. 그들은 새것이나 낯선 것은 위험한 것, 경계해야 할 것, 길들여야 하는 것이라는 생각에 익숙한 사람들이었다.

전차가 개통하던 무렵에는 공교롭게도 날씨가 무척 가물었다. 집안에 무슨 변고라도 생기면 새로 들어온 며느리를 탓하거나 하다못해 장롱이나 곡괭이까지 원망하던 사람들이, 이 가뭄을 전차와 연관 지은 것은 아주 당연한 일이었다. 전차가 공중의 물기를 다 태워버려 날이 가물다는 소문이 걷잡을 수 없이 퍼져나갔다. 그렇게 전차에 대한 일반의 의구심과 적개심이 깊어가던 때 사고가 터졌다.

동대문 전차 차고에서 출발하는 전차

1899년 5월 20일, 일반 시민을 대상으로 전차 영업이 개시되었다.
이날 이후 전차는 남대문과 대궐을 제치고 장안의 제일가는 명물로 떠올랐다.
하지만 사람들은 낯선 것에 대한 경계심을 풀지 않았다.
전차가 공중의 물기를 다 태워버려 날이 가물다는 소문이 걷잡을 수 없이 퍼져나가기도 했다.
* 출처: 조풍연 해설, 《사진으로 보는 조선시대(속)―생활과 풍속》, 서문당, 1987, 71쪽.

전차 소타燒打 사건

전차가 영업을 개시한 지 6일 뒤, 예닐곱 살 먹은 사내아이가 철로 위에서 아장거리며 놀다가 전차에 치어 목숨을 잃었다. 당시 전차의 속도는 결코 빠르지 않았지만, 전차에 대해 아무런 경계심도 갖지 않은 아이를 발견하자마자 바로 멈춰 설 수 있을 만큼 느리지도 않았다. 자기 아들이 전차에 치어 죽었다는 소식을 듣고 '눈이 뒤집힌' 아이 아버지는 도끼를 들고 달려가 객차를 찍어댔다. 평소 전차에 대해 이런저런 의구심을 품었던 주변 사람들도, 이참에 이 '도깨비'를 죽여버려야 한다며 달려들어 두들겨 팼다. 그래도 전차가 별 손상을 입지 않자 결국에는 불을 질러버렸다. 일본인들은 이 사건에 '전차 소타燒打 사건'이라는 이름을 붙였다. 순우리말로 바꾸면 '전차를 태우고 때린 사건'이 된다. 전차를 태운 것이야 납득할 수 있는 일이지만, '때렸다'는 대목에서는 아무래도 쓴웃음을 머금을 수밖에 없다. 일본인들은 이 작명作名에 비웃음을 담았지만, 군중은 어린아이를 치어 죽인 전차를 성공적으로 파괴한 뒤 다시 전차를 다 없앨 작정으로 동대문 전차 차고에 몰려갔다. 서울의 순검들이 총출동해서야 겨우 이들을 해산시킬 수 있었다.

다음날 각 신문에 한성전기회사의 광고가 실렸다. 그런데 이 광고는 전날의 사고에 대해 사과하고 시민에게 주의를 부탁하는 내용이 아니었다. '전차 소타 사건'에도 불구하고, 그리고 죽은 아이 아버지나 친척들이 보기에는 참으로 뻔뻔하게도, '단체 유람 특별열차'를 운행한다는 광고였다. 문안도 요즘 기준으로는 지나치게 오만방자했다.

군중이 도끼로 찍고 불태워 파괴한 전차의 잔해를 지켜보는
콜브란 상사의 직원들

5월 4일 '신문명의 이기'에 환호한 군중과
5월 26일 '살인기계'를 파괴한 군중은 같은 사람들이었다.
짧은 시차를 두고 같은 기계에 대해 같은 사람들이 전혀 다른 반응을 보인 사례이지만,
이를 '군중이 어리석은 탓'으로만 돌릴 수는 없다.
* 출처: 최인진, 《한국사진사 1631~1945》, 눈빛, 1999, 133쪽.

상오 8시 정각에서 하오 5시 정각까지. 한 차에 20인 이내면 지폐나 은화 12원이요, 20인 이상이면 1인당 60전씩 더 징수하되 시한이 지나면 1시간당 5원을 더 징수함 …… 특별열차를 타고 유람하려는 사람은 그 며칠 전까지 전기회사에 반드시 고지告知해야 함.

정부 사업일수록 '주의사항'에 유의해야

그 시절 전차는 '근대 문물의 총아寵兒'로서 가장 대표적이고 상징적인 '문명의 이기利器'였다. 알다시피 '이利'는 '편리하다'와 '날카롭다'는 뜻을 다 가진 글자다. 기계 문명은 편익과 위험을 함께 증대시켰으나, 사람들은 '사고는 순간이고 편익은 무궁하다'는 자세로 이를 받아들였다. 그 때문에 근대인들에게는 '기계의 위협'이 새롭고도 심각한 위험 요소로 부각되었다. 수많은 '문명의 이기'들에 둘러싸여 살면서 언제나 '신경과민' 상태에 있는 것이 근대인이자 현대인이다. 예컨대 자동차는 사람들이 자기 내면을 들여다보면서 차분히 걸을 수 있는 기회를 원천적으로 박탈해버렸다. 현대 도시의 도로는 '정신 놓고' 걸어서는 안 되는 공간이다.

실제로 신문물이 쏟아져 들어와 중세적 '안정성'과 '지속성'이 깨지던 일제 강점기에는 '신경쇠약'이나 '신경과민'을 '근대병'이라고도 불렀다. 이 근대병을 줄이기 위해 고안된 것이 바로 사용 시 '주의사항'이다. 오늘날 거의 모든 기업 생산품들의 제품 상자나 포장지 한구석에는 '주의사항'이 적혀 있다. 편익에 수반하는 위험을 알리는 것은 이제 보편적 의무다. 그럼에도 오늘날 한국 정부는 국민에게 '주의사항'들을 알리지도 않은 채 4대강 공사나 원전 공사, 경인운하 공사 같은 일들을 마구 추진한다. 황제가 지배하는 국가가 아닌 다음에야, 정부 사업일수록 그 부작용과 위험성을 국민에게 충분히 알린 뒤 동의하는 사람이 많을 때 추진하는 것이 옳다.

五月 十四日

5월 14일 _ 이 땅에서 교육받은 최초의 양의 탄생

근대화의 역사,
배움에도 노력이 필요하다는 점을
잊어서는 안 된다

대한제국 의학교 졸업시험

1902년 5월 14일, 대한제국 의학교 3학년 학생들이 긴장한 모습으로 졸업 시험지를 마주하고 앉았다. 시험 결과 19명이 급제했으며, 이들 중 5명은 우등으로 선정되었다. 1899년 10월 1일 의학교 개교 당시 입학생은 53명이었으나 중도에 34명이 이런저런 이유로 자퇴한 탓에 이들만이 졸업증서를 받고 이 땅에서 교육받은 최초의 양의洋醫가 되었다. 졸업생들은 한동안 의학교 교관이나 정부 각 관서의 의관醫官으로 있다가 러시아와 일본 사이에 전운戰雲이 짙어가자 대거 군의軍醫로 발령받았다.

의학교의 교육연한은 3년이었으며 학비는 물론 학용품비도 나라에서 부담했다. 대한제국 정부의 재정 형편은 황실에서 돈을 꾸어 관리들 월급을 지급해야 할 정도로 최악이었으나, 나라를 위해 필요한 인재를 키우는 데 들어가는 비용은 나라에서 부담한다는 원칙만은 어떻게든 지켰다. 인재를 나라의 '동량棟樑'이라고 부르는 것은 그들이 나라를 떠받치는 '기둥'이기 때문이다. 기둥 값은 건물 소유자가 내는 것이 옳다. 자기 집을 짓기 위해 나무를 깎고 다듬으면서 그 비용을 통나무더러 내라고 할 수는 없는 일 아닌가? 군주가 나라를 유지하기 위해 인재를 키우는 원칙도 그래야 한다는 것이 이른바 왕도정치王道政治의 교육에 대한 태도였다. 그런 원칙에서 보자면 오늘날 '취업사관학교'로 전락한 대학들의 학비는, 전액까지는 아니더라도, 기업들이 부담하는 게 옳을 것이다.

이야기가 잠시 옆으로 샜지만, 당시의 학제學制에서는 의학교와 법관 양성소가 최고 수준의 학교였다. 의학을 천시했던 오랜 관행에 비춰본다면 의학교에 최고학부의 지위를 부여한 것은 놀랄 만한 일이었다. 더구나 정부는 교육연한을 더 늘릴 계획이었다. 의학교 규칙 제3조는 "수업연한 3개년은 속성과니 …… 국내 의술이 발달한 후에는 연한을 고쳐 심오한 학문을 교수함"이라 규정했다.

제중원 의학당, 서양의학 교육 시작했으나 성과 없어

조선에서 서양의학 교육이 시작된 것은 이보다 10여 년 전인 1886년이었다. 1885년 미국인 의사 알렌을 의료 책임자로 하여 서양식 병원인 제중원을 설립한 조선 정부는 이듬해 이 병원에 의학당醫學堂을 부설하고 전국 8도에서 각각 2명씩 총 16명의 총준聰俊한 자제수재라는 뜻이다들을 선발하여 입학시켰다. 앨런, 스크랜튼, 언더우드 등 미국인 선교사들이 이 학당에서 학생들에게 영어와 기초 의학을 가르쳤는데, TV드라마 〈제중원〉(2010)에서 보여준 허구와 달리 이 의학당의 의학 교육은 아무런 성과를 내지 못했다. 교사들의 수준이 딸렸고, 학생들도 배우려는 열의가 없었다.

THE KWANG HEI WON—"House of Extended Grace."

Originally the residence of HONG YUNG SIK, it was here that Dr. Allen opened the Royal Korean Hospital in 1885. This picture was taken in 1934. The building is now used as a dormitory by the Higher Common School for Korean Girls.

제중원

조선 정부는 1885년 미국인 의사 알렌을 의료 책임자로 하여 서양식 병원인 제중원을 설립했다. 그리고 이듬해 이 병원에 의학당을 부설하고 전국 8도에서 각각 2명씩 총 16명의 수재들을 선발하여 입학시켰다. 그러나 교사들의 수준도 딸리고, 학생들도 배우려는 열의가 없어 이 의학당의 의학 교육은 아무런 성과를 내지 못했다. 사진은 *Korea Mission Field* 1934년 8월호에 실린 옛 제중원의 모습. "현재 조선 소녀들을 위한 고등보통학교(경기여자고등보통학교)의 기숙사 건물로 쓰고 있다"라는 설명이 붙었다.

마이애미 의과대학플로리다의 마이애미가 아니다에서 겨우 2년간 의학을 공부한 풋내기 의사 알렌은 갑신정변 때 칼에 맞은 민영익을 용케 살려냈지만, 아직 누구를 가르칠 정도는 아니었다. 게다가 의학당 책임을 맡았을 당시의 그는 한국말도 거의 못했다. 학생들은 영어를 배우는 데 대부분의 수업시간을 할애했고, 제중원 의사가 환자를 치료할 때 조수 노릇 하는 것으로 의학 수업을 대신했다. 의학을 '잡학雜學'으로 여기던 풍토에서 '수재'들이 이런 교육에 만족할 수는 없었을 것이다. 그보다도, 학생들의 마음 깊은 곳에는 분명한 불안감이 있었다. '서양 귀신'을 믿는다는 이유로 남녀노소를 가리지 않고 8천여 명이 처형당한 것이 불과 20년 전 일이었다. '서양 귀신'에게 '서양 학문'을 배웠다가 자칫 시세가 일변하면 출세하기는커녕 일가가 멸문지화를 입을지도 모른다는 두려움이 학생들에게서 열의를 빼앗았던 듯하다. 게다가 제중원의 미국인 의사들끼리도 서로 마음이 맞지 않았고, 제중원 의사들의 '신묘한 의술'에 대한 대중의 기대도 금세 가라앉았다. 조선 국왕과 정부도 이윽고 제중원에 대한 관심을 접었다. 이런 이유로 제중원 의학당 '학도'들은 한동안 건성건성 배우다가 하나둘 눈치껏 떠났다.

서양식 국립 의학교 설립

조선 정부가 서양식 의학교를 설립하려는 계획을 다시 세운 것은 1894년 갑오개혁 때였다. 많은 분야에서 일본의 신식 제도를 벤치마킹했던 개화파 관료들은 보건의료 분야에서도 양방으로 일원화한 일본식 제도를 본받으려 했다. 그들은 1895년 예산에 의학교 설립 비용을 계상해 두었으나 을미사변과 아관파천으로 이어진 정치적 격변 속에서 일단 유야무야되고 말았다. 고종이 러시아공사관에 머무는 동안 독립협회가 다시 서양의학 교육기관을 세우자는 주장을 내놓았다. 당장 독립협회에 큰 영향력을 행사하던 서재필이 미국에서 의학을 배운 사람이었다. 이윽고 1899년 정부는 일본인 양의로부터 종두법을 처음 배웠던 지석영에게 의학교 설립 청원서를 내게 하고, 그를 교장으로 삼아 의학교를 출범시켰다. 처음에는 '구본신참舊本新參'이라는 대한제국의 강령에 맞춰 서양의학과 한의학을 함께 가르치는 '동서절충'의 의학교로 만들 구상이었으나 결국 서양의학만을 가르치는 학교로 낙착되었다.

당시 서울에는 미국, 영국, 오스트레일리아, 캐나다 등지에서 온 서양인 의사들이 있었지만, 의학교는 서울에서 개업 중이던 일본인 의사 후루시로 바이케이古城梅溪를 교사로 초빙했다. 그가 '실력 부족'으로 학생들에게 배척당해 쫓겨나자 다시 일본 해군 군의였던 고다케 부지小竹武次를 새 교사로 데려왔다. 한국에 대한 일본의 야심을 익히 알면서도 일본인을 교사로 쓴 것은 아무래도 영어가 부담스러웠기 때문인 듯하다. 서양인 의사를 교사로 쓰면 당장 영어 병명病名과 약명藥名을 가르치는 데만도 엄청난 시간이 소요될 수밖에 없었다. 당시 일본은 이미 거의 모든 의학용어를 한자로 번역해둔 상태였기 때문에 일본인 의사에게 배우는 것이 시간과 노력을 아끼는 길이었다.

근대화 과정, 우리 자신의 노력도 살펴야

의학교 개교 후 1년 동안은 일본인 교사 혼자서 학생들을 가르쳤으나, 1900년 4월에는 일본 지게이慈惠의원 의학교를 졸업한 김익남이 교관으로 합류했다. 한국인으로 처음 서양의학을 배운 사람은 서재필이지만, 의사 자격으로 국내에서 활동한 첫 번째 양의洋醫는 바로 이 사람, 김익남이다. 1902년 8월에는 재학생의 임상 실습을 위해 부속병원도 개원했다.

1907년 군대 해산 이후 군의로 있던 졸업생들은 대개 개업의가 되었으며, 1910년 통감부 간섭 하의 정부로부터 별도의 시험 없이 의술개업인허장을 받았다. 이들은 비록 적은 수였지만 한국 사회에 서양 근대의학을 정착시키고 확산시킨 주역이었다. 오늘날 서울대학교 의과대학은 이 의학교를 자기 역사의 출발점으로 삼는다.

근대문물이 서양에서 발원한 이상 그 전래자는 외국인일 수밖에 없었다. 그러나 이를 도입하여 정착시키려 한 우리 자신의 노력을 경시輕視하면, 우리나라 근대화 과정 전체가 외세와 외국인들에 의해서만 진행된 것처럼 되어버린다. 어려운 여건에서나마 서양의학을 수용해 보건의료 체계를 개혁하려 했던 조선과 대한제국의 노력에 대해서는 까맣게 모르면서, 그저 미국인 의사 알렌만을 신격화하는 의료계 일각의 청맹과니 같은 태도도, 일본의 식민 통치가 한국을 근대화해주었다는 일본 정치인들의 '망언'이 수시로 거듭되는 중에 그에 동조하는 한국인이 늘어나는 것도, 모두 자기 역사에 대한 지식과 자존감自尊感이 부족하기 때문이다.

의학교 교관 김익남(왼쪽)과 제1회 우등 졸업생 김교준의 군의軍醫 시절

우사尤史 김규식의 당숙인 김익남은 대한제국 2등 군의장으로 있다가 만주로 망명했다.
대종교 2세 교주 김교헌의 동생으로 1962년 제5대 총전교가 된 김교준 역시
대한제국 3등 군의장까지 올랐다가 만주로 망명했다.
* 출처: 황상익, 《근대 의료의 풍경》, 푸른역사, 2013, 544쪽.

五月 十九日

5월 19일 _ 도둑질 겸하던 깍쟁이패 체포

놀고먹으려는 욕망이
죄의 사슬에서 풀려난 시대,
깍쟁이란 말도
원뜻에서 풀려나다

깍쟁이의 원뜻은 '거지'

일정한 주소가 없이 사방으로 떠돌아다니는 윤태순(30세 된 자) 등은 경성 남대문 안 수각다리현 남대문로 4가 1번지에 있던 다리 아래에 소굴을 정하고 부하들과 한데 모여 살면서 …… 낮에 빌어먹으러 돌아다니다가 남의 집 모양과 사람이 있고 없는 것을 자세히 보아 두었다가 밤에 가만히 들어가 마음대로 무슨 물건이든지 훔쳐오는 터이라. 어떤 날 단장이 부하들을 모아놓고 "너희들의 하는 일은 항상 좀도둑에 지나지 못하여 값나가는 물건은 하나도 집어오지 못하니 이래서야 단체를 발전시킬 수 없은즉, 단원 일동은 힘써 크게 협동하여 하루라도 일찍 다리 밑 굴을 떠나 큰 도둑의 소굴을 만들 수 있도록 해야 한다"고 일장 연설한 뒤 왜못 한 개를 가지고 어디든지 능히 들어가는 비밀한 술법을 단원 일동에게 가르쳐주고 …… 단원은 각각 성중으로 돌아다니며 여러 가지를 훔치고 더욱 크게 활동을 시작하다가 불행히 체포되어 …… 방금 취조중이라더라《매일신보》 1914년 5월 19일자 〈걸식단장 乞食團長의 전령傳令〉 중).

'양키Yankee'는 오늘날 전 세계에서 미국인에 대한 일반적 비칭으로 쓰이는 단어다. 이 말은 자기들이 건설한 뉴암스테르담현재의 뉴욕을 영국에 빼앗긴 네덜란드인들이 그 지역 영국인들을 '죤John'의 네덜란드 발음인 '얀'으로 부른 데서 생겨났다고 한다. 이후 남북전쟁 때 남군이 북군을 비하하는 용어로 쓰면서 일종의 '욕설'로 정착했다. 하지만 그래도 뉴욕 양키즈 팬들에게는 양키라는 말이 나쁘게만 들리지는 않을 것이다.

서울 사람들에게도 '서울 깍쟁이'라는 비슷한 비칭이 있다. 국어사전은 깍쟁이를 '이기적이고 인색한 사람', '얄미울 정도로 약빠른 사람'으로 설명하지만, 원뜻은 '거지'다. 남에게 빌어먹는 '행위'는 분명 까마득한 옛날에도 있었을 것이나, 그런 행위를 '직업'으로 삼는 자들이 대량으로 생겨나고 그들이 집단을 이뤄 생활하는 현상이 나타난 것은 그리 오래전 일이 아니다. 동서東西를 막론하고 고대부터 중세까지는 이른바 '재산'을 구성하는 기본 요소가 토지와 인신人身이었다. 고조선의 〈팔조법금八條法禁〉에도 "남의 물건을 훔친 자는 데려다 노비로 삼으며, 속죄하고자 하는 자는 50만 전錢을 내야 한다"는 조항이 있었다. 노동력을 지닌 사람은 그 자체로 재산이었으며, 남의 재산이 된 사람이 노비였고, 그 재산의 가치는 50만 전에 해당한다는 뜻이다. 조선시대에도 남의 노비가 된 사람은 신공身貢이라는 이름으로 자기 노동의 결과물을 주인에게 바쳐야 했다. 평민들이 군 복무, 길 닦기, 성 쌓기 등에 동원된 것도 모든 백성은 왕의 노예라는 오래된 관념의 소산이었다. 노동력이 재산이던 시대에 그 노동력을 사용하지 않고 버려두는 것은 낭비였다. 중세적 관점에서도 그리고 근대 청교도적 관점에서도, 낭비는 죄였다.

노동력 낭비가 허용되기 위한 조건

노동력 낭비가 허용될 뿐 아니라 한 사회에 상존常存하는 현상, 왕도 막을 수 없는 현상으로 인지되기 위해서는 몇 가지 전제가 필요했다. 첫째는 다른 사람의 몸을 직접 지배하는 것보다 토지를 매개로 해서 지배하는 것이 더 효율적이라는 생각이 일반화해야 했다. 이는 이른바 '근로의욕'이라는 것이 노동력과 뗄 수 없는 관계에 있다는 사실을 노예 소유자들이 깨닫는 것을 의미한다. 인간의 '자발성'이 노동 생산성이 미치는 영향을 '발견'한 것은 그 자체로 인류 역사의 커다란 진보였다. 유럽에서 노예제도가 사라지고 그 대신 농노제도가 정착한 것이 이 변화 과정의 산물이다. 우리나라에서도 삼국시대 이래 개인의 자율성과 창의성이 허용되지 않는 순수한 노예 노동은 계속 줄어들었다.

둘째는 토지와 인신人身이 결합된 상태에서 양자 사이의 '정합적' 관계에 균열이 생겨야 했다. 말이 좀 어렵지만, 노동 생산성이 높아지면 토지가 수용할 수 있는 노동력은 그만큼 줄어들기 마련이다. 이런 와중에 인구마저 늘어나면 토지는 '잉여 노동력'을 발생시킬 수밖에 없다. 토지에 수용되지 못하는 농민, 일할 의욕은 있으나 일할 대상이 없는 농민이 생기는 것이다. 이들은 어쩔 수 없이 가족이든 마을이든 사회든, 공동체가 필요로 하지 않는 '잉여 노동력'이 된다. 이런 상황이 장기화할 때 직업적 거지가 생기는 것이다. 이는 멀리 돌아볼 것까지도 없이 당장 IMF 구제금융 사태 이후 한국 사회에서 '상시적 노숙자'가 발생하는 과정을 보면 쉽게 알 수 있다.

직업적 '깍쟁이', 조직화하다

우리나라에서 직업적 '깍쟁이'가 대량으로 발생하여 집단화·조직화한 것은 농촌 과잉 인구, 즉 잉여 노동력이 급증한 18세기쯤이었다. 현대의 한국 노숙자들에게 가장 좋은 잠자리가 지하철 역사驛舍인 것처럼, 조선시대 깍쟁이들에게도 가장 좋은 거처는 다리 밑이었다. 다리 밑에서는 남의 집 처마 밑에서 웅크리고 자다가 개숫물 뒤집어쓰는 봉변을 당할 일도 없었고, 비나 눈이 와도 그럭저럭 피할 수 있었다. 게다가 여름에는 시원하고 겨울에는 따뜻했다. 서울 개천에는 여러 개의 다리가 있었으니, 그곳은 오랫동안 거지들의 소굴이었다. 앞에 제시한 〈걸식단장乞食團長의 전령傳令〉에 등장하는 '수각다리 밑' 역시 그런 거지 소굴 중의 하나였다. 예전에는 어린아이들이 순진한 얼굴로 "나 어떻게 생겨났어?"라고 물으면 사실대로 말하는 데 곤란을 느낀 부모들이 "다리 밑에서 주워왔어"라 대답하곤 했는데, 여기서 말하는 다리 밑이 바로 개천 다리 밑이다. 거지 아이 주워왔다는 뜻이다.

조선 후기부터 해방 후 청계천이 복개될 때까지는 개천 다리마다 거지 소굴이 하나씩 있었고, 그 소굴이 거지 조직의 단위였다. 조선 후기에는 개별 거지 조직과 그 조직의 우두머리를 통칭하여 '꼭지'라 불렀다. 예컨대 광교 꼭지라는 말은 광교 밑에 있는 거지 조직이라는 뜻이기도 하고, 그 조직의 우두머리라는 뜻이기도 하다. 각 꼭지의 꼭지들이 모여 꼭지 중의 꼭지, 즉 총두목을 뽑았으니, 그를 꼭지딴이라 했다. 일제 강점기에는 이 말이 '왕초'로 바뀌었는데, 유명한 거지왕 김춘삼이 바로 서울의 꼭지딴이자 왕초였다.

일제 강점기 개천 축대 밑 아이들의 모습

개천 축대 밑에서 국수를 먹는 지게꾼을 넝마 망태를 걸머진 어린아이가 쳐다보고 있다.
조선시대 개천의 다리 밑은 거지들의 소굴이었고, 그래서 '다리 밑에서 주워왔다'는 말이 생겼다.
청계천이 복개되기 전에는
광교, 수표교 등의 교각에 '살모사', '구렁이' 등의 글자가 많이 남아 있었는데,
이 역시 거지들이 '땅꾼'이기도 했기 때문이다.
* 출처: 이돈수·이순우, 《꼬레아 꼬레아니—100년 전 서울 주재
이탈리아 외교관 카를로 로제티의 대한제국 견문기》, 하늘재, 2009, 238쪽.

처음 꼭지딴이 어디에서 선출되었는지는 알 수 없으나, 영조 대에 개천을 대대적으로 준설한 뒤로는 동대문 옆, 지금 평화시장과 방산시장 일대에 펼쳐 있던 가산假山에 서울 거지들의 총본부가 있었다. 개천을 준설하면서 퍼낸 토사를 처리할 마땅한 방도가 없자 동대문 양 옆에 쌓아 놓고 그를 가짜 산이라는 뜻의 가산假山 또는 사람이 만든 산이라는 뜻의 조산造山이라 불렀는데, 이 가산은 다리 밑을 차지하지 못한 거지들에게 아주 좋은 '소굴'이 되었다. 다리 밑이 포화상태에 이른 것은 당연히 그만큼 거지들이 늘어났기 때문이다.

'땅거지'에서 뱀잡이 '땅꾼'으로

사람들이 그 유래를 알지 못하고 흔히 쓰는 말로 '땅거지'가 있는데, 이 땅거지가 바로 가산에 들어가 땅굴을 파고 산 거지들이다. 보통은 남만 못한 사람을 '하급'으로 치지만, 거지는 오히려 '상거지'라 한다. 그러니 땅거지는 상거지와 같은 뜻이다. 그런데 거지를 대놓고 거지라 부르기도 좀 민망한 경우가 있어서, 땅거지를 면전에서는 땅꾼이라고 불러주기도 했다. 지게꾼, 장사꾼, 나무꾼 할 때의 그 '군軍'자를 붙여준 것이다. 사실 거지들은 때때로 공역公役이 있을 양이면, 삯 받고 일하는 '일꾼'으로 변신하기도 했다. 이 땅꾼들이 아무런 생업 없이 모여 사는 것을 불쌍히 여겼든지 아니면 그들이 무슨 불측한 마음이라도 품을까 걱정했든지, 영조는 이들에게 성 밖에서 뱀을 잡아와 파는 '독점권'을 주었다. 그 뒤로 땅꾼은 뱀잡이나 뱀장수를 뜻하는 말로 바뀌었다. 청계

〈준천시사열무도濬川試射閱武圖〉(1760)

영조의 청계천 준설공사 완공을 기념하는 행사를 기록한 4첩 그림.
영조는 홍수피해 방지와 하천 정비를 목적으로 청계천 준설공사를 실시, 1760년에 완공했다.
다리 밑을 차지하지 못한 '거지'들은 이때 준설된 토사를 쌓아둔 가산에 총본부를 두고 활동했다.

천이 복개되기 전 청계천변 곳곳에는 살모사, 구렁이, 두더지 등의 '보양식품'을 파는 집들이 늘어서 있었는데, 이 '보양식품 전문상가'의 역사가 영조 대에 시작된 셈이다.

하지만 모든 땅꾼이 뱀잡이를 하지는 않았다. 서울에서 오래 산 노인들의 이야기를 들어보면, 뱀잡이 땅꾼은 손만 보고도 금세 알 수 있었다고 한다. 독사에 물리는 일이 잦았고 산 속에서 변변한 치료약을 구할 수도 없었던 터라 그들은 독사를 잡다 손가락을 물리면 그 손가락을 바로 잘라냈다. 손가락, 특히 엄지손가락이 없는 것이 뱀잡이 땅꾼들의 직업 표지였다. 그렇게 위험한 일이었기 때문에 뱀잡이는 아무리 '독점권'을 얻었다 해도 쉽사리 나설 일이 아니었다.

'불로소득'에 대한 인식이 바뀌니 깍쟁이라는 말의 뜻도 변하다

거지는 되기가 어려워서 그렇지 일단 되기만 하면 안 바꾸는 대표 직업의 하나였다. 이는 지금도 매한가지다. 정부와 지방자치단체들이 노숙인에게 직업을 주기 위해 여러 가지로 노력하고 있지만, 그런 일자리를 거부하는 노숙인들이 훨씬 많다. 어차피 큰 소득을 얻기 어려운 직업일 바에야, 자고 싶을 때 자고 쉬고 싶을 때 쉬는물론 주로 쉬지만 '일자리'를 지키는 편이 낫다고 생각하는 사람을 탓할 수만은 없다.

'불로소득'은 '일확천금'과 더불어 유사 이래 인류의 보편적 욕망이었다. '놀고먹는 것'은 그 실상이 어떻든 판타스틱한 일이다. 근대 사회는 이 욕망을 '죄'로 규정하고 거지를 '불로소득자'의 대표 격으로 내세웠지만, 그에 따르는 '벌'은 미미했다. 더구나 오늘날 이런 욕망들에 씌워졌던 '죄의 굴레'는 완전히 벗겨졌다. '깍쟁이'란 말이 더 이상 욕으로 들리지 않게 된 것도, 심지어 어느 정도 '칭찬'의 의미가 내포된 말로 쓰이는 것도, 다 이런 세태 때문일 것이다.

五月 二十七日

5월 27일 _ 여자 경찰 채용 시험 시행

경찰에 대한 불신,
'이미지 쇄신'만으로는
해소되지 않을 것

여자 경찰 채용 시험 시행되다

1946년 5월 27일, 군정청 운수부 소속 운수경찰청은 이 땅에서 처음으로 여자 경찰철도경찰 채용 시험을 실시했다. '상냥하고 친절한' 여자 경찰을 배치함으로써 "민주경찰은 친절하다는 것을 일반에게 인식시키는 동시에 여행의 명랑화를 도모하기" 위해서였다. 선발 예정 인원은 20명이었고, 응시 자격은 고등여학교 졸업 정도의 학력을 지닌 20세 이상 30세 미만의 신체 건강한 독신자였다. 선발된 인원은 25명으로 예정보다 5명이 많았으며, 이들은 한 달간의 교육을 거쳐 전국 각 철도역에 배치되었다.

같은 무렵, 경무부도 고봉경, 양한나 등 16명을 경찰 간부로 선임하고 여자경찰청(가칭)을 발족시키기 위한 준비에 착수했다. 6월 4일 1차 시험에서 100명을 선발할 계획이었으나 지원자가 64명에 불과해 모두 합격시켰다. 고봉경은 세브란스의전 교수 고명우의 딸이자 이화여자전문학교 교수로 있다가 해방 후 군정청 보건후생부 부녀국장이 된 고황경의 언니로서, 본인은 피아니스트였다. 양한나는 임시정부 경상도 대의원을 지낸 독립운동가로 해방 무렵에는 부산 일원에서 여러 유치원을 운영하며 사회사업을 펼치고 있었다. 미군정은 고봉경을 여자경찰

발족 직후 여자 경찰대의 사열

1946년 7월 1일 군정청 경무부 공안국에 여자경찰과가 정식으로 설치됐다.
여자 경찰의 창설은 일차적으로 미국의 예를 따른 것이지만, 여기에는 당대의 여성성으로 인정되던
'친절과 상냥' 을 끌어들여 경찰의 이미지를 개선해보려는 의도도 있었다.
* 출처: 동아일보사,《사진으로 보는 한국백년》II, 1991(6판), 523쪽.

과장에, 양한나를 수도여자경찰서장에 각각 임명했는데, 인선人選 과정에서 피아니스트와 유치원 원장이라는 '여성적'인 경력을 고려했을 가능성을 배제할 수 없다. 하지만 이 두 대표 인물의 경력에도 불구하고, 여자 경찰 선발 시험 경쟁률은 정원 미달이었다.

일제가 조선에서 부활시킨 기리스테고멘

조선시대에는 양반집 내정內庭을 정탐하거나 여성 범죄를 단속하기 위해 관비官婢인 '다모茶母'를 동원하기도 했다. 하지만 이 땅에 근대적 경찰제도가 수립된 이후 경찰 조직은 반세기 넘게 여성을 받아들이지 않았다. 여성에게 내명부 직함 이외의 관직官職을 준다는 것을 상상조차 하지 못했던 대한제국 시대는 물론, 많지는 않으나 간호, 회계 등의 공적 직무에 여성을 배치했던 일제 강점기에조차, 여성은 경찰 조직과 어울리지 않는 존재로 취급되었다. 여기에는 남성 중심의 중세적 인간관 외에도 '칼'을 존숭尊崇하는 일본 특유의 문화가 작용했던 것 같다. 바쿠후 시대 일본에서 대검帶劍은 사무라이 신분에게만 허용되었으며, 사무라이에게는 자기에게 무례한 짓을 한 평민을 그 자리에서 베어 죽여도 되는 면책 특권이 있었다. 이를 기리스테고멘切捨御免이라 했다. 이런 문화에서 성장한 자들이 대검을 사무라이 신분과 동일시하는 것은 당연한 일이었다. 그들은 칼에 '사무라이 정신', 즉 '일본 혼魂'이 깃들어 있다고 믿었다. 한국에서 여자는 문무 관리가 될 수 없었듯이, 일본에서도 여자는 사무라이가 될 수 없었다.

일본은 한국을 강점하자마자 경찰을 비롯한 모든 관공리와 심지어 교사에게까지도 칼을 차게 했다. 한국인들에게 칼로써 새 통치 권력의 위엄을 드러내고자 했던 것이다. 물론 칼을 찬 관리들은 자신을 사무라이와 등치等値시키고 식민지 원주민을 평민 또는 천민과 동일시했다. 〈조선태형령〉, 〈경찰범처벌규칙〉 등 일본 군경軍警의 자의적인 폭력 행사를 폭넓게 허용했던 무단통치는, 일본 중세의 잔재인 기리스테고멘을 식민지에서 부활시킨 것에 다름 아니었다. 한국인들이 일본의 옛 관행을 알았든 몰랐든 간에, 총독부가 일반 관리에게도 칼을 차게 한 것은 한국인들에게 '관리 앞에서 무례하면 죽는다'는 메시지를 전달하기 위해서였다.

식민지 경찰, 무서운 권력의 표상

3·1운동 이후 무자비한 폭력을 앞세운 '샤베루주의'만으로는 한국인을 통치하는 데 한계가 있다고 판단한 총독부는 교사와 일반 관공리의 대검은 폐지했으나, 경찰에게는 계속 칼을 차게 했다. 경찰도 계속 사무라이처럼 행세했다.

사람들은 일상적으로 접하는 '말단 국가 권력'을 통해 국가의 성격을 인지한다. 경찰은 지금도 평범한 사람들의 일상에 가장 깊이 개입하는 국가 권력이며, 개인들 간의 협의로 해결할 수 없는 문제가 생겼을 때 가장 먼저 접촉하는 국가 권력이다. 자동차 접촉사고가 발생해도, 술집에서 행패 부리는 취객이 있을 때에도, 도둑을 맞았을 때에도, 옆집

녀학생의 두 손팔을 쩌기는 광경

인연을매진 왜젹이 독립선언문을닐기는

三월 一일에경셩셔 五百여년붓허 원수의

칼을 휘두르는 식민지 경찰

일본은 한국 강점 후 경찰을 비롯한 모든 관공리, 심지어 교사에게도 칼을 차게 했다.
한국인들에게 칼로써 새 통치 권력의 위엄을 드러내고자 한 것이다.
3·1운동 이후 교사와 일반 관공리의 대검은 폐지했으나 경찰에게는 계속 칼을 차게 했다.
3·1운동 당시 여학생의 팔을 자르는 식민지 경찰을 묘사한 그림.
* 출처:《신한민보》1919년 4월 15일.

에서 심한 부부싸움이 벌어졌을 때에도, 심지어 위층 사람의 발소리가 너무 크다고 느낄 때에도 사람들은 경찰을 부른다. 그러다 보니 경찰의 이미지를 바로 국가 또는 정권의 성격을 표상하는 것으로 인식한다. 경찰이 친절하면 친절한 권력이고, 경찰이 폭력적이면 폭력적인 권력이다.

통치 권력의 '전제성專制性'이 두드러졌던 일제 강점기에 경찰의 업무 영역은 지금보다 훨씬 더 넓었다. 범죄를 예방, 단속하고 치안을 유지하는 업무의 영역은 범죄와 치안을 어떻게 보느냐에 따라 넓어지기도, 좁아지기도 한다. 일제 통치자의 눈으로 볼 때 한국인은 모두가 사실상의 '우범자'였으며, 한국인들이 일본인의 허락이나 지도 감독 없이 자기들끼리 하는 일은 모두가 '치안을 해칠 우려가 있는 행위'였다. 칼을 찬 일본 경찰은 한국인들이 모인 곳이면 어디에라도 불쑥 모습을 나타내거나 모임의 시작부터 끝까지 한자리에 앉아서 감시했다. 일제 경찰은 사람들의 생각과 말뿐 아니라 몸 자체도 감시했다. 일제 강점기 보건위생 업무는 경찰 소관이었다. 아픈 사람은 물론, 더러운 사람, 심지어 아픈 것처럼 보이는 사람도 경찰의 단속 대상이었다. 경찰의 업무가 이토록 광범위했기 때문에 식민지 조선은 경찰이 지배하는 세상이었다. 우는 아이에게 '순사 온다'고 겁주는 문화는 이런 세상이었기에 만들어질 수 있었다.

한국인들, 일제 경찰을 '개나리'라 부르다

식민지 경찰은 우는 아이도 뚝 그치게 할 만큼 두려운 존재였다. 두려움은 대개 적개심으로 이어진다. YMCA 총무와 신간회 회장을 지낸 이상재는 대중 앞에서 강연을 할 때면 으레 임석 경관석을 쳐다보며 "저기 개나리꽃이 피었군"이라는 말로 시작했다고 하는데, 그때마다 좌중에서는 폭소가 터졌으나 임석 경관은 영문을 몰라 주위를 두리번거렸다고 한다. 경찰 앞에서는 "나리, 나리" 하다가도 뒤에서는 "개자식"이라고 욕하는 게 습관이 된 한국인들은 '개나리'가 경찰을 지칭하는 것임을 바로 알아차렸지만, 일제 경찰은 자기가 '개'로 불리는지 몰랐던 모양이다. 식민지 경찰의 표상은 바로 존경심으로 가장한 두려움의 표현인 '나리'와 적개심의 표현인 '개'였다. 그리고 이 개나리꽃은 그야말로 '언제나 어느 곳에나' 피었다.

총독부도 경찰에 대한 한국인들의 적개심을 잘 알고 있었다. 그들도 칼 찬 경찰이 남녀노소 가리지 않고 모든 사람을 감시하고 단속하는 것은 민심을 안정시키기보다 오히려 악화시킨다는 사실을 모르지 않았다. 총독부가 중일전쟁 이후 한때 여성들의 금金 밀수를 단속하기 위해 여성 경찰 채용을 검토했던 것은 이런 이유에서다. 그러나 결국은 '칼의 상징성'에 대한 집착을 버리지 못했다.

해방 후에도 경찰은 여전히 '개나리꽃',
여자 경찰도 소용 없어

해방 뒤 일본 군국주의가 물러간 자리를 민주주의로 채워야 한다는 데 반대한 사람은 거의 없었다. 일제가 남긴 유산을 '민주주의적'으로 개조하자는 담론이 형성되어 민주학원, 민주시민, 민주경찰 등 시설이나 직업 앞에 '민주'를 덧붙이는 것이 상례가 되었다. 그러나 이때의 '민주'는 지향점이었을 뿐 실체는 아니었다. 당시의 한국인들에게 민주주의는 아주 낯선 사상이자 제도였다. 더구나 미군정은 "일본에 유용했다면 우리에게도 유용할 것"이라며 총독부 경찰을 모두 유임시켰다. 식민지 경찰을 통해 일제 통치 권력을 체험했고, 그래서 자연스레 일제 통치가 나쁘다면 식민지 경찰도 나쁘다는 생각을 갖게 된 사람들, 민주주의가 무엇인지 잘은 모르지만 어쨌든 일제의 '주구走狗'들을 다시 보지 않을 수 있게 되었다며 잠시 기뻐했던 사람들은 당황했고, 분노했다. 보통사람들은 경찰을 식민지 잔재의 대표이자 상징으로 인식했다. 하지만 그럴수록 경찰은 '칼 찬 사무라이' 같은 태도를 고수했다. 나라는 해방되었으나, 경찰은 여전히 '개나리꽃'이었다.

1946년 5월 경무부와 운수경찰부가 새로 여자 경찰을 모집한 것은 "민주경찰은 친절하다"는 모토를 내세워 경찰에 대한 국민의 불만을 무마하기 위해서였다. 하지만 당시 경찰은 스스로 민주화하려는 의지가 없었다. 그들이 생각하기에, 국민 다수가 원하는 대로 되는 것이 민주주의라면, 그들이 진압해야 할 대상은 바로 민주주의였다. 그러니 여자 경찰을 뽑은 것은 스스로 민주화하겠다는 진정한 의지의 표현이 아니라, 민주화를 거부할 수 없는 상태에서 일반 국민의 눈을 속이려는 몸짓일 뿐이었다.

정권이 바뀔 때마다 경찰 개혁 문제가 대두하곤 한다. 해방 후 지금까지 경찰 스스로 '거듭나겠다'고 밝힌 것이 무릇 몇 번이며, '이미지 쇄신'을 시도한 것은 또 몇 번인가. 스스로 진지하게 되돌아보았으면 한다. 대충 분칠한 얼굴 내밀고는 '환골탈태'했다며 나서는 일이 되풀이된 것이, 한국 현대 경찰사의 비극이다.

6월 3일 _ 물장수들, 상수도 준공에 따른 손해배상 요구

자연과 인류 최대의 적은 인간의 탐욕이다

물, 생명의 근원

    물은 모든 생명체를 낳고 기르는 '생명의 근원'이다. 사람들이 화성 표면에 얼음이나 물이 흐른 흔적이 있는지 궁금히 여기는 것도 물 자체가 아니라 생명체의 존재 가능성 때문이다. 사람의 몸은 70퍼센트 가까이가 물로 이루어져 있다. 마을과 도시는 물을 쉽게 구할 수 있는 곳에만 들어설 수 있다. 마을이라는 뜻의 한자 '동洞'은 같은 물을 함께 사용하는 사람들로 이루어진 공동체를 의미한다. 제갈량이 아끼던 장수 마속馬謖을 울며 참斬했던 것도, 그가 바보같이 물을 구할 수 없는 곳에 진지를 구축하여 결국 버티지 못했기 때문이다. 그의 부대를 패퇴시킨 것은 적군이 아니라 물이었다. 깨끗한 물을 구할 수 없는 곳에는 사람이 살 수 없다.

    실험실에서 생산한 H_2O가 아닌 한, 물에는 수중, 수변의 광물질이 녹아든 무기물질과 동식물이 분비하는 유기물질들이 포함되어 있다. 이 물질들은 극미량極微量으로도 사람의 건강과 습관, 나아가 성격에까지 영향을 미친다. 보통 사람이 직접 마시거나 밥이나 국, 과일 등을 먹으면서 함께 섭취하는 물의 양이 하루에 2리터 정도라고 하니, 나이 70된 사람은 평생 500톤 이상의 물을 마신 셈이다. 물에 0.001퍼센트밖에 포함되지 않은 해로운 물질이 있다 치면, 그는 이 물질을 평생에 걸쳐 50킬로그램 이상 먹은 셈이 된다. 유명한 〈히포크라테스 선서〉에는 여러 이본異本이 있는데, 그중 하나에는 "나는 결석을 앓는 환자에게 절제 수술을 하지 않겠다"는 내용이 있다. 하고많은 질병 중에 왜 하필 결석인지 궁금했는데, 그리스에 갔다가 그 의문이 풀렸다. 석회암 지대인 그곳의 물은 석회수였다. 아는 의사에게 석회수와 결석 사이에 유의미한 상관관계가 있느냐고 물었더니, 그렇다고 대답해주었다. 고대의 결석은 히포크라테스도 치료하지 않겠다고 선언할 정도의 불치병이었다. 게다가 그 병이 주는 고통은 상상하기 어려울 정도로 끔찍하다. 그런 점에서 물은 생명의 원천인 동시에 고통과 죽음으로 이끄는 악마의 손이 될 수도 있다. 하지만 사람이 자기에게 해로운 줄 알면서도 부득이하게 하는 일이 어디 한두 가지인가? 건강에 해로운 물이라도 없는 것보다는 수백만 배 낫다.

우물, 전근대 도시에 가장 많았던 '시설'

세계 어느 곳에서나, 시골 마을이든 대도시든, 사람이 모여 살 수 있는 공간의 규모를 규정한 일차적 요인은 물이었다. 수백만 명이 모여 사는 대도시가 나타난 것은 근대적 상수도시설이 만들어진 뒤의 일이다. 그 이전에는, 설령 도시화의 계기와 충동이 있었다 하더라도 그것을 받쳐줄 기술적 토대가 없었다. 상수도시설이 생기기 전의 주된 식수원은 우물이었다. 지표 위로 흐르는 물은 아무리 깨끗해 보여도 사람 몸에 해로운 이물질이 다량 섞여 있기 마련이다. 반면 자연의 침전, 여과 과정을 거친 지하수는 지표수보다 훨씬 안전했다. 우물을 만드는 일은 지표에서부터 5~6미터, 심하면 10미터 이상 땅을 파야 하는 고역苦役이었고, 땅을 파다가 암반을 만나 그동안의 노역勞役이 헛수고가 되는 낭패를 겪는 일도 드물지 않았다. 그래도 옛사람들은 마을을 만들 때나 도시를 건설할 때 먼저 우물을 파는 일부터 시작할 수밖에 없었다.

한양이 처음 조선 왕조의 도읍지가 된 뒤에도 사람들은 분명 우물을 팠을 것이다. 다만 이 '사업'은 한양에 새살림을 차린 사람들이 각자 알아서 해야 하는 일이었기에 신도궁궐조성도감新都宮闕造成都監이나 도성축조도감都城築造都監, 개천도감開川都監 같은 국가기구를 두어 총괄하지는 않았다. 그래서 조선 개국 초 한양에 우물이 몇 개나 있었는지는 알 수 없다. 다만 태종은 개경으로 환도했다가 한양으로 재천도한 직후 도성 안에 다섯 집마다 한 개씩의 우물을 파도록 했는데, 도성 안 인구를 10만 명, 가옥을 2만 채 정도로 추산하면 사대문 안에만 4천 개 이상의 우물이 있었을 것이다. 서울에 근대적 상수도가 설치된 것은 1908년이었지만, 일제 강점기는 물론 해방 이후에도 한동안 가난한 집 식구들이나 새로 서울에 편입된 외곽 지역 주민들은 우물물을 먹었다. 해방 직후 미군정이 조사한 바에 따르면 서울 시내에만 2만 개 정도의 우물이 있었다. 전근대 도시에 가장 많았던 '시설'은 다름 아닌 우물이었다.

물 긷기는 '여자의 일'

나도 어릴 적 시골에서 우물물을 긷던 기억이 있다. 마을 우물 위에는 도르래 달린 장대가 있었고, 그 도르래 양쪽에는 분유 깡통이나 분말주스 깡통을 매단 긴 줄이 걸려 있었다. 우물 밖에 나와 있는 깡통을 우물에 던져 넣고 줄을 끌어내리면 반대편에서 물을 가득 담은 깡통이 올라온다. 그걸 가져간 양동이에 붓고, 다시 반대편 줄로 똑같은 동작을 반복한다. 이렇게 양동이 두 개가 가득 차면 그걸 집까지 들고 나르는 것이 우물물 긷기의 전 과정이었다. 도르래와 양철 깡통을 이용하는 '근대식 우물물 긷기'도 이렇듯 녹녹치 않은 일이었는데, 도르래도 없이 나무 물통을 우물에 던진 뒤 이리저리 휘저어 물을 담은 후 오직 팔 힘으로만 끌어올리는 '전근대식 물 긷기'는 말할 나위도 없었다. 그럼에도 불구하고 조선 중엽까지, 물 긷기는 기본적으로 '여자의 일'이었다.

말을 타고 먼 길을 달려 온 한 사내가 우물가에 당도해 마침 물 긷고 있던 처녀에게 물 한 바가지를 청한다. 처녀는 아무 말 없이 바가지에 물을 담아서는 우물가 버드나무에서 잎을 몇 개 따서 물 위에 띄워 준다. 심한 기갈에 벌컥벌컥 물을 들이키려던 사내는 버들잎이 입에 걸려 뜻대로 되지 않자 역정을 낸다. "낭자, 왜 물에 버들잎을 띄워 귀찮게 하는 거요?" 낭자는 수줍게 웃으며 대꾸한다. "갈증이 심하신 듯한데, 급히 마시다가 체하실까 염려되어 버들잎을 띄웠습니다."

고려 태조 왕건이나 조선 태조 이성계의 '러브 스토리'와 관련한 이런 식의 구전설화는 기본적으로 처녀의 '사려 깊음'을 칭송하는 것이다. 하지만 다른 한편으로는 '우물가'가 바로 처녀를 비롯한 '여성의 자리'였음을 알려준다. 우물가가 여성의 자리가 되고 물 긷는 일이 여성의 일이 된 것은 밥 짓기, 빨래하기, 실내 청소하기로 구성되는 이른바 '물일'이 여성의 일이었기 때문인데, 여기에는 물의 성질을 '음陰'으로 본 전통 관념도 작용했던 것으로 생각된다. 조선 중엽까지, 노奴는 장작을 패고 비婢는 물을 긷는 것이 노비奴婢들의 기본적인 성별 분업이었다. 노비를 두지 못하는 여염집 가정에서는 노奴의 일이 남편의 일이고, 비婢의 일이 아내의 일이었다.

남자 '물장수'의 등장

그런데 18~19세기 사이의 어느 시점에선가 물 길어 파는 남자들이 '물장수'라는 이름으로 대거 등장했다. 서울에 물장수가 생긴 것은 몇 백년 전, 북청에서 서울로 올라온 젊은 유학생들이 학비를 마련하기 위해 물을 길어 팔기 시작하면서부터라는 이야기가 꽤 널리 퍼져 있다. 하지만 조선시대 서울에 함경도 북청 출신 고학생苦學生학비를 벌어가며 공부하는 학생을 일컫는 일본식 조어이 있을 수 없었고, 하는 일이 곧 그 사람의 신분이던 사회에서 본래 여자 종이 하던 일인 물 긷기를 남자 '유생儒生'이 했다는 것도 말이 안 된다. 이런 황당한 이야기가 만들어지고 퍼져나간 것은, 일제 강점기 서울 물장수 중에 북청 출신이 많았기 때문이다.

서울에 남자 물장수가 나타난 것은 기후와 생활문화가 바뀌어 오염

우물가에 모여 한담을 나누는 대한제국기의 물장수들

급수 구역은 대개 우물을 중심으로 형성되었는데,
구역마다 물 공급권을 가진 사람이 따로 있었기 때문에 물장수는 자영업자가 아니라 배달 노동자였다.
한 집에서 받는 한 달 치 물값은 성인 남자 하루 품삯과 대략 같았다.
＊출처: 조풍연 해설, 《(사진으로 보는) 조선시대 상—생활과 풍속》, 서문당, 1987, 32~33쪽.

된 우물이 늘어나고, 노비를 부릴 수 없는 가난한 양반이 많아지고, 일자리를 찾는 건장한 남자들도 증가했기 때문이다. 집 안이나 집 앞의 우물에서 마시기에 적당한 물을 구하지 못하게 된 사람들은 어쩔 수 없이 멀리 떨어진 곳에 있는 우물을 이용해야 했는데, 그런 일을 시킬 여종조차 없을 경우에는 직접 할 수밖에 없었다. 하지만 양갓집 부인이 머리에 물동이를 이고 다니는 것도 자랑스러운 일은 아니었다. 이 '부득이함'과 '주저함' 사이의 거리를 메운 것이 바로 지방에서 상경한 유민流民 출신 남성들이었다. 일단 물 긷는 것은 '여자의 일'이라는 관념에 금이 가자, 남자 물장수는 서울로 밀려들어오는 유민의 수에 비례하여 급증했다. 그래서 개항 무렵에는 물장수가 서울에서 단일 직업으로는 가장 많은 사람이 종사하는 업종이 되었다. 이 무렵 서울에 있던 서양인들이 사진기에 가장 많이 담은 한국인들도 물장수였다. 물장수는 당시 서울에서는 무척 흔한 직업인이었지만, 어쨌거나 서양인들이 보기에는 아주 신기한 존재였다.

물장수를 하려는 사람이 많아져 경쟁이 치열해지자, 그들이 어떤 집에 물을 배달할 수 있는 권리, 즉 급수권汲水權은 매매·양도할 수 있는 물권物權이 되었고, 급수汲水 구역별로 '주인'이 생겨났다. 이해를 돕기 위해 현대적 개념으로 단순화해서 정리하면, '주인'은 일정 구역의 급수권을 독점한 회사의 사장 격이었고, 물장수는 그 회사에 소속되어 자기가 맡은 구역 안에 있는 집들에 매일 물을 배달하는 배달 노동자 격이었다. 다만 물장수를 월급쟁이로 오해해서는 안 된다. 물장수들은 자기가 길은 물을 받아먹는 집에서 정기적으로 물값을 징수해서는, 그중 일부를 떼어 '주인'에게 바쳤다. 돈의 흐름이 현대의 임금노동과는 정반대였던 것이다. 이때 물장수가 '주인'에게 바치는 돈은 오늘날로 치면 '조합비'나 '보호비'에 해당한다. '주인'은 물장수에게 돈을 받는 대가로 그의 급수 독점권이 다른 무뢰배들에 의해 침해되지 않도록 지켜주어야 했다.

대한수도회사 설립,
수돗물 배달꾼이 된 물장수들

서울의 근대적 상수도시설 설치는 우물물을 독점해온 물장수와 급수권 주인들을 집단 실업 상태에 빠뜨릴 수 있는 아주 위협적인 일이었다. 1908년 6월 3일, 서울 상수도가 곧 준공되리라는 소식을 들은 물장수와 급수 구역 주인 등 수천 명이 서대문 밖 일진회관본래 모화관이었다가 독립협회의 독립관이 되었으나, 러일전쟁 이후 일진회 회관이 된 곳에 모여 대한수도회사에 급수권 배상을 요구했다. 서울 상수도 사업권은 본래 고종이 설립한 한성전기회사의 소유였으나, 러일전쟁 이후 이 회사는 석연치 않은 경위로 미국인 콜브란이 지배하는 한미전기회사가 되었고, 회사는 다시 상수도 사업권을 영국인에게 팔아넘겼다. 그렇게 설립된 회사가 Korean Water Works & Company, 즉 대한수도회사였다.

물장수와 급수 구역 주인들로 구성된 물 배달업 종사자들은 대한수도회사가 각 가정에 직접 물을 공급하면 우물에 대한 지배권인 급수권汲水權이 무의미해지고, 거금을 들여 매입한 급수권 증서가 휴지 조각이 될 것이라고 예상했다. 물 배달업에 종사하는 사람이 너무 많았기 때문에, 대한수도회사로서도 이들의 요구를 전면 묵살하기는 어려웠

대한제국시기 우물가의 물장수

대한수도회사가 서울에 상수도를 준공한다는 소식이 들려오자
물장수들은 1908년 6월 3일 대한수도회사에 급수권 배상을 요구했다.
대한수도회사는 물장수들이 수돗물을 받아 팔도록 했다.
이에 물장수들이 당장 실업자가 되지는 않았다.
그러나 자기 집 마당에 수도꼭지를 설치하는 가구가 늘어남에 따라 물장수들은 이윽고 자취를 감추었다.
＊ 출처: Hamilton Angus, *Korea*(London, 1904).

다. 결국 대한수도회사는 이들의 요구를 일부 수용하여 물장수들로 하여금 수돗물을 받아 팔도록 했다. 집집마다 수도관을 연결하는 것보다는 기존의 급수망汲水網을 이용하는 편이 싸게 먹혔고, 물장수들의 고객을 쉽게 수돗물 소비자로 끌어들일 수 있었기 때문이다. 다만 급수구역 주인들의 권리는 인정하지 않았다.

'수돗물은 깨끗하고 우물물은 더럽다'

대한수도회사의 등장으로 인해 물장수들 일부가 수돗물 배달꾼으로 전업하기는 했으나, 예전처럼 우물물을 길어 파는 물장수가 바로 사라지지는 않았다. 설치 초기의 상수도는 서울 인구 전체의 수요를 충족할수 있을 정도로 충분한 물을 공급하지 못했다. 무엇보다 우물물은 공짜였으나, 수돗물은 유료였다. 같은 물이지만 우물물이 수돗물보다 더 쌌다. 게다가 상수도 보급 초기에는 수질 면에서나 맛에서나 수돗물이 우물물을 앞서지도 못했다. 지표수를 인위적으로 침전, 여과시켜 만든 수돗물이, 자연의 정수 과정을 거친 우물물보다 꼭 나으란 법은 없었다. 게다가 수도관에서는 간간이 녹물이 섞여 나왔다.

하지만 일본의 한국 강점 이후 대한수도회사로부터 상수도 사업권을 인수받은 총독부는, '수돗물은 깨끗하고 우물물은 더럽다'는 주장을 집중적으로 홍보했다. '위생衛生'을 빌미로 한 이 홍보 앞에서, 게다가 언제나 그렇듯이 부자가 앞장서면 가난한 자들은 미심쩍어도 무턱대고 따르게 마련인 세태 앞에서, 수돗물과 우물물의 신세는 역전되었다. 총독부의 홍보와 부자들의 '솔선수범'에 따라 수돗물은 위생과 문명의 상징이 되었고, 그 대극對極에서 우물물은 비위생과 미개의 상징이 되었다. 시간이 흐르면서 서울의 우물은 하나둘 폐쇄되었고, 수돗물 소비자는 계속 늘었다.

사대강 공사, 이 강산에 지은 죄를 어이할꼬

그러나 수돗물이 가장 깨끗하며 위생적이라는 주장은 한 세기도 지나지 않아 설득력을 잃었다. 오늘날 대다수 한국인들은 지표수를 정수한 수돗물을 그리 신뢰하지 않는다. 그보다는 수십 미터 지하 암반에서 퍼올렸다는 '생수'나 심해의 염분 없는 물이라는 '심층수'가 더 좋다고 믿는다. 그런데 지표수와 지하수는 서로 통한다. 지표수가 더러워지면 지하수도 따라서 오염되는 것이 자연의 섭리다. 강물이 오염되면 수돗물뿐 아니라 지하에서 퍼올리는 '생수'의 질도 나빠질 수밖에 없다.

　사대강 공사 후 전국의 강이 여름이면 녹조로 몸살을 앓는다. 세간에서는 '녹조라떼'라는 신조어까지 유행하고 있다. 자연의 정수 작용을 돕지는 못할망정 천문학적인 국가 예산을 들여 그를 방해하는 공사를 해놓았으니, 앞으로 먹는 물의 질이 계속 나빠질 것은 불문가지不問可知다. '물맛'은 '인심'과 통한다 했던가. 앞으로 인심까지 나빠지지 않을까 우려스럽다. 하기야 자연을 함부로 건드리고 망가뜨리는 건 본래 '인심나쁜' 자들의 주특기다.

六月 十日

6월 10일 _ 총독부, '시의 기념일' 선포

권력의 여론 조작,
역사의 시계바늘을
엉뚱한 곳으로

언제나 '공간'에 앞서는 '시간'

오래 전, 어떤 모임에서 역사학이 푸대접받는 현실에 대해 푸념을 늘어놓은 적이 있다. 역사학뿐 아니라 인문학 일반이 시대착오적 학문으로 취급받은 지 이미 오래고, 역사니 철학이니 하는 것 몰라도 사는 데 아무런 지장 없다고 믿는 사람이 갈수록 늘어나는 형편이지만, 전공이 역사학이다 보니 내 처지에서는 아무래도 '역사학의 위기'를 더 심각하게 느낄 수밖에 없었다. 그러자 그 자리에 있던 지리학자가 위로의 말을 건넸다. "어떤 행사든 일시를 앞에 쓰고 장소를 뒤에 쓰잖아요. 심지어 발인 전이면 아무 때나 문상해도 되는 부고장에도 일시를 먼저 써요. 장소가 훨씬 중요한데 말이죠. 지리학은 역사학 뒤에 있어요." 하긴 시간과 공간을 합쳐 부를 때도 '시공간'이라 하지 '공시간'이라 하지는 않는다.

사람들이 의식적·무의식적으로 장소보다 시간을 앞세우는 관행은 아주 먼 옛날에 생겼을 것이다. '장소'들을 선정하고 구획하며 연결하는 것은 '지상地上'을 대상으로 하는 일이지만, 시간을 측정하고 계산하는 일은 '천상天上'을 대상으로 하는 일이다. 땅은 인간의 영역이고 하늘은 신의 영역이라는 믿음, 공간을 지배하는 것은 인간이지만 시간을 관장하는 것은 신이라는 믿음이 공간보다 시간을 앞세우는 관행을 만들어냈을 가능성이 있다. 또 인간이 농경을 시작하면서 특정 지표면에 정착한 뒤로, 인간 주변의 땅은 지진 등의 이변異變이 있을 때를 제외하곤 언제나 안정적이었다. 그러나 하늘은 수시로 모습을 바꾼다. 그래서 중국 고대에 저술된《주역周易》도 "하늘의 운행은 끊임이 없고, 땅의 세력은 두텁다[天行乾 地勢坤]"고 기록했다. 거의 언제나 한곳에 머물러 있던 사람들에게 '변화' 그 자체인 시간은 기록할 가치가 있는 것이었으나, '불변'인 장소는 굳이 기록할 가치가 없는 대상이었다.

현대, 인류 역사상 가장 시간이 중시되는 시대

공간보다 시간을 앞세우는 관행이 '초역사적'이기는 하지만, 현대는 인류 역사 전체를 통틀어 가장 시간이 중시되는 시대다. 현대인은 옛사람과 비교할 수 없을 정도로 많이, 자주 이동한다. '장소'들의 형상도 엄청난 규모의 토건 사업으로 인해 끊임없이 변한다. 현대인은 자기에게 익숙한 장소들과도 끊임없이 관계를 재설정해야 하는 분주한 인간이다. 그래서 이제 공간과 장소는 과거처럼 '불변'을 대표하지 않는다. 다만 공간의 변화는 정체와 비약이 교차하는 불규칙성의 영역 안에서 이루어진다는 점에서 시간과 다르다. 이런 점에서 보자면 공간과 장소의 변화를 기록해두는 것이 더 중요할 수도 있다. 하지만 그래도 여전히 시간에 대한 기록과 기술記述은 공간에 대한 기록과 기술보다 중시된다. 근대 산업혁명 이후 인간이 사는 지구 표면이 엄청난 속도와 규모로 변했지만, 인간의 삶에 대한 시간의 지배력은 그보다 더 빠른 속도로 강화, 확장되었기 때문이다.

현대인의 일상은 시간 단위로 잘게 구획되어 있다. 자고 깨고, 먹고 쉬고, 출근하고 퇴근하고, 회의하고 거래처 사람 만나고, 심지어 술 마시고 노는 일까지 모두 '시각과 시간'을 먼저 기억하고 기록해야 한다. 노동도 시간 단위로 측정되고 보수도 시간 단위로 지불되니, 사람값도 시간이 지배하는 셈이다. 사람들이 분할하여 인지하는 시간의 단위도 갈수록 세분되고 있다. 한 세대 전만 해도 약속시간에 30~40분 늦는 것은 '양해 사항'이었다. 하지만 사람마다 휴대전화기를 갖게 된 뒤로는 이런 '양해의 여유'가 설 자리를 잃었다. 현대인의 일상과 의식을 장악하고 있는 것은 '며칠 내에' 끝내야 할 일들과 '몇 분 안에' 도착해야 할 장소들이다.

서양식 시간, 동양을 정복하다

불과 한두 세기 전만 해도 평범한 사람들의 일상에서 시간이 차지하는 비중은 그리 크지 않았다. "동창이 밝았느냐 노고지리 우지진다 / 소 치는 아이는 상기 아니 일었느냐 / 재 너머 사래 긴 밭을 언제 갈려 하나니." 잘 알려진 남구만의 이 시조에서 시각은 무척 모호하지만, 장소는 아주 구체적이다. 조선시대 사람들에게는 시간관념보다 방위方位관념이 더 중요했으니, 어리거나 어리석은 사람을 비웃는 말은 '동서남북도 분간 못 한다'는 것이었다.

하루를 24등분으로 나누는 서양식 시간제와 그를 표시하는 자명종이 국내에 소개된 것은 17세기의 일이었으나, 그것이 사람들의 일상에 구체적 영향을 미치기 시작한 것은 개항 이후 서양 각국과 교류하면서부터였다. 통상관계 사무를 맡은 통리교섭통상사무아문 관리들과 서양인 교사들을 고빙雇聘한 학교의 직원과 학생들은 '직무상' 서양인들의 시간관념에 익숙해져야 했다. 이런 시간관념은 일차적으로 '시간표'로 표시되었다. 전차, 기차, 선박 등의 운행 시간표, 극장의 공연 시간표, 병원의 진료 시간표, 학교의 수업 시간표 등 여러 시간표들이 24시제를 채택했다. 1886년에 문을 연 제중원 의학당의 수업시간은 '오전 7시부터 오후 4시까지'였으며, 1890년 배재학당은 '오전 8시 15분'부터 수업을 시작했다.

코리안 타임

문제는 서양인들의 시간표를 보고 이해하는 것과 그에 표시된 시각을 정확히 아는 것은 별개였다는 점이다. 그 시절 사람들은 태양의 위치를 보고 시각을 가늠하는 데에는 능했으나, 여름이건 겨울이건 똑같은 속도로 움직이는 기계식 시계에 일상의 동작을 맞추는 데에는 무능했다. 그보다 가정에든 공공장소에든 시계가 아예 없었다. 학교들은 수업 시작 1시간쯤 전에, 그러니까 배재학당이라면 오전 7시 15분쯤에 학교 종을 쳐서 등교할 때가 되었음을 알렸을 가능성이 크다. 하지만 모든 시설에 시각을 알리는 종이 설치되지는 않았다.

일제 강점기 배재학당

하루를 24시간으로 나누는 서양식 시간제는
개항 이후 서양 각국과의 교류가 시작되면서 한국인들의 일상에 영향을 미치기 시작했다.
이런 시간관념은 '시간표'로 표시되었는데,
전차나 기차 등의 운행 시간표, 극장의 공연 시간표, 병원의 진료 시간표, 학교의 수업 시간표 등
여러 시간표들이 24시제를 채택했다.
1890년 배재학당은 '오전 8시 15분'부터 수업을 시작했다.

이런 상황에서 정확한 시각을 알 수 있는 자, 즉 시계를 가진 자와 그렇지 못한 자 사이에 명확한 경계선이 그어졌다. 시간표를 만들고, 다른 사람들에게 그 시간표에 따라 행동하라고 요구할 권리를 가진 사람들은 '정확한 시각'을 알 수 있었으나, 그 요구에 따를 의무만을 가진 사람들은 그것을 알 수 없었다. 정확한 시각을 알 도리가 없는 절대 다수의 사람들은 시계 바늘이 아니라 자기 마음을 기준점 삼아 움직였다. 그들은 중요한 일이 있는 장소나 늦게 도착할 경우 불이익이 예상되는 장소에는 정해진 시각보다 1시간 또는 그 이상 일찍 도착했고, 굳이 서둘 필요가 없다고 생각되는 일에는 시각에 크게 구애받지 않았다. 이른바 '코리안 타임' 또는 '오리엔탈 타임'은 이렇게 시각의 표준은 명확하나 구성원 대다수가 그를 명확히 인지하지 못하는 사회에서 시간을 인지하고 그에 맞추어 행동하는 방식이었다.

일제, '시時의 기념일'을 선포하다

1921년, 일본은 기원후 60년경 누각漏刻이라는 시계를 만들었다고 전하는 덴치天智 왕을 기리는 한편, 시간을 엄수하는 문화를 만들자는 취지에서 6월 10일을 '시時의 기념일'로 선포하고 조선에도 적용했다. 하지만 당시 시계는 값이 무척 비싸서 평범한 사람은 절대로 소지할 수 없는 물건이었다. 물론 지금도 비싼 시계는 어지간한 집 한 채 값을 넘어선다. 시계에는 '하늘의 운행'을 알리는 기계라는 관념이 담겨 있기 때문에, 아직도 그 상품 가치는 '기능'보다 '상징성'에 좌우된다. 금, 은,

경복궁 건청궁에 설치되었던 시계탑

초기의 시계탑들은 명확히 종탑 모양이었다.
시각을 알리는 것은 먼 옛날부터 권력자의 의무이자 권리였고, 종탑은 그 권력을 상징했다.
우리나라 최초의 시계탑이 종탑 모양으로 궁궐에 자리 잡은 것은 우연이 아니다.

보석을 취급하는 상점에서 시계를 함께 취급하는 것이 우연은 아니다. 그토록 비싼 시계를 가난한 조선인들이 너나없이 소유하고 수시로 시각을 확인할 수 있기를 바라는 것은 애초에 무리였다. 시계를 갖지 못한 사람들, 정확한 시각을 알려 해도 알 수 없던 사람들에게 '시간 엄수'는 거의 불가능한 일이었다.

시간의 정치학

시계의 보급률이 현저히 낮았던 시절, 보통 사람들이 시각을 알 수 있는 길은 고작 정오의 오포午砲 소리를 듣는 것뿐이었다. 하지만 이조차 잘 맞지 않았다. 1920년대 세브란스의전의 어떤 교수는 정오에 오포 소리가 들리면 학생들 앞에서 자기 회중시계를 꺼내들고 "저 오포가 또 5분 늦는군" 하며 은근히 자기 시계의 정밀도를 자랑하곤 했다.

오포가 정확하지 않았던 연유에 관해서는 우스개 아닌 우스개가 떠돌았다. 일제 강점 초기 오포는 남산 헌병대구舊수도방위사령부, 현 남산골 한옥마을에 설치되어 있었는데, 그 아래 남산 북사면 일대가 일본인들의 거주 지역이었다. 오포 쏘는 병사는 정오 무렵이 되면 망원경으로 일본인 동네 시계점 안의 시계를 살피다가 그중 마음에 드는 시계가 정오를 가리키면 그때에 맞춰 포를 쐈다는 것이다. 그러면 일본인 시계점 주인들은 또 그 소리에 맞춰 자기 시계점 안에 있는 시계들의 바늘을 맞췄고. 물론 이는 터무니없는 이야기다. 지금은 일상에서 듣기 어려운 용어지만, 얼마 전까지만 해도 TV와 라디오 방송에서 시각을 알릴 때에는 '시보時

報'라는 말을 썼다. "정확한 시계, 무슨 무슨 시계가 8시 시보를 알려드립니다" 하는 식이었다. 시보는 시각을 알리는 전보電報라는 뜻이다. 일본 도쿄의 표준 시계에 연결된 발신기가 일본 제국 전역의 주요 지점에 설치된 수신기에 시각을 알리는 방식이었다. 오포는 그 시보에 맞춰 쐈다. 그럼에도 항간에 이런 우스개 아닌 우스개가 떠돌았던 이유는, 총독부는 일본인들의 여론만 살펴 그에 따라 정책을 결정하고 일본 거류민단은 또 그들대로 총독부의 의중에 맞춰 자기들 여론을 만드는 세태 때문이었다. 제국주의의 식민지 지배가 본국 국민을 위한 것인 이상, 식민지 원주민을 차별하고 그들의 의사를 배제하는 것은 당연한 현상이다. 제국주의자들에게 식민지 원주민의 시간은 크게 고려할 사안이 아니었다. 그들은 오히려 식민지의 시간, 즉 역사를 식민지인들 자신의 과거와 단절시켜 자기들의 시간에 편입하는 데에만 관심이 있었다.

그런데 지금, 민주공화국이 된 대한민국에서도 이와 다를 바 없는 일들이 일어나고 있다. 권력이 특정 세력의 여론만 살피고, 그 특정 세력은 또 권력의 의중에 맞춰 움직이는 일. 권력과 특정한 사회 세력이나 여론 집단이 배타적인 사랑에 빠지면, 역사의 시계바늘은 종종 엉뚱한 곳을 가리키게 마련이다.

六月 十六日

6월 16일 _ 대조선은행 창립 준비모임 개최

‘공공’을 돌보지 않는 은행,
천한 고리대금업체와
다를 바 없다

'대조선은행' 창립 준비모임이 열리다

　　1896년 6월 16일, 서울 광통교 옆 화폐교환소에 김종한, 안경수, 이완용, 이채연, 이근배, 윤규섭, 이승업 등 7인이 모였다. 이들은 통상通商 업무나 외교 사무를 담당한 덕에 외국 사정에 상대적으로 밝았던 '개명 관료'들과 개성 상인, 개항장 객주 등이었는데, 이 자리에서 우리나라 최초의 '근대적 은행' 설립 계획이 마련되었다.

　은행 이름은 '대조선은행'으로 정하고 같은 달 25일 《독립신문》에 주식 모집 광고를 실었다. "자본금은 이십만 원으로 정하여 사천 주로 나누고 매 주에 오십 원씩 하여 삼차에 나누어 내시되 초차의 이십 원 재차의 십오 원 삼차의 십오 원으로 정하였사오니 초차 이십 원은 본월 이십오일부터 칠월 말일 내로 받겠사오니 기한 내에 정동 벽돌집 은행 창립소로 보내시고 재차 삼차는 은행 사무가 개시되는 대로 추후 다시 광고하겠삽."

세금을 돈으로 걷자 돈만으로 세상이 돌다

1894년 갑오개혁 때 모든 세금을 돈으로 받기로 하자 은행이 필요해졌다. 이해 7월 10일 군국기무처는 국고금 출납을 담당할 국립은행을 설립하기로 결정했으나, 그에 필요한 돈을 마련할 길이 없었다. 돈을 빌려주겠다고 약속한 일본은 차일피일 이행을 미뤘고, 얼마 뒤 정권이 바뀜으로써 국립은행 설립 계획은 끝내 실현되지 못했다.

그렇지만 돈으로 돌아가게 된 세상을 되돌릴 수는 없었다. 국고금을 가지고 '돈놀이'만 해도 큰 이익을 볼 수 있다는 것은 이재理財에 능한 사람이라면 쉬 알 수 있는 일이었다. 세금을 모두 돈으로 걷기 전에도, 그리고 세금을 모두 돈으로 걷기 시작한 뒤에는 더더욱, 지방관들에게는 '조세 상납 업무'가 가장 이문이 많이 남는 '장사'였다. 조선 말기의 지방관들은 그저 책이나 읽다가 요행히 과거에 붙어 관리가 된 샌님들이 아니었다. 설사 그들 중 샌님이 있었다 하더라도 지방관직은 그들을 자연스레 '경제인'으로 만들어주었다.

사업가가 된 지방관

지방관들이 정무를 처리하는 한편으로, 또는 정무와 섞어서, 사적私的으로 이득을 챙기기 위해 수행하는 '영리 사업'은 여러 가지가 있었다. 그중 돈으로 세금을 상납하는 과정에서 한몫 챙기는 방식은 대체로 이랬다. 어떤 군郡이 서울에 상납해야 하는 액수를 10만 냥이라고 가정하

자. 10만 냥이면 엽전 100만 개다. 이 무렵 외국인의 기록에 따르면 지게꾼 한 사람이 대략 5,000개 정도의 엽전을 지고 걸을 수 있었다고 한다. 참고로 1890년대 중반에는 미화 1달러가 320냥이었다. 10만 냥이라 해야 300달러 정도밖에 안 되는 액수였다. 하지만 액수는 적어도 짐은 무거웠다. 어떤 멍청한 지방관이 규정대로 하겠다며 지게꾼 200명을 일렬로 세워 돈 지게를 서울까지 운반시킨다면, 그야말로 도둑놈 좋은 일만 하는 셈이다. 도둑놈을 피하려면 지게꾼의 몇 배나 되는 경비원도 동원해야 하는데, 그 품삯도 만만치 않았다. 그런다고 중앙 정부에서 운반비를 제해 주지도 않았다. 그러니 아무리 멍청한 지방관이라도 이런 짓을 할 턱이 없다. 그들은 이보다 확실히 효율적인 방법을 택했다. 더구나 이 방법은 별다른 물의를 빚지 않으면서도 자기 몫을 따로 챙길 수 있는 좋은 방법이었다.

우선 세금을 걷을 때 '운반비'를 추가로 징수한다. 이는 조세를 현물로 징수할 때부터 있던 관행이기 때문에 백성들은 불만이 있어도 그냥 참고 넘어갔다. 그렇게 상납해야 할 액수보다 더 많은 돈을 거둬서 관아 창고에 쌓아둔 뒤에는, 인부들이 아니라 평소 관계를 맺어둔, 또는 전임자가 인계했거나 아전衙前들이 소개한 장사꾼을 부른다. 그는 장사꾼들에게 '선이자'를 떼고 8만 냥을 꿔준 뒤, 이자 포함 10만 냥을 몇 달 후 중앙 정부에 대신 갚으라고 한다. 이것만으로도 그는 그냥 앉아서 20만 냥 정도를 챙길 수 있다. 그 20만 냥도 놀리기 아까우면 장사꾼에게 함께 맡긴다. 장사꾼은 그렇게 '꾼 돈'을 밑천 삼아 물건을 사고팔고 하면서 서울까지 올라가 10만 냥을 대납한다. 지방관에게 사적으로 꾼 돈은 돌아가는 길에 장사해서 불린다.

증발하는 세금, 위기의 국가 재정

같은 방식이지만 일의 진행 순서가 반대인 경우도 있었다. 대한제국 때 황실 재산 관리 기구이던 내장원이 쓴 방식인데, 먼저 장사꾼에게 돈을 꿔 쓴 뒤 내장원에 세금 낼 의무가 있는 지방관더러 대신 갚으라고 지시하는 것이다. 이 경우에는 장사꾼이 '이자놀이'의 주체가 된다. 이를 '외획外劃'이라 했다. 요즘 식으로 해석하자면 일단 외상[外] 긋고[劃] 외상값은 지방관에게 대신 갚으라고 지시한다는 뜻이다. 어느 방식이든, 조세 자금은 이런 식으로 상업 자금으로 전용轉用되었다. 이런 화폐 제도와 조세 상납 구조 아래에서는 지방관이 금융기관 구실을 할 수밖에 없었다.

하지만 세상일이 언제나 뜻대로 되지는 않는 법이다. "밑지고 판다"는 장사꾼의 말이 "시집 안 간다"는 처녀의 말과 "늙으면 죽어야 돼"라는 노인의 말과 더불어 3대 거짓말로 꼽히기는 하지만, 그래도 언제나 남는 장사는 없다. 장삿배가 침몰할 수도 있고, 장삿길에 도둑놈이나 활빈당을 만나 몽땅 털릴 수도 있으며, 그런 불상사가 일어나지 않더라도 재수 없어 손해 보는 경우도 있다. 이렇게 되면 장사꾼은 기일 내에 중앙 정부에 세금을 전달하지 못하게 된다. 물론 책임은 지방관이 져야 하지만, 그의 수중에도 당장 세금 낼 돈은 없다. 어떻게든 마련해서 다시 내겠다고 약속하는 수밖에. 결국 이른바 '건체愆滯'라 해서 세금 납부가 지연되는 일이 다반사였다. 백성들은 내라는 세금을 다 냈는데 중앙 정부 금고에는 세금이 들어오지 않으니, 국가 재정은 언제나 위기였다.

국고금 취급을 위해 대조선은행 설립하다

국고금을 취급하는 은행을 만들면 이런 문제를 상당 부분 해결할 수 있었다. 지방관이 세금을 은행에 납부하면, 은행이 그를 보관하다가 중앙정부가 요구할 때마다 내주면 된다. 보관 중인 국고금은 신용 있는 상인들에게 확실한 담보를 잡고 빌려주면 되고. 세금을 돈으로만 내는 시대에 은행은 꼭 필요한 시설이었다. 대조선은행은 바로 이 국고금을 취급할 목적으로 설립되었다. 물론 대조선은행 창립 발기인들의 마음속에 '공익公益'의 비중은 아주 낮았다. 그들은 지방관들이 관행적으로 먹던 돈을 몽땅 빼앗으려는 큰 꿈을 꾸었고, 또 그런 꿈을 꿀 만한 힘을 가지고 있었다.

그러나 영국인 탁지부 고문 존 맥리비 브라운John McLeavy Brown이 반대했다. 조선 사람들은 자본이 적고 경험도 없어 복잡하고 정교한 은행 업무를 감당할 수 없다는 이유에서였다. 여기에는 일본 데이이치은행第一銀行을 통해 조선의 금융을 지배하려 한 일본의 입김도 작용했다. 지방관과 그들의 친척, 그리고 곧 지방관으로 나갈 중앙관리들도 은행 설립에 미온적이거나 부정적이었다. 가난하고 힘없는 자들에겐 의義와 리利가 대개 다르지 않지만, 힘 있고 돈 많은 자들에겐 의義와 리利가 양립하기 어려운 경우가 많다.

1905년경의 한성은행

현재의 중구 다동 개천 변에 있었다.

대조선은행 창립 발기인 중 일부는 이 은행 설립에도 관여했다.

민간 보통은행을 표방한 우리나라 최초의 은행으로서 일제 강점기에는 귀족의 자금 관리를 도맡아 '귀족은행'으로도 불렸다. 해방 후 조흥은행을 거쳐 현 신한은행으로 이어졌다.

* 출처: 국립고궁박물관 편저, 《100년 전의 기억, 대한제국》,

국립고궁박물관·서울대학교 규장각한국학연구원 공동주최 특별전 도록, 2010, 130쪽.

결국 대조선은행은 처음의 큰 포부를 이루지 못하고 자기 자본으로만 운영되는 일반 상업은행이 될 수밖에 없었다. 이 은행에 예금한 사람이 얼마나 되며, 그 액수는 또 어느 정도나 되는지는 알 수 없으나 거의 또는 전혀 없었을 것임은 충분히 짐작할 수 있다. 엄청난 이자율을 보장하는 사채시장이 아주 넓었던 데다가 돈 많은 사람이 곧 힘 있는 사람이었으니 그들이 굳이 '이자율은 낮으나 안전한' 은행 예금을 선택할 이유가 없었다. 아무리 불안한 사회라도 힘 있는 자들에게는 안전한 법이다. 가난한 사람들은 아예 은행에 맡길 돈이 없었으니 은행이 있고 없고는 아무 문제가 아니었다. 예금을 끌어들이지 못하면 아무리 이름이 은행이라도 실상은 대부업체다. 대조선은행은 대부업만으로 근근이 명맥을 유지하다가 도저히 버틸 수 없자 1899년 대규모 '구조조정'을 단행하고 한흥은행으로 이름을 바꿨고, 얼마 후 슬그머니 자취를 감췄다.

대조선은행의 뒤를 이어 1897년에는 대한특립제일은행과 한성은행이, 1899년에는 대한천일은행이 각각 설립됐다. 이들 은행들도 국고금을 취급해보려 했으나 역시 같은 이유로 좌절했다. 그래도 돈이 지배하는 영역이 넓어짐에 따라 은행이 할 일도 조금씩 늘어났고, 드디어 자본주의 경제의 중심으로 굳건히 자리 잡았다.

"맑은 날에는 우산 빌려주고 비 오는 날에는 빼앗는 게 은행"

이 땅에 회사라는 이름의 영리 조직이 처음 출현한 것은 1883년경이다. 그때로부터 수없이 많은 회사들이 생겼다가 사라졌지만, 그런 속에서도 은행이 망하는 일은 거의 없었다. 대한제국 시기에 설립된 은행다섯 개 중 세 개가 여러 차례의 합병으로 이름은 바뀌었으나 아직도명맥은 유지하고 있다. 대한천일은행은 일제 강점기에 조선상업은행이되었다가 해방 후 한국상업은행이 되었고, 외환위기 이후 한일은행과합병하여 한빛은행이 되었으며, 2002년에는 우리은행으로 개칭했다.한성은행은 일제 강점 말기 동일은행과 합병하여 조흥은행이 되었다가2006년 신한은행에 합병되었다. 은행을 빼고 우리나라에서 가장 오랜역사를 자랑하는 회사는 광장시장을 경영하는 광장시장주식회사다. 이들 말고는 100년 된 회사도 없다.

요즘 어떤 은행은 "농자農者는 천하지대본天下之大本"이라는 말을 바꿔"기업인은 천하지대본"이라고 홍보한다. 농경사회에서 산업사회로 이행한 지금, 기업인이 과거 농자農者의 자리를 차지했다고 해서 틀린 말은 아닐 것이다. 농경이 모든 경제의 중심이던 시대에는 '가뭄에 단 비'가 가장 반가운 일이었지만, 오늘날에는 그보다 '양질의 자금'이 훨씬중요하다. 은행의 일은 생산과 유통의 두 바퀴로 가는 경제라는 수레를뒤에서 밀어주는 것일 텐데, 어째 요즘에는 앞에서 끌고 다니는 듯하다. 요즘 세상에 "맑은 날에는 우산을 빌려주고 비 오는 날에는 빼앗는게 은행"이라는 말이 틀렸다고 생각하는 사람은 거의 없다. 옛사람들은'세상에 보태는 것 없이 잔재주를 부려 벌어먹고 사는 자'들을 가장 천하게 여겼다. 은행이 공공公共을 생각하지 않고 주주들과 사원들 배불려줄 일만 생각한다면, 천한 고리대금업체와 다를 바가 무엇인가?

六月 二十五

6월 25일 _ 한국전쟁 발발

인류의 '주적'은
전쟁이다

전쟁, 비상의 일상화, 몰상식의 상식화

　　전쟁은 세상을 완전히 뒤집어버린다. 나무뿌리가 뽑히고 구릉이 깎여나가가며 건물이 무너져내릴 뿐 아니라, 세상을 지탱하던 가치관 자체가 뒤집힌다. 전시戰時에는 비상非常이 일상日常이 되며 몰상식이 상식이 된다. 평시라면 살인, 절도, 방화, 사기죄에 해당할 행위들이, 적敵을 대상으로 했을 경우에는 영웅적인 행동이 된다. 적을 사살하고 적의 보급품을 훔치고 적의 시설물에 방화하고 적을 속이는 일들은 모두 훈장감이다. 그런데 피아彼我가 명백히 구분되지 않는 경우가 많아서, 종종 애먼 양민이 큰 피해를 입기도 한다. 전쟁 중에는 이런 억울한 희생도 일상의 일부다. 전쟁은 불가피不可避와 부득이不得已를 삶과 죽음의 핵심 구성요소로 배치한다.

　혹자는 전쟁이야말로 인간의 '본성本性'을 가장 적나라하게 드러내는 상황이라고 주장하기도 한다. 인간과 동물의 본성이 같다고 보는 관점에서는 이 말이 맞다. 전쟁 중에 부모를 잃고 굶주리다 먹을 것을 찾아 쓰레기통을 뒤지는 어린아이가 주인 잃고 거리를 헤매는 개나 고양이와 다른 점은 그리 많지 않다. 전쟁은 인류가 수백만 년 동안 축적해온 '인간다움'의 본령을 허물어버리고, 인간을 들짐승과 다를 바 없는 '원초적 존재'로 퇴화시킨다. 전쟁은 인간 생존에 절대적으로 필요한 물질들을 그야말로 '신격화'한다. 포연砲煙이 자욱하고 탄우彈雨가 빗발치는 전선戰線과는 별도로, 후방에서는 빵 한 조각, 쌀 한 줌을 얻기 위한 '민간인'들의 전투가 벌어진다. 이 전투에서는 칼이나 돌 같은 '흉기凶器' 뿐 아니라 웃음과 아양, 몸 자체도 무기가 된다. 이런 치열한 '생존 전쟁'의 와중에 어쩌다 '공짜'로 얻는 물질은 신神이 내려주는 특별한 축복이었다.

인도주의로 포장된 '현대전'

본질상 인간다움에 적대적인 전쟁에서 '인도주의'를 운위하는 것 자체가 심하게 우스꽝스런 역설이기는 하지만, '현대전'의 주역들은 어떻게든 전쟁이 인간성 자체를 말살한다는 비난에서 벗어나려 들었다. 전쟁과 인도주의라는 전혀 어울리지 않는 두 개념을 나란히 붙여놓는 것은 현대의 모든 나라들에서 저널리즘의 관행이 되었다. 점령지에서 민간인 부상자를 치료하는 군의관이나 고아에게 먹을 것을 건네는 사병의 사진을 크게 싣고 그 아래에 '전쟁터에서 꽃피운 인도주의' 따위의 글을 써넣는 것은 상투적이기는 하나 그래도 나름대로 감동을 주기는 한다.

한국전쟁 중에도 미군기의 공습으로 중상을 입은 민간인이 미군 병원을 찾아가서 치료를 애걸하거나 부모를 잃은 고아들이 미군 병사들에게 먹을 것을 구걸하는 일은 무수히 많았다. 자기를 다치게 하거나 부모를 죽게 만든 그 군인들에게 구료求療와 구원救援을 받는 모순된 상

한국전쟁 당시 미군의 구호물자를 얻기 위해 몰려든 어린이들

전쟁은 본질상 인간다움에 적대적이다.
그러나 '현대전'의 주역들은 전쟁이 인간성 자체를 말살한다는 비난에서 벗어나기 위해
전쟁과 전혀 어울리지 않는 인도주의를 강조한다.
한국전쟁에서도 마찬가지였다.
부모를 잃어 먹을 것을 구걸하는 고아들에게
구호물자를 나눠주는 것은 '의로운 전쟁'의 표지였다.

황에서는 원한과 은혜라는 관념도, 피아彼我의 구분도 모호해지게 마련이다. 현대 전쟁은 그렇게 정반대되는 것들을 동거同居시키면서 자신에대한 공포와 분노를 희석시키는 기술을 발전시켰다. 물론 여기에는 인도주의라는 숭고한 가치 말고 전술적이거나 외교적인 고려도 작용했다. 아군 지역의 민간인뿐 아니라 점령 지역의 민간인들, 심지어 적군敵軍들조차 '인도주의적'으로 대우하는 것은 그 군대가 짊어지고 있는 '정의正義'의 양量을 표시하는 일이었다. 인도주의는 본래 '힘 대 힘'의싸움인 전쟁을 '선善과 악惡'의 싸움인 양 꾸며주는 가장 효율적인 도구다. 조금 더 인도주의적인 군대가 조금 더 정의로운 군대라는 생각은군인과 민간인 모두를 자기편이 치르는 '전쟁의 대의大義'에 동조시키는 데 상당한 위력을 발휘했다. 물론 이 도구를 활용하기 위해 현대의군대는 '군수품'뿐 아니라 민간인의 생활을 지원하는 물자를 추가로 확보해야 했지만, 그 정도 지출은 감내할 만한 것이었다.

전설의 만병통치약 대우 받은 미제 약

비행기에서 낙하산에 매달린 큰 나무 상자 하나가 떨어졌는데, 열어 보니 통조림 깡통하고 이것저것 먹을 것이 잔뜩 들어 있었지. 동네 사람들이 벌떼같이 달려들어 아무거나 막 집어가는 통에 나도 겨우 봉지 하나 집어 들고 집에 가져왔는데, 까만 가루가 들어 있더란 말이야. 설마 먹고 죽을 걸 집어넣었겠나 싶어 손가락에 묻혀 맛을 봤는데, 무척 쓰더라고. 아, 이것 틀림없이 미제약이로구나. 그래서 배가 아프거나 열이 나면 한 움큼씩 입안에 털어 넣었지.

한국전쟁 중 분쇄 커피를 처음 접한 촌부村婦의 회고다. 해방 이후 '미제 약'은 전설의 만병통치약 취급을 받았다. 전쟁은 군이 정의正義와 인도人道의 탈을 쓰지 않더라도 가장 '인도적'이라고 자처하는 학문인 의학을 발전시킨다. 전쟁에서 아군 부상자를 한 명 회복시키는 것은, 적군 한 명을 죽이는 것과 같은 효과를 발휘한다. 전쟁 중에 쏟아져 나오는 부상자들은 의사들에게 '임상실험'의 인도주의적 원칙쯤은 가볍게 무시하라고 요구한다. 마구잡이로라도 환자들을 치료해야 했던 의사들은 '경험'에서 배웠고, 후방의 군 지휘부는 제약회사들에게 병사들의 부상과 감염을 줄일 수 있는 의약품 개발을 독촉했다.

2차 세계대전 중에 개발되거나 대량 생산된 페니실린, 스트렙토마이신 등의 항생제와 설파제 등의 살균제는 전쟁이 끝난 뒤 미군을 따라 한반도에 첫발을 디뎠다. 일본산 약제들과 비교할 수 없을 정도로 월등한 효과를 보인 이들 약제가 한국인들에게 '신비의 영약' 대접을 받은 것은 당연했다. 한국전쟁 중 총탄이나 포탄 파편에 맞은 병사들은 그 직후 페니실린 주사를 맞았다. 의술에 대해 전혀 모르는 상태에서 징집된 위생병들이 가장 먼저 배우는 것도 페니실린 주사 방법이었다. 후방에서도 미군 보급창이나 군 병원에서 흘러나온 의약품들은 암시장에서 고가高價로 거래되었을 뿐 아니라 현금처럼 통용되기도 했다.

DDT, 인체에 유해하나 해충보단 낫다

'미제 약'을 전폭적으로 신뢰하게 된 사람들은 의약품에 일반적으로 따

피난민들에게 DDT를 살포하는 UN군

DDT 살포기가 이미 머리카락에 세례를 받은 남자의 바지춤에 들어가 있다.
자기 차례를 기다리는 소년은 DDT가 해로울 것이라고는 전혀 생각하지 않는 듯, 심드렁한 표정이다.
* 출처: 서울대학교병원 의학박물관.

라붙는 효능, 용도, 용법, 부작용 등의 '주의사항'들을 가볍게 무시했다. 한국인들이 세계에서 항생제를 가장 많이 사용한다는 이야기가 나온 지 꽤 오래되었고, 이렇게 항생제를 남용하는 관행이 한국전쟁 중에 형성되었다는 것이 통설인바, 아마도 그 무렵에는 항생제나 설파제 오남용으로 인해 몸을 버리거나 죽은 사람도 꽤 많았을 것이다. 하지만 그러거나 말거나 병이 나으면 약이 좋은 덕이었고, 부작용으로 고생하거나 죽으면 운수가 나쁜 탓이었다. 대다수 사람들은 언제나 저 편한 대로 생각하며 살게 마련이다.

그 촌부村婦가 운 좋게 공짜로 얻은 '미제 검은 가루약'은 다행히 약간의 '불면증不眠症'을 수반한다는 것 말고는 부작용이 없는 약이었다. 반면 그 무렵에는 아무나 쉽게 접할 수 있는 '흰 가루약'도 있었는데, 부작용이 만만치 않았다. DDT도 미군이 한반도에 진주할 때 처음 가지고 들어온 약품이었다. 이 약품은 사람 몸에 기생하는 각종 해충을 전멸시키는 '기적의 약'이었다. 이 약품의 놀라운 효능에 감탄한 의생醫生이 환자에게 주사하여 죽게 만든 일까지 생길 정도였다. 그 정도로 신뢰받던 약품이었기 때문에 1946년 2월 위생국 화학연구소에서 DDT 자체 생산에 성공하자 모든 언론은 '세계적인 연구의 완성'이라고 극찬했다. 하지만 1945년 11월에 이미 미군정 당국자는 "DDT는 인체에 유해하나 아직은 가장 효과적인 살충제다. 한국인들은 잘 씻지 않고 옷도 자주 갈아입지 않으니 적어도 열흘에 한 번은 DDT를 살포해야 한다"고 기

---

* 의생醫生은 일제 강점기 한의사의 공식 명칭이다. 일제는 이들을 의사로 인정하지 않으면서도 허술한 식민지 의료체계의 빈틈을 메우는 자원으로 이용했다. 해방 직후 상당수 농촌 지역에서 의생醫生은 유일한 의료 인력이었다.

록했다. 미군은 DDT의 유해성을 잘 알면서도 한국인에게 직접 살포하는 일은 부득이하며 불가피하다고 판단했다. 물론 절대 다수의 한국인들은, 심지어 의사들까지도, 이 약품의 부작용과 위험성에 대해 알지 못했다.

목욕물보다 DDT를 더 자주 접했던 시절

전쟁 중 피란민들은 검문소를 지날 때마다 DDT 가루를 뒤집어써야 했다. 미군의 군사적 관점에서 그들은 사람이기 이전에 전염병을 확산시킬 우려가 있는 '숙주'들이었다. 피란민들도 굳이 거부하지 않았다. 그들은 DDT가 효능 좋은 '미제 약'이라고만 생각했다. 그런 약을 '공짜로' 뿌려주는 데 마다할 이유가 없었다. 전쟁 중, 그리고 전쟁 후에도 상당 기간 동안 거리에 '임시 방역소'를 설치하고 지나는 사람들의 몸에 직접 DDT를 뿌리는 것은 아주 익숙한 일상 풍경이었다.

DDT가 세균이나 벌레뿐 아니라 사람에게도 해롭다는 사실이 널리 알려진 것은 1970년대에 접어들 즈음이었고, 그 얼마 후부터는 아예 농약으로도 사용하지 않게 되었다. 하지만 이미 뿌려진 DDT는 아직껏 생태계에 잔류해 있다. 농작물에 남아 있는 미량의 농약 성분에도 민감하게 반응하는 요즘 사람들의 눈으로 볼 때, 반세기 전 온몸에 DDT를 뒤집어쓰고도 태연하게 웃던 사람들은 무지몽매한 야만인이거나 인간이라고 하기 어려운 존재다.

'전쟁을 각오하라', 사람이 해서는 안 되는 말

역사는 상황의 변화만이 아니라 사람의 변화까지도 포함한다. 한국전쟁을 '겪어낼 수 있었던' 사람들과 지금 사람들은 전혀 다른 존재다. 현대 한국인들은 여름 내내 목욕 한 번 안 하고도, 겨우내 옷 한 번 안 갈아입고도 살 수 있었던 한국전쟁 때의 사람들이 아니다. DDT를 뒤집어쓰라거나 주사기 하나로 여러 명에게 접종해도 참고 맞으라는 요구에 순순히 응할 사람들도 아니다. 그런 상황이 오면 다들 그렇게 살 수 있을 거라고 믿는 사람들이 많지만, 정말 대다수 사람들이 그럴 수 있을지는 알 수 없다.

근래 남북관계가 악화할 때마다 '전쟁을 각오하자'거나 '아예 전쟁을 하자'고 목소리 높이는 사람들이 늘어나고 있다. 전쟁은 무슨 컴퓨터 게임도 아니고 군인들에게만 영향을 미치는 국지적 상황도 아니다. 현대 전쟁은 사람들의 삶의 방식과 구조를 전면적으로 뒤바꾸는 '일상과 가치의 전복顚覆'이며 '전복적 상황'이다. 전쟁보다 더 나쁜 상황에 자주 노출됐던 과거 사람들과 달리, 현대 한국인들은 전쟁이 조성하는 상황 전반에 '적응'할 준비가 안 된 사람들이다. 그런 사람들에게 '전쟁을 각오하라'고 하는 것은, 사람으로서 차마 할 말이 아니다.

六月 三十日

6월 30일 _ 한양상회, 기업 이미지 광고 게재

물질과 욕망이 지배하는 시대,
'지름신'의 거소 백화점

전근대 도시의 중심, 왕궁과 신전

동서양을 막론하고 전근대 도시의 중심부에는 왕궁이나 신전이 있었다. 오늘날 관광객들이 가장 많이 찾는 장소도 옛 왕궁과 신전이다. 외국의 역사 도시를 찾는 한국인들은 여행 일정에서 오래된 왕궁과 사찰, 교회와 성당을 빠뜨리지 않으며, 한국을 찾는 외국인들 역시 궁궐과 전통 사찰들을 주로 찾는다. 이런 건물들에는 당대 최고 수준의 기술과 예술이 집약되어 있다. 건물을 구성하는 자재 하나하나가 다 특별하며, 건물 안에 있는 작은 비품이나 소품까지도 그 건물 안이 아니라면 박물관과 미술관 말고는 달리 가져다 둘 데가 없는 것들이다. 이런 건물들은 지극히 웅장하고 화려하며 섬세하여 도대체가 사람이 만든 것이라고는, 그리고 사람이 살기 위해 지은 것이라고는 믿기 어려운 느낌을 준다. 이것이 바로 권력이 엄청난 규모의 인력과 물력을 동원하여 이런 건물들을 짓는 이유다. 권력은 사람보다는 신神에 훨씬 더 가까운 곳에 있다는 믿음을 주기 위해서.

신전과 왕궁은 또한 도시 내 도로의 출발점이자 종점이며, 때로는 중심점이었다. 도시 내 도로는 사람들의 시선視線과 동선動線을 중심부의 신전과 왕궁으로 유도하기 위한 장치이기도 했다. 이들 건물은 자기가

서 있는 도시를 찾는 모든 사람들의 시선 앞에서도 당당할 수 있는 자격을 갖추고 있다.

백화점, 물신物神이 임하는 현대의 '성소'

그러나 현대인들은 설령 이들 건물이 자기 종교의 성지라 하더라도 막상 그 앞에서, 심지어 그 안에서조차 그리 큰 종교적 예술적 감흥을 느끼지 못한다. 물론 "야, 정말 대단해. 책에서 보던 것보다 훨씬 아름답고 정교해" 같은 말들은 한다. 하지만 성당 벽에 걸린 예수 초상이나 법당 좌대 위의 불상을 찬찬히 우러르며 살피지는 않는다. 그러려 해도 여행 가이드들이 서두르라고 독촉한다. 하지만 그 독촉에 불쾌해하는 사람보다는, 별로 대단치도 않아 보이는 것을 찬찬히 살피는 일행에게 눈총을 주는 사람이 더 많다. 또 그런 곳들에는 흔히 동전을 던져 한가운데에 올려놓으면 소원이 이루어진다는 '기적의 분수대'나 '복전함' 같은 것들이 있다. 사람들은 주머니를 뒤져 환전도 안 되는 소액 동전 몇 개를 찾아 몇 번 던지거나 집어넣고는 바로 뒤돌아선다.

관광객들에게 진정한 심리적·영적 만족감을 주는 곳은 다른 곳, 백화점이나 면세점이다. 현대 도시민들에게, 아니 현대인 모두에게, 백화점은 물질에 대한 잠재된 욕망을 마음껏 발산할 수 있는 장소다. 백화점은 물질이 인간을 지배하는 시대, 이른바 '물질만능주의' 시대에 물신物神이 거처하는 성소聖所다. 사람들은 수시로 이 성소에 찾아가 어떤 물질이 새로 나왔는지, 어떤 물질이 자신에게 더 큰 심리적·영적靈的 만족을 줄 수 있는지 경건하게 살피고, 스스로 선택한 물질을 영접하기 위해 기꺼이 지갑을 연다. 이 성소는 십일조나 투명 봉투 같은 '헌금의 규칙'을 정하지 않는다. 그래도 사람들은 이곳에서 영적 위안을 얻기 위해 거액을 헌금하곤 한다. 백화점 상품들이 같은 품질의 시장 물건보다 훨씬 더 비싸더라도 문제 삼지 않는다. 사람들이 백화점을 찾는 이유는, 물질이 아니라 욕망을 소비하기 위해서다. 백화점은 현대의 가장 강력한 신, 사람이 거부할 수 없는 엄청난 마력을 발산하는 '지름신'의 거소居所다.

우리나라 최초의 백화점 한양상회

1887년 프랑스 파리에서 봉 마르쉐라는 백화점이 문을 열었다. 매장 면적 25,000m²의 규모에 아크등 360개, 백열등 3,000개를 설치하여 밤거리에 휘황찬란한 빛을 뿌렸던 이 건물은 당대의 어느 궁궐이나 신전보다도 화려하고 웅장했다. 프랑스의 문호이자 양심적 지식인 에밀 졸라Emile Zola는 그다운 통찰력으로 이 건물의 위상을 정의했다. "백화점은 현대의 신전이다." 백화점은 오늘날 세계 거의 모든 도시의 중심부를 장악하고 있다. 그 안에는 신상神像이 아니라 '상품들'만 있으나, 그 상품들이야말로 현대의 신상神像이자 '신줏단지'다.

우리나라에서 백화점을 자처한 최초의 상점은 1908년에 설립된 한양상회였다. "해외 여러 제조장과 특약을 체결하고 참신 유행의 양호품을 수입하며 우리나라 중앙인 한성 종로에 자리하여 장대한 가옥에 화려한 진열로 우리나라 제일가는 데파트먼트 스토아, 즉 최最 완전한

대한제국기의 잡화상

점포 안과 건물 밖 매대 위에 온갖 상품을 늘어놓고 있다.
한양상회 사진은 남아 있지 않지만, 이보다 규모가 큰 잡화상을 연상하면 될 것이다.
현대의 백화점은 이 시절의 '양품洋品 잡화상'에서 출발했다.
* 출처: 최석로 해설, 《(옛 그림엽서로 본) 민족의 사진첩 IV. 개화기의 생활과 풍속》, 서문당, 2007, 91쪽.

점포를 이루었나이다."(1910년 1월 1일자 광고). 한양상회는 오늘날의 기준으로는 작은 잡화점에 불과했을 것으로 추정된다. 하지만 짧은 광고 문안임에도 해외 수입 상품, 참신 유행, 나라의 중앙, 장대한 가옥, 화려한 진열 등 현대 백화점이 갖춰야 할 모든 요소들이 망라되어 있다. 우리나라에서도 백화점에 대한 '이미지'가 20세기 벽두에 이미 형성되어 있었음을 유추하게 하는 광고다. 한양상회는 문방구, 화장품, 양주, 서양 연초, 양복 부속품 등 오늘날의 백화점 1층 매장에 들어 있는 물건들을 취급했으며, 지방부를 두어 전국 각지에 행상을 파견하기도 했다. 당시로서는 첨단의 마케팅 기법이었다.

한양상회의 반일 성향

그런데 한양상회가 설립된 때는 일본이 한국의 재정, 금융, 화폐 제도 전반을 개혁한다는 명목으로 한국 경제계를 일본 상인 중심으로 개편하던 무렵이었다. 화폐개혁으로 인해 한국 상인들이 보유한 화폐 자산은 휴지조각이 되었고, 최대 규모의 거래처이던 관부官府도 거래 상대를 일본 상인으로 바꿨다. 이런 상황에서 일본 자본의 '매판買辦' 노릇을 하던 일부를 제외한 대다수 한국 상인들의 정서가 '반일反日'로 기운 것은 자연스런 현상이었다. 굳이 임진왜란에 대한 기억이 아니더라도, 그리고 개항 이후 한국 상인들의 상권商圈을 지속적으로 잠식해온 일본 상인들에 대한 불만이 아니더라도, 일본과 일본인에 대한 불만과 적개심이 고조될 수밖에 없는 상황이었다. 이 시기 국권회복운동이나 반일

구국계몽운동에 상인들이 대거 참여한 것은 당연한 귀결이었다.

한양상회를 설립한 사람들의 면면에 대해서는 알 수 없으나, 그들의 정서 역시 이 무렵 한국 상인 일반의 정서와 다르지 않았다. 그들은 서울에서 발행되는 모든 한국어 신문에는 수시로 광고를 내면서도, 일본인들이 발행하는 신문에는 광고를 싣지 않았다. 사실 광고를 실어 봤자 실익實益도 없었다. 일본인들이 자기네 상점을 두고 한국인 '백화점'을 이용할 리 만무했다. 하지만 옛날에도 신문사 광고 영업 담당자들이 광고 효과보다는 광고를 내지 않았을 경우에 생길 '불이익'을 들어 협박하는 경우가 있었던 모양이다. 물론 그들 뒤에는 언제든 허위 비방 기사를 게재할 준비가 되어 있는 '데스크'가 있었을 것이고.

애국 마케팅의 기원

일본인이 발행하던 《한성신보》는 한양상회에 수차 광고 게재를 요구했다가 거절당하자 〈한양상회의 간악 수단〉이라는 기사를 실었다. 한양상회가 한국 최대 규모의 데파트먼트 스토아를 자칭하지만 실제로는 구비한 상품도 조악하고, 신용도 엉망이라는 비방 기사였다. 신문사가 광고비를 '뜯어내기' 위해 특정 기업에 불리한 내용을 '카더라' 식으로 보도하는 악습은 여기에서 비롯되었는지도 모른다. 이 악의적인 허위 비방 보도로 인해 한양상회가 곤경에 처하자, 한국인 상인들과 한국인 발행 신문들은 공동보조를 취하여 《한성신보》를 규탄했고, 결국 공개 사과를 받아냈다. 한양상회는 이에 대한 감사의 표시로 1910년 6월 30일부터 일주일 남짓 계속하여 '민족계' 신문들에 반면 광고를 실었다. 당시 신문이 4면 발행이었으니, 전체 신문 지면의 1/8에 해당하는 분량이었다.

우리나라 최초의 기업 이미지 광고라 할 수 있는 이 광고의 전문을 현대식으로 풀어 소개한다.

한양상회는 왜 이와 같이 조야朝野에서 만강滿腔의 동정을 표하는가?

한양상회는 왜 이와 같이 날로 번창하여 완전한 지경으로 진행하는가?

한양상회는 왜 상업계의 패왕霸王이라 칭하며 우리 한국의 상업가는 왜 한양상회의 일거일동을 모범으로 삼는가? 그렇다. 가장 참신한 학리學理, 축적된 경험은 신식 상법商法을 운용하기 능能할지요

풍부한 수만 종의 물품, 확실한 상사商事의 신용은 이 동포의 고객을 환영하기에 족할지니.

동포로서 상공업에 뜻을 두어 새로운 물품을 제조하며 혹은 확실한 상업에 대하여는 막대한 수고와 금전金錢을 아끼지 않고 돕고 계도하여 이를 성공케 하는 자도 오직 우리 한양상회요

이 나라의 물산을 수출하여 해외의 금융을 끌어들이는 자도 오직 우리 한양상회요 지방부를 특별히 설치하고 교통이 불편하여 도회와 농촌의 차이가 현격한 우리 한국에서 친절, 정직으로 지방 인사의 편익을 도모하는 자도 오직 우리 한양상회라.

아아, 한국인답지 않은 한국인이라면 모르겠거니와 진정한 대한국인으로 한양상회를 사랑하지 않는 자를 우리는 일찍이 보지 못하였도다.

이 광고를 통해 한양상회가 전달하려 한 메시지는 분명하다. 한양상회가 이 동포와 이 나라의 상공업 발전에 기여해왔다는 점, 그 기여도에 대

한양상회 광고 원문

漢陽商會는 何故로이와갓치 朝野에서 滿腔의 同情을
表호도가
漢陽商會는 何故로 日로 繁昌호야 完全호 域에 進行호도가
漢陽商會는 何故로 商業界의 霸王이라 稱호며 我韓의
商業家는 何故로 漢陽商會의 一動一靜을 模範호는가
然호다가 가쟝 嶄新호 學理、積蓄、驗歷은써 新式商法을
運用호기 能호지오
豊裕호 萬種의 物品、確實호 商事의 信用으써 同胞의 顧
客을 歡迎홈에 足호지니
同胞로써 商工에 有意호야 新案의 物品을 製造호며 或은
確實호 事業에 對호야는 多大호 手數와 金錢을 不惜호
고 幇助啓導호야써 此를 成功케 호는 者도오쟉우리 漢陽
商會요
本邦의 物産을 輸出호야 海外의 金融을 吸引호는 者도오
쟉우리 漢陽商會요
地方部를 特設호고 交通이 不便호야 都鄙의 差가 顯殊
호 我韓에 在호야 親切、正直으로 地方人士의 便益을 圖
호는 者도오쟉우리 漢陽商會라
噫라 似而不然호 韓國人은 已어니와 진실노 眞正호 大韓
國人으로 漢陽商會를 不愛호는 者는 吾輩는 일즉 不見
호얏도다

* 출처: 《황성신문》 1910년 7월 1일.

해 동포들과 동종 업자들에게 인정받고 있다는 점, 한양상회가 나라를 위해 더 기여할 수 있도록 동포들이 사랑해주기를 바란다는 점. 기업 광고이지만 그 기저基底에는 '애국심'이 있었다. 세계 어디에서나 이른바 '국민경제'가 형성되는 과정에서 흔히 나타나는 현상이다. 그리고 이렇게 '애국심'을 자극하는 기업 이미지 광고는 지금도 여전히 유효하다.

'신전'다운 면모를 자랑하는 현대의 백화점

일본의 한국 강점은 한국인들이 독자적으로 '국민경제'를 형성할 수 있는 길을 차단해버렸다. 한양상회가 이 광고를 낸 지 겨우 두 달 만에, 대한제국은 멸망하여 역사가 되었다. 일본인 및 한국인답지 않은 한국인들과 대립각을 세웠던 한양상회가 괘씸죄에 걸려들었을 것임은 어렵지 않게 짐작할 수 있다. 한국 최대 규모의 백화점, 한국인 상업가들의 '모범'이 되었던 최신식 한국인 상업시설, '우리나라 제일가던 데파트먼트 스토아' 한양상회는 아무 흔적도 남기지 못하고 소리 소문 없이 사라졌다.

하지만 그 뒤로 자본권력은 계속 강해져 정치권력에 대한 상대적 열세를 만회하고 결국은 관계를 역전시켰다. 그 시절의 백화점은 권력의 가벼운 입김에도 속절없이 스러졌으나, 오늘날의 백화점들은 정치권력의 소재 변동에 아랑곳하지 않고 "현대의 신전"다운 면모를 유감없이 과시하고 있다.

七月 六日

7월 6일 _ 일제 경찰, 무당 체포

세계 희유의
'다종교 단일민족국가' 한국,
통합은 '다름'을
인정하는 것

한국적 가축관, '개나 소나'

　　몇 해 전, 프랑스의 유명한 배우이자 가수이며 동물 애호 운동가인 브리짓 바르도Brigitte Bardot가 한국인들에게 공개서한을 보낸 적이 있다. "당신네 한국인들은 개의 눈을 자세히 들여다본 적이 있는 가? 그 선량하고 한없이 충성스런 맑은 눈을 보고도 어떻게 잡아먹을 수 있는가?" 대략 이런 취지였다. 이에 대해 어느 민속학자가 라디오를 통 해 답신을 보냈다. 브리짓 바르도가 그 방송을 들었을 것 같지는 않지만, 내용은 대략 이랬다. "당신네 프랑스인들은 소의 눈을 자세히 들여다본 적이 있는가?" 한국인이라면, 좀 더 구체적으로는 농촌 생활 경험이 있 는 한국인이라면, '소의 눈'이 의미하는 바를 직관적으로 느낄 수 있을 터 이다.

　사냥꾼과 양치기에게 개는 조수이자 친구이며 보호자이기도 하다. 그들은 직업상 '다른 사람' 없이는 살아도 개 없이는 하루도 살 수 없 다. 이런 이유로 수렵과 유목 생활에서 형성된 관습과 관점을 간직한 문화권에서 개는 특별하며 특권적인 동물이다. 다른 동물은 다 잡아먹 어도 되지만, 개는 먹으면 안 된다. 지구상에는 이루 헤아릴 수 없을 만 큼 많은 동물종이 있지만, 그들에게는 오직 개만이 '사람의 친구'다. 하지만 농사꾼에게는 개보다 소가 훨씬 중요하다. 밭을 갈 때에도, 무거운 짐을 운반할 때에도, 사람의 반려자는 개가 아니라 소다. 그런 소도 잡아먹는데, 일에 별 도움도 안 되는 개가 왜 문제란 말인가? 한국인들의 전통적 관점에서는 말 그대로 '개나 소나'다.

'최초의 선택'

인류가 유랑 생활을 멈추고 지구 위의 특정 표면에 정착할 수 있게 된 것은 신석기시대 농업혁명 덕분이었다. 프랑스의 역사학자 페르낭 브로델Fernad Braudel은 정처 없이 먹을 것을 찾아 떠돌던 어떤 인간 집단이 처음 정착지를 선택한 행위를 '최초의 선택'이라 불렀고, 이 최초의 선택이 이제껏 수천 년간 변하지 않은 '문화의 심층'을 규정했다고 보았다. 물론 '정착'은 '농경의 시작'과 같은 말이다.

그러나 기후와 풍토의 차이는 농경의 위상에도 영향을 미친다. 사람들이 식량의 거의 대부분을 논밭에서 구할 수 있는 지역이 있는가 하면, 그것만으로는 아무래도 부족한 지역이 있다. '육식의 즐거움'을 잃지 않으려 토지의 상당 부분을 방목지나 목초지로 남겨둔 지역이 있는가 하면, 아주 작은 자투리땅이라도 남김없이 논밭으로 바꿔놓아야 직성이 풀리는 문화권도 있다. 역시 브로델에 따르면, 농지는 같은 면적의 목초지보다 6배나 많은 인구를 먹여 살린다. 고기를 많이 먹지 않는 지역에서는 농자農者가 천하의 대본大本이지만, 육식을 즐기는 지역에서는 양치기와 사냥꾼이 우대받는다. 당장 기독교의 하나님도 양치기 아벨이 바친 양은 받아들이고 농부 카인이 바친 곡식은 내치셨다. 20세기 할리우드의 '서부영화'들에서도, 카우보이는 주인공이지만 농부는 엑스트라다.

고정된 집과 분할된 방

인간 세상을 지배하는 가장 강력한 이데올로기는 언제나 '먹고사니즘'이다. '먹는 것'은 한 사회의 생활문화 전반을 규정할 뿐 아니라, 그 구성원 일반의 인생관, 세계관, 우주관, 종교관까지 지배한다. "당신이 먹는 음식을 내게 말해주면, 나는 당신이 누구인지 알려주겠다"(브리야 사바랭,《미각의 생리학》(1825) 중)는 말에는 인간의 본질을 간파하는 통찰이 담겨 있다.

　정착 농업에 압도적으로 우월한 지위를 부여하는 지역에서는 집을 지을 때 '사람보다 오래 살게' 짓는다. 우리 옛 노래 〈달타령〉은 '양친부모' 모셔다가 천년만년 살 수 있는 집을 이상적인 집으로 묘사했다. 수백 년간 지표에 고정되는 이런 집은 내부 공간도 고정되어야 했다. 이런 집의 내부 공간은 용도에 따라 벽체로 확실히 분할된 '방'들로 구성된다. 가족의 공용共用 공간이 상대적으로 적고 대신 각 가족 구성원들에게 '방'이 할당된다. '방'은 '나만의 공간'이거나 가족 구성원 중에서도 특별히 친밀한 사람들끼리만 공유할 수 있는 공간이다. 방은 최소 단위의 사생활 공간이자 사생활의 최대치를 보장하는 공간이다. 옛날에는 비록 한집 식구라 하더라도 방 밖에서는 '기본적인 예의'를 갖춰야 했다. 사람을 '완전히 자유롭게' 풀어주는 곳은 그의 방뿐이었다. 지금도 이런 '전통'을 고수하는 것이 '뼈대 있는 집안'의 징표라 믿는 사람들이 드물지 않다.

한국인들의 유별난 '방 사랑'

한국인들의 유별난 '방 사랑'도 이런 문화가 표현되는 방식일 것이다. 초기 한국형 아파트의 거실은 옛날 집의 마당에 해당했다. 하지만 마당이 '실외'인 데 반해 이 거실은 '실내'와 '실외'의 경계선상 어디쯤에 어정쩡하게 자리 잡은 공간으로 취급되었다. 무엇보다도 거실은 남의 시선을 피할 수 없는 공간이었다. 그래서 아파트의 안주인들은 '남의 눈'을 의식해 거실을 호화스럽게 꾸며놓고서도 월부 책장수나 보험 외판원요즘엔 보험설계사로 이름이 바뀌었지만 등 '바깥사람'들만 거실에서 맞이하고 내보냈다. 친한 사람이 오면 값비싸고 안락한 소파가 놓인 거실을 두고 굳이 '안방'으로 불러들여 방석을 내주곤 했다. 지금은 거실도 '리빙룸 living room'이지만, 과거 한때에는 '방'이 '거실'보다 훨씬 우월한 지위에 있었다.

'방'에 특별한 의미를 부여하는 한국인들의 문화는 놀이시설의 이름과 형태에서도 예외 없이 드러난다. 노래방, 놀이방, PC방, 소주방, 비디오방, 룸살롱, 룸카페 등. 이밖에도 별의별 희한한 방들이 있다. 한국인들에게 '방'이라는 한 글자 단어는 '남의 눈을 의식할 필요가 없다'는 강력한 메시지를 전달하는 기호다. 반면 '홀'은 한 세대 전만 해도 처신하기에 어색한 공간이었다. 한국인들의 몸은 남의 눈을 의식하는 순간 저도 모르게 굳는다. 다른 나라 사람들의 내밀한 사생활을 접하지 못해서 잘은 모르지만, 아마 정착 농경민의 문화가 다 이와 비슷할 것이다.

홀 문화와 프라이버시

그런데 유목과 수렵 문화를 '심층'에 둔 지역들에서 나타나는 양상은 이와 많이 다르다. 몽골 유목민들의 게르가 대표적으로 보여주는 것처럼, 그들은 '이동 가능한' 집을 짓는다. 지표 위에 고정시키더라도 칸칸이 방으로 나누지는 않는다. 고대 로마에서도, 중세 프랑스와 스페인 지방에서도, 농경과 목축을 겸하는 지역의 집들은 내부에 칸막이가 따로 없이 뻥 뚫린 구조였으며, 그 하나의 '실내'에서 사람과 가축이 섞여 살았다고 한다. 그 지역 사람들은 실내를 구획할 필요가 있을 때에는 임시로 장막을 쳤다. 고정된 벽이 아니라 가변적인 커튼이 사생활을 보호하는 단위였다. 그렇다 보니 그들은 다른 가족 구성원들에게 개인의 사생활을 완벽하게 감출 수 없었다. 심지어 부부 사이의 가장 내밀한 사생활이나 애정 표현조차도 다른 사람들의 이목에서 완전히 벗어나기 어려웠다. 그들이 프라이버시를 그토록 강조하는 것도, 역설적으로 프라이버시가 완벽하게 보호되는 공간이 적었기 때문일 것이다.

한국인들의 '전통적' 관점은 공공장소에서 '중인환시리衆人環視裏' '뭇 사람이 두루 보는 가운데'라는 뜻이다에 이루어지는 '애정 표현'을 용납하지 않는다. 공공장소는 예의와 범절, 격식이 지배해야 하는 공간이다. 그런 짓은

'제 방'에 들어가 해야 한다. 하지만 완벽하게 격리된 '제 방'을 갖지 못했던 사람들에게, '남의 시선'은 상수常數였다. 문제는 보느냐 안 보느냐가 아니라, 보고 간섭하느냐 간섭하지 않느냐에 있었다. 지하철 안에서 진한 키스를 나누는 젊은 커플에게 싫은 소리를 던지는 것은 그들의 프라이버시를 침해하는 것일까? 아니면 그들의 행위가 주변에 있는 다른 사람들의 프라이버시를 침해하는 것일까? 이 질문에 정답은 없다. 답을 결정하는 것은 문화다. '방 문화'는 주로 프라이버시의 '공간'을 문제 삼지만, '홀 문화'는 그 '행위 자체'를 문제 삼는다.

다신교와 유일신교

특정 지표에 고정되어 평생을 보내는 사람들과 수시로 이동하는 것을 당연하게 여기는 사람들은 '신'을 인지하고 대하는 태도도 다르다. 조선시대까지만 해도 대다수 한국인들은 일평생 자기 마을을 포함하는 일정 구역을 둘러싼 '산山들' 바깥으로 나갈 일이 거의 없었다. 그들에게 자연의 형상은 고정불변이었다. 남산은 남산일 뿐, 북산이 될 수 없었다. 고정불변은 곧 영생불멸이다. 그들은 자기 마을을 굽어보는 산에도, 그 산 어디쯤에 있는 아주 오래된 나무와 아주 크고 신비한 형상의 바위에도, 그 산 어느 동굴에 서식하는 맹수에도, 신격神格을 부여했다. 그들은 자연을 언제나 한결같은 모습으로 자기들을 보살피고 감싸주는 신으로 섬겼다. 그래서 정착 농경민의 종교는 대체로 '다신교'이며, 그들의 종교관은 '범신론汎神論'이다.

대한제국 시기의 굿판

자기들의 전통 종교인 '신도神道'를 국교로 삼아
'국민'을 창출하려 했던 일제는 신도와 종교적 메커니즘이 비슷한
한국의 기층 종교를 '미신迷信'으로 몰아 집중 탄압했다.
* 출처: 조풍연 해설, 《(사진으로 보는) 조선시대 상—생활과 풍속》, 서문당, 1987, 123쪽.

반면 유목 지대나 반농반목半農半牧 지대에 사는 사람들은 '단 하나의 신'을 섬기는 경향이 강했다. 떠돌아다니는 사람들의 눈에는 자연의 형상도 가변적으로 보인다. 어제 있던 곳에서는 남산이던 산이, 오늘 있는 곳에서는 북산이 되는 경우가 허다하다. 그들에게 '불변不變'이나 '규칙적인 변화'는 밤하늘의 형상뿐이었다. 물론 하늘을 신神의 거소居所로 보는 태도가 유목민에게만 있는 것은 아니다. 그것은 청동기시대 이래 이른바 '문명 지대'에서 살아온 사람들이 지켜온 보편적 믿음이었다. 다만 유목민들에게는 하늘에 있는 '신들'을 단일화하고, '신상神像'들을 폐기해야 할 절실한 생활상의 필요가 있었다. 이리저리 옮겨 다녀야 하는 처지에 신상들을 '모시고' 다니다 자칫 떨어뜨려 파손시키기라도 하면, 그보다 더한 불경不敬도 없었을 것이다. 그래서 다신교 지역에는 고만고만한 성지聖地가 곳곳에 흩어져 있는 반면, 유일신을 섬기는 지역에는 '단 한 곳의 최고 성지聖地'가 다른 모든 '성지들' 위에 우뚝 서 있다. 이른바 16세기 '대항해시대Grandes Navegações(또는 The Era of Grand Voyage)' 이전에는 다종교 지대와 유일신교 지대 사이의 교류는 거의 없었고, 그래서 신들끼리도 거의 싸우지 않았다.

　유사 이래 종교는 민족문화를 규정하는 핵심 요소였고, 오늘날에도 전 세계 민족 분규의 태반은 종교로 인해 발생한다. 다신교도들에게는 남의 유일신도 그냥 여러 신들 중의 하나일 뿐이지만, 유일신교도는 다른 신을 용납하지 않는다. 서로 다른 유일신을 섬기는 종족이나 민족 사이에서는 목숨을 건 싸움이 반복되었지만, 다신교 지역에 들어간 유일신은 상대적으로 큰 어려움을 겪지 않고 정착했다. 그 때문에 인류 사이의 교류가 비약적으로 확대된 '대항해시대' 이래, 유일신교의 세력은 커지고 다신교의 힘은 줄어들었다.

민속으로 격하된 전통 민간종교

1917년 7월 6일, 서울 동사헌정東四軒町현재의 장충동 어떤 집 마당에서 요
란한 징 소리와 꽹과리 소리가 울려 퍼졌다. 집 주인이 딸의 복통을 고
치기 위해 인근 무당을 불러 굿판을 벌인 참이었다. 소리를 듣고 달려
간 혼마치本町 경찰서 순사는 다짜고짜 무당을 체포하고 마당에 차려져
있던 음식과 무구巫具, 등불들을 모두 압수했다. 체포된 무당은 즉결심
판에서 구류 5일에 처해졌다. 이 무렵 일제는 변장 경찰까지 동원하여
동네 곳곳을 정탐하다가 무당이 굿하는 모습을 발견하면 바로 잡아들
였다. 다른 민족의 문화를 말살하는 데에는 사람을 굴복시키는 것보다
그들이 섬기는 신을 굴복시키는 편이 훨씬 효과적임을 잘 알았기 때문
이다. 사실 그들의 종교나 한국인들의 '전통 민간종교'나 농경문화에
일반적인 다신교이자 범신론인 점은 같았다. 그럼에도 그들은 자기들
전통종교는 '신도神道'라 부르면서 한국인들의 전통종교는 '미신迷信'으
로 격하시켰다.

　일제 강점기 내내, 나아가 해방 후까지도 '지식인'들은 서양인, 일본
인, 한국인 가릴 것 없이 이른바 '미신 타파 운동'이라는 명목으로 지속
적인 종교 개혁 운동을 펼쳤다. 그리고 이제 '정령 숭배'나 '영혼 숭배'
와 같은 전통 민간종교는 '종교'가 아니라 '민속'의 하나, 즉 '무속巫俗'
이라는 새 이름을 얻었다. 하지만 미신迷信의 영역으로 쫓겨난 뒤에도

일제 강점기 무당

일제는 한국 강점 후 자신들의 전통종교는 '신도神道'라고 부르면서
한국인들의 전통종교는 '미신迷信'으로 격하시켰다.
변장 경찰까지 동원하여 정탐하다가 무당이 굿하는 모습을 보면 바로 잡아들였다.
다른 민족의 문화를 말살하는 데에는 그들이 섬기는 신을 굴복시키는 것이
효과적임을 알았기 때문이다.
* 출처: 조풍연 해설, 《사진으로 보는 조선시대(속)—생활과 풍속》, 서문당, 1987, 148쪽.

전통 민간종교는 완전히 사라지지 않았고, 오히려 그 기복적祈福的 성격은 다른 종교들에 영향을 미쳤다.

오늘날의 한민족은 여러 다양한 종교인으로 분열되어 있으면서도 스스로 '단일민족'임을 믿어 의심치 않는 거의 유일한 민족이다. 이렇게 된 데에는 여러 사정이 있겠지만, 다신교의 토대 위에서 유일신을 받아들인 것도 '개방적'인 태도를 만드는 데 크게 기여했을 것으로 보인다. 이렇듯 '다름'을 인정하는 태도가 다른 영역으로도 확산된다면, 한국 사회는 지금보다 훨씬 더 개방적이고 역동적이며 온화한 사회가 될 것이다.

七月 八日

7월 8일 _ 신생활복 착용안 통과

'의복 통일',
전체주의적 저질
생체 권력의 상징

옷, '우리'와 '남'을 가르는 표지

아마존 유역이나 파푸아뉴기니에 사는 일부 원주민들이 몸의 주요 부위를 가리려고 걸치는 것을 옷이라 해야 할지 장신구라 해야 할지 단정하기란 쉽지 않다. 요즘 속옷 중에도 옷이라기보다는 장신구에 가까운 것이 있으니 말이다. 인류의 진화 방향이 본래 털이 적고 짧고 성긴 쪽이었는지, 아니면 옷을 만들어 입기 시작했기 때문에 그런 방향으로 '역진화'했는지도 쉽게 답할 수 없다. 구약성서에는 인류가 옷을 '발명'한 것은 추위로부터 몸을 보호하기 위해서가 아니라 선악과를 따 먹은 후에 갑자기 수치심이 생겼기 때문이라고 기록되어 있다. 그 기록대로라면 최초의 옷은 몸이 아니라 마음, 즉 '수치심'을 가리기 위한 수단이었다.

근래 '기능성 의류'라는 말이 유행하는데, 사람의 신체를 위해 어떤 기능을 수행하든 옷은 아주 오랜 옛날부터 '우리'와 '남'을 가르는 표지였다. 어쩌면 먼 옛날 사람들은 '언어' 이전에 옷으로 먼저 피아彼我를 구분했을지도 모른다. 옷에 문양을 넣거나 색을 입힌 것도 '표기'와 '주술'을 위해서였다. 고대적 생활양식을 고수하며 옷을 아예 입지 않는 사람들도, 싸우러 나갈 때나 사냥하러 갈 때 또는 마을에 혼례 등의 축제가 있을 때에는 자신의 신체에 바로 '염색'을 한다. 옷감을 보호하고 세탁 빈도를 줄인 것은 염색의 부수적 효과였을 뿐이다.

집체성과 개성 사이에서

동서양을 막론하고 근대 이전에는 같은 부족 또는 민족 내 같은 신분의 사람들은 대체로 같은 모양, 같은 색의 옷을 입었다. 근래에는 한복韓服에도 개량한복, 생활한복 등의 이종異種이 생겨났지만, 조선시대까지 동同시간대의 의상 디자인은 기본적으로 같았다. 신분의 차이를 드러내는 것은 옷의 디자인이 아니라 재질이나 색감, 바느질의 정교함 등이었다. 인류사를 통틀어 보자면, 옷은 '개성'보다는 '집체성'을 표시하는 수단으로 훨씬 오래, 일반적으로 사용되었다.

옷에 '개성'이 담기게 된 것은 개인이 공동체에서 해방된 근대 이후의 일이다. 하지만 아직도 옷에서 개성이 차지하는 비중은 미미한 편이다. 사람들은 옷을 사거나 입을 때마다 나름대로 개성을 살려보겠다고 애를 쓰지만, 그러면서도 자기가 선택한 옷이 '유행'에 뒤쳐진 것은 아닌지, 다른 사람들이 입은 옷과 너무 달라서 튀어 보이지는 않는지 고민하곤 한다. 사람들이 옷을 통해 표현하고자 하는 개성은 '집체성' 안에 머물러 있는 개성일 뿐이다. 집체성과 동떨어진, 흔히 말하는 대로 유행과 한참 엇나가는 옷을 입은 사람들은 외모나 사용하는 언어에 관계없이 이질적인 존재, 공동체 내부에 용납하기 어려운 이방인으로 취급되기 마련이다. 그래서 옷에 대한 거의 모든 금기禁忌가 사라진 현대에조차, 옷을 선택하는 일은 '구동존이求同存異' 차이점을 인정하면서 같은 점을 추구할의 외교적 감각을 필요로 한다.

"마치 흰 구름이 흘러가는 것 같다"

100여 년 전 한국인의 옷차림을 본 외국인들은 거의 모든 사람들이 똑같은 모양, 똑같은 색깔의 옷을 입고 있는 데 대해 놀라움을 표시했다. 섬유산업을 기축으로 진행된 산업혁명 덕에 값비싼 옷감에 대한 부담감에서 해방되고 한두 종류의 옷감밖에 사용할 수 없었던 질곡에서 벗어난 사람들이 보기에, 한국인의 옷차림은 너무 단조로웠다. 그들은 수많은 한국인들이 몰려다니는 모습을 마치 흰 구름이 흘러가는 것 같다고 묘사했다. 때로는 한국인들의 의복이 '백색'이라기보다는 '노란색'에 가깝다고 비아냥대기도 했다. 갓 빨아서 하얗게 빛나는 흰색 옷을 입은 사람은 거의 없었고, 대개는 때에 찌든 옷들을 입고 있었기 때문이다. 외국인들이 옷으로 표현되는 한국인들의 '집체성'에 특히 강한 인상을 받은 이유는, 그들이 한국인 '군중群衆'을 목격한 것이 주로 국상國喪 때였기 때문이기도 하다.

한국인들이 한복韓服 아닌 옷을 입기 시작한 것은 20세기에 접어들 무렵부터였다. 하지만 처음 한복을 벗어던지고 '양복洋服'을 입은 사람들은 당연히 이방인 취급을 당했다. 옷에 관한 오랜 고정관념에 따르면, 자기 공동체의 구성원이면서 이방인의 옷을 입는 자들은 이방인의 종교를 믿는 자들과 다를 바 없는 존재였다. 때로는 이방인보다 더 나쁘고 위험한 반역의 무리로 취급되기도 했다. 1895년 일본과 밀착한 개화파 관리들이 고종을 압박하여 단발령을 선포하게 하고, 국왕이 먼저 모범을 보여야 한다며 그의 머리카락을 자르고 양복을 입히자, 대다수 한국인들은 왕후가 시해弑害 당했을 때보다 더 분노했다. 을미년乙未年1895년의 의병전쟁은 '민족의상衣裳'을 지키기 위한 싸움이기도 했다.

'신문물' 서양 옷

성냥, 석유, 전등 같은 '신문물新文物'이 편리하고 효율적이며 '과학적'이라는 사실을 마음으로 받아들이게 된 다음에야, 서양 옷도 '신문물'의 하나로 인정받았다. 서양의 과학기술과 사상이 한국인들의 의식을 굴복시킴에 따라, 서양 옷 입고 서양식 머리 모양을 한 사람들이 일순간에 '반역자'에서 '선각자'로 위치를 바꿨다. 물론 이 과정이 순탄하지는 않았다. 서양의 신문물이 한국의 구舊문물보다 우월하며 '새로운 것[新]'은 무조건 좋은 것이라는 대중적 믿음이 형성된 뒤에도, 서양 옷을 입고 서양 장신구를 다는 데에는 상당한 용기가 필요했다. 그들은 서양식을 배격하는 사람들의 적개심뿐 아니라 서양식으로 차려 입고 싶으면서도 형편이 안 되어 그렇게 못하는 사람들의 질투심까지도 견뎌야 했다. 1930년대 서양식으로 차려 입은 젊은 여성들을 세칭世稱 '모던걸'이라 했는데, 번역하면 '근대 소녀'나 '근대 처녀'쯤 될 것이다. 하지만 그들은 '모단毛斷걸'머리카락 자른 년' 정도로 번역하는 게 소리 내는 맛도 있고 당시의 뉘앙스와도 더 잘 맞을 것이다'이라 불리거나 더 노골적으로 '못된걸'로 지탄받았다.

하지만 제국주의가 만들어낸 '국제주의' 문화는 이런 민족적 또는 민족주의적 저항을 어렵지 않게 분쇄했다. 1920년대 중반부터 한복 바지저고리에 두루마기를 갖춰 입고 서양식 중절모를 쓴 사람, 양복 재킷 아래에 한복 바지를 입고 고무신을 신은 사람, 구색 맞춰 한복을 차려입고 갓까지 썼으면서 구두를 신은 사람, 한복 치마저고리에 서양 외투를 걸친 사람 등 온갖 '퓨전' 의상을 입은 사람들이 서울 거리를 활보하기 시작했다. 개개인의 '의지意志'가 아니라 '형편'이 개성을 창출하는 시대가 열린 것이다. '개성'이 각 개인의 경제적 형편과 사회적 지위를 함께 담는 개념이라면, 이런 다채로운 의상들이 사람들의 개성을 더 잘 드러냈을 수도 있다. 그리고 가장 윗자리에는 자기 개성을 바꾸고 싶을 때 바꿀 수 있는 사람들이 있었다. 그들은 '유행'을 만들고 바꾸면서 다른 사람들이 감히 흉내낼 수 없는 '독보적인 개성'들을 드러냈다. 다른 사람들이 어렵사리 그들이 표현하는 '개성'에 접근하면, 그들은 재빨리 다른 '개성'으로 옮겨가곤 했다. 옷을 디자인하고 만들고 파는 자본에게 이런 '개성'들의 이동은 무척 만족스러운 일이었다. 당연히 자본은 이를 부추기고, 남다른 개성을 표현하려는 사람들에게 더 나은 사실은 주기적으로 반복되는 개성 표현 방식을 알려주었다. 식민지에서 자본주의 소비 문화가 확산되는 것은 조선총독부로서도 '불감청不敢請이언정 고소원固所願'이었다. 신문물에 넋을 잃고 하루하루 유행을 따라가기에 바쁜 사람들이 많아지면 많아질수록 식민 통치에 위협적인 '불령선인不逞鮮人'은 줄어들 것이기 때문이었다.

'국민복' 벗기, '몸의 해방'을 선언하는 퍼포먼스

그런데 아시아태평양전쟁을 한 해 앞둔 1940년, 조선총독부는 앞으로는 민간인도 인조섬유로 만든 '국민복'을 입어야 한다고 공포했다. 그들이 표면에 내세운 이유는 면포 소비를 억제하여 군수품 부족을 타개한다는 것이었으나, 그 이면에는 국민을 '획일적인 기계부품'으로 취급하는 전체주의적 발상이 자리 잡고 있었다. '국운國運을 건 전쟁'이라는 절대 비상 상황에 직면해서 모든 국민은 '일치단결'해서 '총력전總力戰'을 치러야 했다. 모두가 '하나'라는 관념을 만들어내는 데에는 모두가 '똑같은' 옷을 입는 것이 가장 효과적이었다. 같은 무렵 같은 일이 스탈린의 소련에서도, 히틀러의 독일에서도 벌어졌다. 전체주의는 무엇보다 의복에서 드러나기 마련이다. 아니면 '뱃지'를 통해 표현되거나.

해방은 의복의 해방이기도 했다. 해방 당시 서울에 있던 한 러시아 여성은 8월 16일의 서울 거리에 나온 "조선인 대부분이 하얀 명절 옷을 입고 있어 끝없는 흰 바다가 흔들리며 들끓는 것 같았다"고 묘사했다(파냐 이사악코브나 샤브쉬나, 《1945년 남한에서》, 한울, 1996). 해방된 서울 공간에서 일본군 전투모를 쓰거나 각반을 찬 남자, '몸뻬'를 입은 여자는 봉변당해 싼 사람들이었다. 해방 직후 한국인들은 일본 제국주의가 강요한 '국민복'을 벗어던짐으로써 스스로 '몸의 해방'을 선언했다. 이는 일본 제국주의 통치 권력이 의복으로 신체를 구속해온 저질 생체 권력이었음을 폭로하는 일이기도 했다. 하지만 일본 군국주의가 심어 놓은 전체주의 의식은 그렇게 호락호락 물러나지 않았다.

'획일적인 제복' 강요는 저질 생체 권력의 속성

한국전쟁 정전 협정이 체결된 지 이태 뒤인 1955년 7월 8일, 대한민국 국회는 '신생활복재건복' 착용을 의무화하는 법안을 통과시켰다. 활동에 편하고 손이 덜 가는 옷을 입음으로써 '국가 재건'에 힘쓰는 시간을 늘리자는 취지에서였다. 그러나 신생활복은 일제의 국민복과 미군 전투복을 섞어놓은 옷이라는 비난을 받았고, 법안도 곧 사문화했다. 이때만이 아니었다. 1949년에도 1961년에도, 정부는 모든 국민에게 똑같은 디자인의 제복을 입히려 했다. 각자 고유한 개성을 지닌 '인간'을 국가라는 기계의 부품으로 취급하며 단일한 색으로 도색하려는 권력의 의지는 이토록 집요했다. 하지만 이미 해방된 '개성'은 획일화에 완강히 저항했고 결국 승리했다. 다만 학생들은 일제 말기에 만들어진 제복을 해방된 뒤에도 40년 가까이 더 입어야 했다. 중고등학생들이 일제 강점기에 만들어진 교복 디자인에 묶여 있던 시절에는 졸업식 때 교복을 갈기갈기 찢어버리는 게 일종의 풍속이었는데, 이 역시 해방 직후 한국인들이 '국민복'과 '몸뻬'를 내버린 것과 같은 행위, 즉 저질 생체 권력으로부터 '몸의 해방'을 선언하는 무의식적 의식儀式이었을 수도 있다.

그런데 그렇게 획일화에 저항하던 사람들이 기꺼이 '획일화한 제복'을 받아들이는 경우도 있었다. 2002년 한일 월드컵 이후, 월드컵 대회에서 한국 국가대표의 경기가 있는 날이면 남녀노소 할 것 없이 붉은색 '제복'을 입는 문화가 만들어졌다. 그때 그들은 기꺼이 개성을 포기하고 모두 한 종류의 '붉은 악마'가 된다. 다만 이 '획일성'은 잠깐이기에 장엄하고 아름다우며 폭발적이다. 밤하늘을 수놓고 잠깐 사이에 사

1955년에 제정된 신생활복

제복은 집단성을 나타내는 가장 확실한 표지다.
그러나 개성을 드러내려는 욕구가 강한 현대인들은 대체로 제복을 기피하며,
마지못해 입더라도 조금이나마 변형시키려 든다.
* 출처: 문화체육관광부, 공감포토, 사진으로 보는 역사, 역사속의 오늘, 1960년 11월 4일.

라지기에 아름다운 불꽃놀이처럼. 전체주의적 권력은 늘 이 잠깐의 '단합'을 장기화·항구화하려 애써왔지만, 언제나 대중의 혐오감만 자극했을 뿐이다. 그런 권력은 배척받아 싼 저질 생체 권력이다.

七月 十三日

7월 13일 _ 조선체육회 창립

'수신' 버리고
'체육'만으로 얻는 몸은
사람의 몸이 아니다

'몸'이 교육되기 시작하다

1895년 2월, 근대적 교육 이념을 담은 우리나라 최초의 교육헌장인 〈교육입국조서〉가 공포되었다. 여기에서 교육의 기본 강령으로 덕德·체體·지知의 육성이 명시되었다. 우리나라에서 몸[體]이 교육의 주된 관심사로 명기明記된 것은 이때가 처음이었다. 알다시피 '교教'라는 한자는 '효孝'와 '문文'을 합친 글자다. 효孝는 사람이 지켜야 할 도리의 기본이며, 문文은 지식에 이르기 위한 도구다. 교教라는 글자에는 이미 덕德과 지知가 내포되어 있다. 글자의 뜻으로 보자면, 체體는 교教와 무관하다. 한편 영어 education은 e(ex, outside)+duc(duct, lead)+ation(suffix)로서 '사람을 바깥의 더 넓은 곳으로 인도하는 행위'라는 뜻이라고 한다. 영어 education이 한자의 '교육'보다 '사회화'의 의미가 더 크다고 할 수 있을 텐데, 서양에서도 몸의 '사회화', 즉 개개인의 동작에 대한 일반적 규제는 18세기 이후에나 일반화했다.

다리가 긴 사람이든 짧은 사람이든 똑같은 보폭을 유지하라고 요구하거나 동작이 굼뜬 사람이든 민첩한 사람이든 손놀림 속도를 통일하라고 지시하는 것은 당사자의 '몸'이 지닌 개별적 특성을 무시하는 처사다. 권력은 발생 당초부터 개개인의 몸을 통제해왔으나, 그들의 신체적 개성을 억눌러서 집단의 통일성을 구현하려 하지는 않았다. 그럴 필요를 못 느꼈거나 의지가 있었어도 실현할 기준을 찾기가 쉽지 않았다. 게다가 그런 행위는 도덕적·종교적 비난거리였다. 그리스 신화에 나오는 노상강도 프로크로스테스는 길 가는 나그네를 자기 집으로 끌어들여 쇠 침대에 누인 뒤 몸길이가 침대길이보다 길면 다리를 잘라 죽였고 짧으면 다리를 늘여 죽였다. 자기가 일방적으로 정한 기준에 따라 타인의 신체를 재단裁斷하는 행위는 그 자체로 '악행惡行'이었다. 결국 그는 그 악행을 미워한 아테네의 영웅 테세우스의 손에 죽고 만다. 하지만 그의 침대는 수천 년 후 부활하여 현대인의 몸을 지배하고 있다.

체육, 균질적인 몸과 경쟁하는 인간을 만들기 위한 교육

현대인들은 아주 어렸을 때부터, 유치원이나 초등학교에 다닐 때부터, 자기 다리가 길면 일부러 보폭을 줄이고 자기 다리가 짧으면 억지로 보폭을 늘리는 훈련을 반복해온 사람들이다. 몸동작에 대한 현대의 '교육'은 프로크로스테스의 침대와 다르지 않다. 개인의 몸에서 개성을 지우고 그 자리에 집체성을 새겨넣는 것이 현대 체육교육의 중심 목표 중 하나다. 그리고 이 집체적 동작의 기준 리듬은 평균적 인간의 평균적 동작을 감안해서 만들어진 기계의 리듬이다. 일단 '기준'이 추출되면, 그 기준에 미달하거나 넘치는 것에 대해서는 프로크로스테스의 방식대로 늘이거나 자른다. 산업혁명으로 기계 문명의 시대가 열린 다음에야,

기계가 흔해지고 대다수 사람이 기계에 익숙해진 다음에야, 사람들은 기계의 규칙성과 정확성에 자기 몸의 리듬을 맞출 수 있었다. 그런 사람이라야, 기계를 중심으로 돌아가는 자본주의적 생산 과정에 투입될 수 있었다.

사람의 몸이 표준화한 기계의 표준화한 부품처럼 인식됨으로써 사람의 본질에 대한 생각도 달라졌다. 이미 17세기에 데카르트는 '모든 유기체는 기계'라고 간단히 정의했거니와, 기계 문명 시대는 그가 선각자다운 혜안을 지녔음을 입증했다. 사람의 몸은 하나의 완성된 기계이며, 신체의 각 부위는 기계의 부품과 같다는 생각, 나아가 사회와 국가가 하나의 완성된 기계이며, 사회와 국가를 구성하는 개개인은 그 기계의 부품과 같다는 생각이 자본주의 산업화와 더불어 확산되었다. 기계가 지배하는 시대에는 모두가 기계가 되어야 했다. 자본주의가 열어준 새 시대는 인간의 몸을 새롭게 바라보도록 했고, 개인들로 하여금 자기와 남의 시선에 따라 자기 몸을 재구성하도록 했다. 그 재구성 과정을 담당한 것이 체육교육이었다. 그것은 공장노동과 군대 복무에 유용한 균질적인 몸을 생산하는 과정이기도 했다. 체육은 근대의 산물이며, 다른 근대적인 것들과 마찬가지로 서구의 산물이었다.

물론 모든 사람을 같은 리듬으로 움직이게 만드는 것만이 체육교육의 목표는 아니었다. 거기에는 자본주의적 경쟁의 원리가 내재되어 있었다. 그것도 가장 이상화한 형태로. 타고난 체격조건과 체력이 달라도 후천적 노력으로 얼마든지 극복할 수 있다거나 경쟁의 무대는 완벽하게 공정하니 그 결과에 무조건 승복하는 것이 옳다는 정신, 이름하여 스포츠맨십은 자본주의 경쟁체제와 가장 잘 어울리는 마음가짐이자 몸가짐이었다. 학교 밖에서 진행되는 경쟁은 행복과 불행, 부유함과 가난함, 심지어 삶과 죽음을 가르기도 하지만, 학교에서 진행되는 체육교육은 학생들의 의식 깊은 곳에 일상적인 경쟁이 견딜 만하며 재미있고 즐겁기까지 하다는 생각을 새겨넣는다. '서로 경쟁하는 인간'을 만드는데 체육교육만 한 것도 없었다.

"힘든 일을 왜 하인 시키지 않고 직접 하느냐"

고종이 〈교육입국조서〉에서 체육體育을 강조한 것도 서구 근대의 신체관과 교육관을 받아들인 결과였다. 이 새로운 신체관과 교육관은 먼저 서양 외교관들을 통해, 이어 배재학당, 이화학당 등 미국인 교사가 가르치는 학교들을 통해 들어왔고, 확산되었다. 조선 땅에 합법적으로 입국한 최초의 서양인인 묄렌도르프는 전동磚洞현 수송동에 저택을 '하사'받자마자 마당에 테니스장을 만들었다. 테니스 파트너는 그의 중국인 하인이었거나 뒤를 이어 입국한 미국 공사 푸트였을 것이다. 1880년대 중반 서울 정동 일대가 미국인, 영국인, 러시아인 등 서양인들의 거류지가 되자 정동에도 '공공 테니스장'이 생겼다. 같은 동네에 개교한 배재학당, 이화학당 학생들은 이 공공 테니스장에서 '운동'하는 서양인들의 모습을 수시로 볼 수 있었다. 아마도 그들은 이 시각視覺 체험을 통해 서양인들은 '몸'도 교육의 대상으로 삼는다는 사실을 알았을 것이다.

하지만 조선 땅에 서양 근대의 체육교육이 들어온 뒤에도 꽤 오랫동안 대다수 조선 사람들은 그 교육에 내재된 '교육 목표'를 이해할 수 없었다. 당장 스스로 '지·덕·체'의 육성이 교육의 근본 목표라고 선언한 고종조차도 체육활동의 의미가 무엇인지 알려 하지 않았다. 정동 테니스장에 친림親臨하여 주한 외교관들의 테니스 경기를 참관하던 고종이 "저렇게 힘든 일을 어찌 하인들에게 시키지 않고 귀빈들이 직접 하느냐"며 혀를 찼다는 일화는 유명하다. 그는 노동과 운동을 구분하지 못했고, 그래서 평소 '힘든 일'을 하느라 체력이 소진된 하인들에게는 운동할 여력이 없다는 사실도 이해하지 못했다. 대다수 고관高官과 양반들의 생각도 고종과 같았다. 이 땅의 '상류 계층'이 운동은 여가餘暇와 여력餘力이 있는 사람이나 할 수 있는 '고급' 육체활동이라는 사실을 깨닫는 데에는 시간이 조금 더 필요했다.

체육, 평범한 사람들의 일상에 침투하다

선교사들이 세운 학교들을 중심으로 체육활동의 저변이 확대되고, 서양 지식의 세례를 받은 신新지식인들의 계몽이 거듭되면서, 체육은 점차 평범한 사람들의 일상에도 침투하기 시작했다. 1896년 5월 31일 서울 소재 관립 소학교 연합운동회가 열렸는데, 이 대회 이전에 각 학생과 학부모들이 학교 단위의 운동회를 경험했을 것임은 분명하다. 《독립신문》은 신新문화 보급의 기수旗手답게, 이 사실을 대대적으로 보도했다. 이후 운동회는 경향京鄕을 막론하고 사람들의 새 구경거리, 그것도 가장 재미있는 구경거리로 자리 잡았다. 유교적 경건주의가 지배한 이후 축제祝祭가 적었던 한국 사회에서, 운동회는 정례적으로 개최되는 근대적 축제로서 사람들의 몸과 마음을 쉽게 사로잡았다. 1898년 관립소학교 연합운동회가 열린 훈련원 마당에는 엿장수, 떡장수, 얼음장수들이 돌아다니며 '대목'을 구가했다. 현대적 축제 마당의 원형이 모습을 드러낸 셈이다. 경기 종목은 200보 달리기, 방울 던져 맞추기, 높이뛰기, 멀리뛰기, 2인3각, 100보 달리기, 줄다리기로서 오늘날의 초등학교 운동회 종목과 대략 같았다. 다만 몸집이 작은 사람體小人體小人과 몸집이 큰 사람體大人體大人으로 나눠 치른 경기가 많았는데, 이는 아직 '균질적인 몸'에 대한 관념이 사람들의 의식 속에 뿌리내리지 못했기 때문일 것이다.

학교 연합운동회가 성황을 이루자 상인과 노동자들도 연합운동회를 열기 시작했다. 운동회에 보이는 사람들의 관심과 그 자리에 모여드는 사람들의 열기는, 운동회가 '하나 된 국민'을 만드는 데에도 유용하다는 사실을 새삼 일깨워주었다. 아니, 그보다 연합운동회 자체가 본래 '하나 된 국민'을 만들기 위한 권력의 기획이었다. 운동회장에는 어김없이 '만국기'가 휘날렸고, 가장 눈에 잘 띄는 곳에 태극기가 있었다. 경기에 참가한 '선수'들은 자기가 학교나 직장을 대표하여 상대 선수와 경쟁할 뿐 아니라, 대한제국을 대표하여 만국 선수들과 경쟁하고 있음을 상기想起해야 했다. 그것이 당대 권력과 신新지식의 요구였다. 운동회가 가상의 전쟁戰爭이 됨에 따라 선수들의 체력과 기능은 국력國力의 근본이 되었다. 체력과 국력을 묶어 이해하는 태도는 을사늑약 이후 급속히 확산되었다. 민족주의자들이 세운 사립학교들의 체육교육은 사실상 '군사훈련'이었다. 체력은 전투력이기에 국력이었으며, 운동회는 모의 전투였다.

1920년 무렵의 운동회

개항 이후 체육활동의 저변이 확대되고 신지식인들의 계몽이 거듭되면서
체육은 점차 평범한 사람들의 일상에도 침투하기 시작했다.
특히 운동회는 축제가 적었던 한국 사회에서 정례적으로 개최되는 근대적 축제로서
사람들의 몸과 마음을 쉽게 사로잡았다.
* 출처: 서울특별시 공보관실 엮음, 《사진으로 보는 서울 백년》, 서울특별시 공보관실, 1984, 100쪽.

조선체육회, 민족의 생명을 창달하는 통일적 기관

일본에 나라를 빼앗긴 이후, 체육은 민족적 관점에서 논해서는 안 되는 영역으로 유배되었다. 하지만 민족주의적 지식인들은 여전히 체육을 민족 역량의 주요 구성 요소로 보고 실력양성운동 차원에서 체육을 진흥하고자 했다. 1920년 7월 13일, 서울 인사동 태화관, 1년 반 전 3·1운동 때 민족대표들이 모여 〈독립선언서〉를 낭독했던 바로 그 장소에서 조선체육회가 창립되었다. 장덕수가 작성한 창립취지서는 "웅장한 기풍을 작흥作興하며 강건한 신체를 양육養育하여 써 사회의 발전을 도모하며 개인의 행복을 바랄진대 그 길은 오직 하늘이 주신 생명을 신체에 창달케 함에 있으니 운동을 장려하는 외에 다른 길이 없도다"라 하여 체육이 생명의 본령에 따르는 활동임을 전제한 후, 조선체육회는 "조선 인민의 생명을 원숙 창달하는 사회적 통일적 기관"이라고 선언했다. 이 선언문에는 개인의 '강건한 신체'는 그 개인을 위해서뿐 아니라 그 개인이 속한 사회, 나아가 미래에 만들어질 국가를 위해서도 필수적이라는 생각이 담겨 있었다. 일본 제국주의도 주어를 '일본 국민'으로 바꾸기는 했으나 이런 생각을 지지했다. 개인의 몸은 개인만의 소유가 아니라 국가의 소유이기도 하며 개인이 체육활동을 통해 자기 몸을 단련하는 일은 곧 국가의 힘을 키우는 일이라는 생각은, 근대국가의 국민이라면 마땅히 의식 깊은 곳에 새겨두어야 하는 것이었다.

조선체육회는 창립 넉 달 뒤인 1920년 11월 제1회 전국야구대회를 주최했으니, 현재의 전국체전은 여기에서 기원한다. 이후 조선체육회는 매년 '전조선 종합경기대회'를 개최하는 등 우리 민족의 체육활동

1910년대 YMCA 야구단과 경성고보 야구단의 경기 장면

스포츠는 몸을 놀리고 힘을 쓰는 일들을 재미있게 해주었다.
지난 한 세기 동안 체육활동과 몸에 대한 관심은 서로를 부추기면서 늘어났지만,
마음에 대한 관심은 대략 그에 반비례하여 줄어들었다.
* 출처: 동아일보사, 《사진으로 보는 한국백년》 IV(6판), 1991, 946쪽.

을 고무하고 지원했으나, 1938년 총독부는 이를 해산시켰다. 체육 단체뿐 아니라 '조선인'들로만 구성된 단체는 어떤 종류의 것이든 모두 해산당하고 일본인 단체에 강제로 합병되었다. 그들은 조선인이 조선인의 독자성을 표방하거나 유지하려 드는 것을 죄로 규정했다. 일본 제국주의는 조선인 개개인의 몸에 부착되어 있는 '민족'의 표지도 지우고, 그 자리에 일본 국민으로서의 집체성을 대신 새겨넣으려 했다.

해방은 '조선인'으로서의 자아를 회복하는 '몸의 해방'이기도 했다. 이제 조선인의 몸은 일본 제국이 아니라 새로 만들어질 나라의 구성 요소가 되어야 했다. 1945년 11월 26일, 조선인의 '몸'을 가꾸고 단련할 목적으로 조선체육회가 재건되었다. 이 단체는 정부 수립 후 대한체육회로 개칭했으며, 지금껏 우리나라 체육 발전의 중추로 구실하고 있다. 이후 우리나라 체육은 정부와 민간의 지속적인 투자 확대에 힘입어 학교 체육, 국가 체육을 거쳐 생활 체육으로 발전했으며, 이 같은 저변 확대의 결과 오늘날 대한민국은 세계 유수의 스포츠강국이 되었다.

'수신'과 '체육'의 쌍곡선

체육과 두 낱자의 뜻은 비슷하지만 단어의 뜻은 크게 다른 말로 '수신修身'이 있다. 일상에서 흔히 쓰는 '수신제가치국평천하修身齊家治國平天下'는 《대학大學》에 있는 구절로 그 앞 구절은 '격물치지格物致知 성의정심誠意正心'이다. '격물'에서 '평천하'까지가 하나의 연속된 과정이다.

'사물의 이치를 탐구하여 지식에 이르고, 그 지식을 되풀이 새겨 마음을 바르게 하는 것'이 '수신修身'의 전제로서, '수신'이란 '바른 마음정심正心'이 몸에 드러나는 것을 의미한다. 그러니 수신은 '내면의 도덕률에 따라 행동거지를 가다듬는다'는 의미로서 덕육德育과 동의어다.

그런데 요즘 사람들의 삶에서 체육의 비중은 나날이 늘어나는 반면, 수신의 비중은 그에 반비례하여 줄어들고 있다. 부처가 수년간 고행苦行을 한 것은 뭇 중생을 구제하기 위해서였으며, 예수가 40일간 광야를 헤매며 '단식'을 한 것도 인류를 구원하기 위해서였다. 하지만 요즘 사람들은 자기 한 몸을 가꾸기 위해 고행과 단식을 한다. 헬스와 다이어트라는 이름으로. 차마 입에 담기 어려운 파렴치한 범죄들이 반복되고 사회 지도층으로 행세하는 데 도덕성 따위는 중요하지 않다고 생각하는 사람들이 늘어나는 것도, 수신修身을 도외시하고 체육體育만 중시해 온 현대 사회의 단면인지도 모른다. 이제라도 수신에 대한 개인적·사회적 투자를 늘려야 하지 않을까? 체육활동이 요구하는 인간 신체의 기능은 힘, 속도, 민첩성, 균형감각 등 모든 면에서 동물 세계의 평균 이하다. 70억 인간 중 가장 빠르다는 우사인 볼트도 가장 느린 치타보다 느리다. '수신'을 버리고 '체육'만으로 얻게 되는 몸은, 사람의 몸이 아니라 짐승의 것만도 못한 몸이다.

七月 十五日

7월 15일 _ 조선중앙위생회 설치

'위생'의 이름으로
사생활에 개입하는 국가,
생체 정보 유출의 위험성

자유는 어디까지 허용되는가

자유란 "남에게 피해를 주지 않는 범위 안에서 외부의 구속에 얽매이지 않고 자기 마음대로 할 수 있는 상태"를 말한다. 그런데 이 그럴 듯한 사전적辭典的 정의에도 불구하고 '나' 아니면 모두 '남'으로 취급하는 근대의 개인주의적 관점에서 보자면, 이런 자유가 정말 있기는 한 건지 의심스럽다. 사람은 남에게 절대로 피해를 주지 못하는 갓난아기 때부터 남의 구속과 간섭 속에서 살며 성장하는 존재가 아니던가? 사람은 남이 가볍게 혀를 차는 소리, 살짝 흘겨보는 눈초리, 때로는 무반응이나 침묵에서조차도 압박감과 구속감을 느낀다. 이런 정도의 '외부적 구속'에서까지 완벽하게 벗어나기 위해서는 모든 사람과 관계를 단절하고 홀로 살아야 한다. 그러나 그런 삶을 선택하는 순간, 그는 더 이상 '인간人間'으로 실존할 수 없게 된다.

사람들 사이의 관계가 긴밀하고 정서적일수록 개인에 대한 압박과 구속도 심해진다. 따지고 보면 개인의 자유를 가장 심하게 구속하고 억압하는 곳은 '따뜻하고 행복이 넘치는' 공간으로 묘사되는 가정이다. '잔소리'는 가정을 가정답게 만드는 핵심 구성 요소이며, 때로는 폭력조차도 가정을 유지하는 데 필요한 행위로 용인된다. 물론 이런 것들은 종종 가족 구성원 사이에 분란을 일으킨다. "공부 좀 해"는 물론이고 "이것 좀 먹어봐"나 "그만 하고 자" 같은 말들도 곧잘 부모 자식 간 또는 부부 간의 다툼으로 비화되곤 한다. 김치를 먹든 말든, 밤새 게임을 하든 말든, 그런 건 다른 '남'이 상관할 일이 아니다. 하지만 이런 사소한 생활 습관이나 취향, 기호 등 지극히 사적인 문제도 가족끼리는 간섭하는 게 오히려 정상이다. 그래서 가정은 애정과 억압이 잘 구분되지 않는 공간, 사전적 의미의 '자유'가 허용되지 않는 공간이다. 그러니 '자유'의 주체는 개인이라기보다는 가정을 비롯한 사생활 단위라 하는 편이 나을 것이다. 그 '생활 공동체' 내부 구성원 사이에는 무한 간섭을 허용하면서도 외부의 간섭은 용인하지 않는 공간이 사생활의 영역이다. '자유'가 허용되는 공간과 범위는 먼저 공사公私 사이에 경계선을 긋고 난 다음에야 정할 수 있다.

공공의 안녕을 명분 삼은 국가의 사생활 간섭

그런데 자유를 누릴 수 있는 범위를 온갖 간섭의 언어와 억압의 눈짓이 난무하는 사생활의 영역 안으로 한정한다 하더라도, 잔소리 들을 자유와 눈칫밥 먹을 자유조차 그 안에 온전히 남겨둘 수는 없다. 공적公的 생활과 사생활의 경계가 본디 모호하고 계속 변하는 데다가 국가가 대표하는 공公은 수시로 사생활 영역을 침범한다. 예를 들어 목욕은 아주 사사로운 행위로서 자주 하건 말건 남이 뭐라 할 일이 아니지만, 너무 더러운 사람은 남에게 혐오감을 줄뿐더러 때로 전염병을 퍼뜨리기도 한다. 공원이나 거리에서 그렇게 더러운 사람을 발견하면 경찰서에 전화해서 '격리'시키라고 요구하는 사람도 드물지 않다. 많은 사람들이 공공장소에서 불쾌감을 느끼지 않을 권리, 혹시 전염병이 옮지 않을까 하는 불안감에서 벗어날 권리 같은 자기 사생활의 권리를 지키기 위해 남이 누리는 사생활의 권리를 쉽게 침범하곤 한다.

공권력 역시 다수가 곧 공公이라는 태도로 이런 문제를 처리한다. 성性은 성매매특별법이나 청소년보호법을 위반하지 않는 한 남의 간섭을 용인하지 않는 가장 내밀한 영역이다. 반면 AIDS 환자라면 사정은 달라진다. 그의 성性을 사생활의 영역에서 끌어내어 공적 감시와 관리의 대상으로 옮겨놓는 것이 국가의 당연한 책무로 인정된다. 공公이 사私를 침범하는 데에는 여러 이유와 핑계가 있다. 이 가운데 특히 사람과 사람 사이를 쉬 옮겨 다니는 세균과 기생충과 바이러스는, 그것들이 병을 옮기는 주범이라는 인식이 확고히 뿌리 내린 근대 이후 공사公私의 경계를 쉽게 무너뜨리곤 했다. 당장 한 세대 전만 해도 국가는 각 개인의 뱃속에 있을지도 모르는 '기생충 알'을 확인하기 위해 사생활의 가장 하찮은 흔적인 배설물까지 관찰했고, 개인들은 심한 불쾌감을 느끼면서도 그에 응했다.

세균과 바이러스의 발견은 특정 질병의 발생 원인을 해명하고 치료법을 찾아내는 데에만 기여한 것이 아니다. 그것은 국가로 하여금 개인과 개인 사이의 사적 관계에 개입할 여지를 아주 넓게 열어주었다. 국가는 세균과 바이러스 '덕'에 타인에게그 타인이 생활공동체 '내부'에 있는 사람이든 '외부'에 있는 사람이든 질병을 옮길 우려가 있는 사람의 몸 전체를 속속들이 들여다볼 수 있는 권리를 얻었다. 사생활의 자유를 누리려는 개인의 욕망은 공공의 안녕을 위해서는 국가의 간섭을 용인해야 한다는 논리와 현실 앞에 자주 무릎을 꿇었다.

"순화원 갈 놈"

1920년 7월 15일, 조선총독부는 공중위생에 관한 자문기구로 조선중앙위생회를 조직하는 동시에 조선 전염병 및 지방병 조사위원회를 설치했다. 조선의 기후 풍토와 조선인의 생활 관습이 한반도 전역의 위생 문제에 미치는 영향을 조사하고 대책을 마련하겠다는 취지에서였다. 그러나 이는 위생 행정을 한층 강화하겠다는 조선총독부의 의지를 보여주기는 했을지언정, 조선의 위생 상태를 개선하는 데에는 거의 아무런 도움이 되지 않았다. 위생 문제에 관한 조선총독부의 관심은 조선인의 열악한 위생 상태가 일본인의 건강에 미치는 영향을 최소화하는 데 머물러 있었고, 더구나 당시 위생 행정은 전적으로 경찰의 몫이었다. 일제 강점기 서양 근대 의학은 질병의 예방과 치료에 가장 권위 있는 '지식'이 되었으나, 일본 제국주의는 조선인들이 그 지식에 쉽게 접근할 수 있도록 허용하지 않았다. 권위에 복종하라고 요구하면서 그 권위에 접근할 길을 차단하는 것은 본래 제국주의 식민 지배의 주요 속성이다. 일제는 서양 근대 의학 지식을 토대로 만들어진 '공중위생公衆衛生'이라는 개념을 식민지 원주민들에게 유포시켰으나, 그 개념을 사람들의 몸에 실제로 적용할 수 있는 전문 인력을 양성하지는 않았다.

일제 강점기에 새로 만들어진 욕으로 "순화원 갈 놈"이라는 게 있었

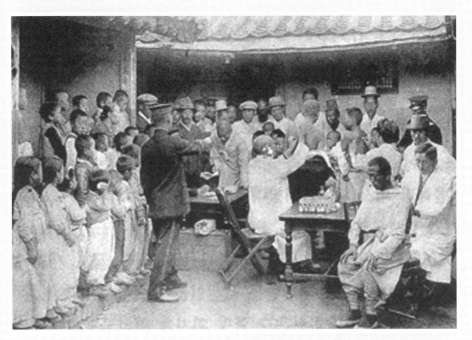

마을 주민들을 검진하는 의료진과 그를 지휘하는 일제 경찰(1920)

콜레라 방역을 위해 출동한 의료진이 마을 주민들을 한 자리에 모아 놓고 검진하고 있다.
지휘 책임자는 의사나 보건 전문가가 아니라 경찰이었는데, 그 때문에 당시 사람들은
이를 '선의의 위생 행정'으로 보지 않고 '처벌'이나 '강압'으로 느꼈다.
* 출처: 《대정9년 호열자병 방역지》, 1920.

다. 일제는 한국을 강점하기 직전 서울 옥인동 언덕배기, 현재 서울지방경찰청 보안수사대가 있는 자리에 전염병자 격리 병원을 세웠다. 바로 순화원이다. 그런데 말이 병원이지 단순 수용소에 가까워서 일단 이 '병원'에 수용되면 살아 나오기보다 죽어 나오는 경우가 더 많았다. 더구나 '입원' 환자를 가려내는 일은 의사가 아니라 경찰의 몫이었다. 일본 경찰들은 콜레라나 장티푸스 같은 전염병이 창궐하는 계절에는 잔뜩 예민해져서, 다른 이유로 열이 있거나 그저 아파보이기만 해도 잡아다 순화원에 보내곤 했다. 특별한 질병이 없던 사람이 순화원에 끌려간 뒤 그곳에서 감염되어 죽는 일이 생길 수밖에 없었다. 그러니 "순화원 갈 놈"이란 "염병할 놈"과 같은 뜻이었다. 다만 '염병'은 하늘이 내리는 벌이었으나 순화원에 끌려가는 것은 일본 경찰의 처분에 달린 일이었다. 국가 권력의 엉터리 행정 처분은 천벌天罰과 같은 효과를 내면서도 더 재수 없는 일이었던 셈이다. 사정이 이렇다 보니, 조선인들은 경찰이 전염병자 색출에 나섰다는 소식이 들리면 집안에 환자가 있어도 그를 숨기느라 전전긍긍했다. 어쭙잖은 '신고 정신'을 발휘하여 집안에 전염병자가 있다는 사실을 경찰에 알렸다간, 멀쩡한 다른 식구들까지 순화원에 갈 우려가 있었기 때문이다.

'위생 국가'의 막중한 의무, 개인 정보 보호

해방 뒤 한반도에 진주한 미군정이 무너진 통치 체제를 정비하는 과정에서 처음 한 일은 위생 행정을 경찰 업무에서 떼어내 관계 전문가들에

1933년 증축된 순화원

일제는 한국 강점 직전 지금의 서울 옥인동 언덕에 전염병자 격리 병원인 순화원을 세웠다.
말이 병원이지 수용소에 가까워 일단 이 병원에 수용되면 죽어 나오는 경우가 더 많았다.
더구나 일본 경찰들은 전염병에 예민해서 다른 이유로 아파도 잡아다 순화원에 보내곤 했다.
사정이 이렇다 보니, 조선인들은 집안에 환자가 있어도 숨기느라 전전긍긍했다.
* 출처: 서울특별시사편찬위원회, 《일제 침략 아래서의 서울(1910~1945)》, 2002, 357쪽.

게 맡긴 것이다. 새로 보건후생부가 만들어졌고, 이 부처는 곧 미군정 산하 기관 중 최대 규모가 되었다. 보건후생부는 미 군의관들의 도움을 얻어 보건 전문가들을 양성, 필요한 곳에 배치했다. 보건 전문가들도 과거부터 위생 행정을 맡아왔던 경찰과 '밥그릇 싸움'을 벌이면서 자기 일들을 만들어나갔다. 그러나 대한민국 정부가 공식 수립되자마자 위생 행정은 다시 보건 전문가들의 손에서 벗어나 경찰의 몫이 되었다. 보건 전문가들을 양성하는 데에는 돈과 시간이 많이 드는 데다 일제 식민지 행정에 익숙한 사람들이 '보건 위생'에 특별한 가치를 부여하는 미국식 사고를 이해하지 못한 탓이었다. 정부 고위 관료들이 보건 위생에는 전문가적 식견識見이 대단히 중요하다는 사실을 새삼스레 깨달은 것은 한국전쟁이 터져 전국이 사실상의 '피난민과 환자 수용소'가 된 뒤의 일이었다.

그 뒤로 반세기 동안 국가는 주로 보건 위생 사무를 매개로 하여 국민들의 사생활에 깊이 개입해왔다. 국민들도 국가가 자기 사생활의 '비위생적 요소'들을 감시하고 제거해주는 데 반대하지 않았다. 특히 전국민 의료보험이 시행된 이후, 대한민국의 모든 국민은 의료비 부담을 더는 대신 자신의 생체 정보 전체를 국가기관에 제공했다. 이제 국가는 각 개인의 키, 몸무게, 시력, 청력, 혈압, 혈당, 혈중 콜레스테롤 수치와 같은 생체 정보는 물론, 성병이나 감기를 앓았던 기록까지도 모아서 관리한다. 오늘날 건강보험공단에 집적된 전 국민의 생체 정보는 고작 반세기 사이에 세계 유수의 모범적인 '위생 국가'로 발전한 대한민국의 이면裏面이다. 그런데 이 개인 정보들이 해당 기관 외부로 유출되고 위임의 범위를 벗어나 다른 용도로 사용되는 일이 심심찮게 일어나고 있다. 대한민국 헌법이 보장하는 '신체의 자유'는 '자기 신체의 비밀을 공개하지 않을 권리'를 포함한다. 국민의 '자유'를 보장하는 것이 민주공화국의 당연한 책무인 한, 이 개인 정보의 유출을 철저히 막는 것도 국가의 당연한 의무다.

찾아보기

우리 역사는 깊다 1

⊙ 2015년 5월 31일 초판   1쇄 발행
⊙ 2022년 4월 5일 초판 11쇄 발행
⊙ 글쓴이   전우용
⊙ 펴낸이   박혜숙
⊙ 책임편집   정호영
⊙ 디자인   이보용
⊙ 펴낸곳   도서출판 푸른역사
   우) 03044 서울시 종로구 자하문로8길 13
   전화: 02) 720−8921(편집부) 02) 720−8920(영업부)
   팩스: 02) 720−9887
   전자우편: 2013history@naver.com
   등록: 1997년 2월 14일 제13−483호

ⓒ 전우용, 2022

ISBN   979−11−5612−045−2   04900
        979−11−5612−044−5   04900 (세트)

• 잘못 만들어진 책은 교환해드립니다.